Collection créée par HENRI MITTERAND

Jean-Michel Adam
Professeur de linguistique française
à l'université de Lausanne

Marc Bonhomme
Professeur de linguistique française
à l'université de Berne

L'argumentation publicitaire
RHÉTORIQUE DE L'ÉLOGE ET DE LA PERSUASION

sous la direction de
Henri Mitterand

NATHAN

Des mêmes auteurs

Jean-Michel Adam

Chez le même éditeur :
Le Texte descriptif, avec la collaboration d'A. Petitjean, 1989.
Les Textes : types et prototypes, 1992.
Le Texte narratif, 1994.
Linguistique textuelle. Des genres de discours aux textes, 1999.

Chez d'autres éditeurs :
Linguistique et discours littéraire, avec la collaboration de J.-P. Goldenstein, Larousse, 1976.
Le Roman de montagne, avec la collaboration de B. Le Clerc, Larousse, 1977.
Le Récit, PUF, coll. « Que sais-je ? », n° 2149, 1984.
Pour lire le poème, Bruxelles, De Boeck-Duculot, 1985.
Éléments de linguistique textuelle, Bruxelles-Liège, Mardaga, 1990.
Langue et littérature, Hachette, coll. « F-Références », 1991.
La Description, PUF, coll. « Que sais-je ? », n° 2783, 1993.
Le Discours anthropologique, avec la collaboration de M.-J. Borel, C. Calame, M. Kilani, Lausanne, Payot, 1995.
L'Analyse des récits, avec la collaboration de F. Revaz, Seuil, coll. « Mémo », n° 22, 1996.
Le Style dans la langue, Lausanne, Delachaux & Niestlé, 1997.
Lingüística de los textos narrativos, avec la collaboration de C. U. Lorda, Barcelone, Ariel, 1999.

Marc Bonhomme

Linguistique de la métonymie, Berne, Peter Lang, coll. « Sciences pour la communication », 1987.
Les Figures clés du discours, Paris, Seuil, coll. « Mémo », n° 98, 1998.

« Le photocopillage, c'est l'usage abusif et collectif de la photocopie sans autorisation des auteurs et des éditeurs.
Largement répandu dans les établissements d'enseignement, le photocopillage menace l'avenir du livre, car il met en danger son équilibre économique. Il prive les auteurs d'une juste rémunération.
En dehors de l'usage privé du copiste, toute reproduction totale ou partielle de cet ouvrage est interdite. »

© Éditions Nathan, VUEF 2003 pour cette nouvelle présentation
© Éditions Nathan, 1997
ISBN : 2-09-191290-5

Avant-propos

> *Je me souviens de « La pile Wonder ne s'use que si l'on s'en sert ».*
>
> Georges Perec,
> Je me souviens *(Hachette, POL, 1978)*
>
> *Les textes de lois, tracts, publicité, qui exigent un comportement précis de ceux à qui ils s'adressent, se gardent bien du vague, mais les lois s'interprètent comme les tracts, la publicité rate souvent son coup, et même les simples interdictions manquent de netteté : à l'*Interdit de fumer, *on a pu ajouter,* même une Gitane. *Voilà qui est plus clair. Exemple d'une interdiction et d'une publicité également précises.*
>
> Elsa Triolet, La Mise en mots
> *(A. Skira, « Les sentiers de la création », 1969, p. 122)*

La rhétorique a, depuis l'Antiquité, été une théorie (et une didactique) de ce qu'on appellerait aujourd'hui la « communication ». Les discours de la propagande faisant partie de son champ d'application, comment concevoir que le discours publicitaire moderne ait échappé, par miracle, à une tradition de formation scolaire disparue il y a, somme toute, fort peu de temps et de façon inégale selon les pays ? Plutôt que de considérer le discours publicitaire comme une forme discursive radicalement différente, nous nous demanderons, tout au contraire, si cette pratique discursive moderne n'a pas quelque chose à voir avec les grandes formes antiques de discours.

Dès 1949, Leo Spitzer a été l'un des premiers linguistes à consacrer à l'analyse d'un document publicitaire plus de quarante-cinq pages d'un ouvrage pourtant intitulé : *A Method of Interpreting Literature*[1]. Considérant le discours publicitaire américain comme un art populaire, le maître viennois en exil a appliqué à l'« image texte » — c'est le mot qu'il emploie — d'une réclame pour la marque d'oranges *Sunkist*, présente dans les cafétérias des États-Unis au début des

---

[1]. Smith College, pp. 102-149 ; article traduit par Jean-Pierre Richard dans le numéro 34 de la revue *Poétique*, Seuil, 1978.

années 1940, la technique de l'explication stylistique exposée, en 1948, dans *Linguistics and Literary History* [2]. Il présente ainsi son propos général :

> Méthode d'analyse philologique, *l'explication de texte* s'applique d'habitude aux œuvres d'art — aux œuvres de grand art. Mais, à côté du grand art, il y a toujours eu cet art du quotidien que les Allemands ont appelé *Gebrauchskunst* (« art pratique appliqué ») : cette forme d'art qui a fini par faire partie de notre routine quotidienne, et qui ajoute à tout ce qui est pratique et utilitaire l'ornement du beau. […] L'historien de la littérature qui s'intéresse à la linguistique, et qui ne nourrit aucun sentiment de mépris envers ce genre d'art appliqué, est-il en mesure de faire l'*explication de texte* d'un bon échantillon de publicité moderne qui le conduirait des traits externes à l'« esprit du texte » (et à l'esprit du genre en question) exactement comme il a l'habitude de le faire avec des textes littéraires ? Tentons l'expérience.
> […] Je m'efforcerai d'analyser une réclame donnée aussi objectivement que j'ai essayé de le faire avec un poème de saint Jean de la Croix ou une lettre de Voltaire, convaincu que cette forme d'art, si elle n'est pas comparable en noblesse aux textes que le chercheur analyse en général, n'en offre pas moins un « texte » où nous pouvons lire, aussi bien dans ses mots que dans ses procédés littéraires et picturaux, l'esprit de notre temps et le génie de notre nation. […] C'est évidemment se condamner à ne rien comprendre à notre temps que le considérer avec ressentiment ou condescendance. La modernité requiert autant de méditation que l'antiquité. (1978 : 152-154)

Leo Spitzer s'appuie sur un constat rhétorique dont nous nous efforcerons de développer toutes les implications :

> La prose de l'avocat Cicéron qui influence le discours écrit européen (et pas seulement le discours écrit rhétorique) depuis mille huit cents ans, était « utilitaire », c'est-à-dire qu'elle servait des fins pratiques bien précises. Ainsi l'emploi de procédés littéraires sophistiqués dans la « rhétorique publicitaire » n'est pas forcément répréhensible parce qu'elle serait de nature utilitaire. Cet article se propose justement de montrer que l'art peut très bien apparaître dans le champ même de l'utilitaire. (1978 : 153-154)

La rhétorique publicitaire ne nous intéresse pas comme éventuelle utilisatrice de procédés littéraires, mais en tant que pratique discursive exploratrice de la langue. La littérature elle-même est une forme particulière d'utilisation et d'expérimentation des potentialités de la langue commune aux sujets d'une même collectivité linguistique. Ceci explique que Blaise Cendrars puisse, avec un lyrisme et un optimisme historiquement datés et un brin provocateurs, rejoindre l'idée de Leo Spitzer selon laquelle l'art peut apparaître dans le champ de l'utilitaire :

> La publicité est la fleur de la vie contemporaine : elle est une affirmation d'optimisme et de gaieté ; elle distrait l'œil et l'esprit.
> […] Oui, vraiment, la publicité est la plus belle expression de notre époque, la plus grande nouveauté du jour, un Art. Un art qui fait appel à l'internationalisme, au poly-

---

2. Princeton University Press, 1948 ; traduction française : *Études de style*, Gallimard, 1970.

glottisme, à la psychologie des foules, et qui bouleverse toutes les techniques statiques ou dynamiques connues, en faisant une utilisation intensive, sans cesse renouvelée et efficace de matières nouvelles et de procédés inédits.
Ce qui caractérise l'ensemble de la publicité mondiale est son lyrisme.
Et ici la publicité touche à la poésie.
Le lyrisme est une façon d'être et de sentir ; le langage est le reflet de la conscience humaine ; la poésie fait connaître (tout comme la publicité un produit) l'image de l'esprit qui la conçoit.
Or, dans l'ensemble de la vie contemporaine, seul le poète d'aujourd'hui a pris conscience de son époque, est la conscience de cette époque.
C'est pourquoi je fais ici appel à tous les poètes : Amis, la publicité est votre domaine.
Elle parle votre langue.
Elle réalise votre poétique.

(*Aujourd'hui*, Grasset, 1927.)

Pierre Mac Orlan [3] a, lui aussi, dans les années 30, consacré des textes enthousiastes à la publicité qu'il considérait comme « un des beaux-arts ». Mettant en valeur la « féerie nocturne » de la publicité électrique et la « géographie poétique » des étiquettes des marques de café et de rhum, il rédigea lui-même des textes publicitaires pour la Peugeot 301, pour le Palm Beach de Cannes ou pour la Société générale de fonderie.

Mais qu'est-ce qui peut, aujourd'hui, amener deux linguistes à accorder une telle importance à un domaine aussi particulier, aussi spécialisé et aussi commenté que celui du discours publicitaire ? En nous efforçant de rappeler certaines données de la rhétorique classique et d'introduire quelques outils descriptifs de la pragmatique et de la linguistique textuelle contemporaines, nous nous proposons, avant tout, d'aborder quelques aspects textuels et iconiques d'une forme particulière de discours argumentatif. Par une approche systématique de l'argumentation publicitaire, nous nous proposons de « tenter l'expérience » dont parle Leo Spitzer. En apportant des informations et en détaillant des outils d'analyse, nous voulons prolonger le mouvement qu'il amorce avec tant d'intelligence et prendre au sérieux sa mise en garde : « La modernité requiert autant de méditation que l'antiquité ». Nous pensons avec lui que ce serait « se condamner à ne rien comprendre à notre temps » que de considérer « avec ressentiment ou condescendance » une de ses pratiques discursives les plus influentes au quotidien. C'est dans cet esprit que des publications prochaines du Centre de recherches en linguistique textuelle et analyse des discours auquel nous collaborons tous deux, aborderont, avec la même attention, l'art oratoire politique et le discours de la presse écrite.

Devant l'extension actuelle du phénomène, devant sa complexité et son caractère polymorphe, mais en raison aussi de nos compétences (dé)limitées, nous avons

---

[3]. *Vive la publicité !*, recueil de textes de Pierre Mac Orlan, avec les œuvres de plusieurs illustrateurs, Prima Linea Éditions, Le Dilettante.

choisi de centrer notre propos sur la publicité écrite [4] (presse et affichage public). Nous avons certes conscience de seulement effleurer un domaine très vaste, mais notre but est de rassembler ici quelques instruments descriptifs dont nous pensons qu'ils ne l'ont encore jamais été. En trois grandes parties, nous espérons fournir aux étudiants, aux chercheurs et même à des professionnels en formation des pistes devenues classiques et d'autres plus originales, peut-être aussi plus techniques parfois, pour une approche des « textes-images » publicitaires. En choisissant une progression en trois étapes à la fois relativement autonomes et complémentaires, nous n'avons, bien sûr, pas la prétention d'être exhaustifs. Nous avons délibérément choisi de développer certains points au détriment d'autres, dont nous pensons qu'ils sont bien décrits ailleurs.

---

4. Le corpus qui sous-tend notre étude est constitué d'un échantillonnage de plus de 200 énoncés publicitaires parus, pour l'essentiel, ces vingt-cinq dernières années. Ces publicités ont, pour la plupart, été sélectionnées dans divers journaux et revues françaises et suisses romandes : *Biba, Cosmopolitan, Elle, Femme actuelle, Femme pratique, France-Soir Magazine, L'Action automobile, Le Figaro Magazine, Le Matin, Le Monde, Le Nouveau Quotidien, Le Nouvel Observateur, Le Point, L'Événement du jeudi, L'Express, L'Hebdo, Libération, Marie Claire, Modes et travaux, Mon jardin, Ma maison, Paris Match, Prima, Télépoche, Télérama, Votre maison, VSD, Voici, Tennis Magazine, TV Magazine*, etc.

Introduction

De la « réclame » à la « pub » : brève histoire d'une pratique discursive

Choisir pour objet le discours publicitaire, c'est être confronté à une pratique discursive qui n'est pas intemporelle. Comme tout genre discursif, la publicité a une histoire et s'inscrit dans les mutations d'un corps social et d'une économie. La publicité au sens large de séduction commerciale est sans doute aussi vieille que l'apparition de l'écriture. À Babylone, on a trouvé des inscriptions de plus de cinq mille ans vantant les mérites d'un artisan. On sait qu'au VIIIe siècle avant Jésus-Christ, sous la dynastie Zhou, a fleuri en Chine, sur les marchés, une publicité musicale faite par des joueurs de flûte. Quelques siècles plus tard, les commerçants de Pompéi n'étaient visiblement pas en reste, avec des slogans à la structure argumentative et au style périodique extrêmement élaborés, dans l'esprit de l'art rhétorique latin :

> Si vous dépensez deux as, vous boirez du très bon vin ; si vous en dépensez quatre, ce sera du vin de Falerne.

Cette période carrée est composée d'un double mouvement argumentatif formé de deux propositions :

> SI proposition p [2 as]   (alors) proposition q [très bon vin]
> SI proposition p' [4 as] (alors) proposition q' [vin de Falerne]

Selon ce mouvement argumentatif, le vin de Falerne est présenté comme, mathématiquement, du « très bon vin » au carré (2 x 2). Le modèle largement hyperbolique de la séduction commerciale est déjà en place ; celui de l'argumentation fondée sur le modèle inductif de la construction hypothétique (que nous aborderons dans le détail au chapitre 6) également.

1. Presse et publicité

Du XVIIe au XIXe siècle, avec le développement de l'imprimerie et la naissance de la presse, se sont véritablement forgées les bases de la rhétorique publicitaire écrite qui va retenir notre attention. On peut relever les grandes étapes suivantes.

En 1629, Théophraste Renaudot fonde le « Bureau d'adresses et de rencontres », sorte d'agence de petites annonces, et il crée la *Feuille du Bureau d'adresse*. C'est, en France, la première institution publicitaire organisée. Elle sera prolongée, le 30 mai 1631, par le premier numéro de *La Gazette*.

Les XVIIe et XVIIIe siècles voient le développement de la petite annonce commerciale, principalement sous forme d'affiches et de prospectus, les gazettes comme *Le Mercure de France* (qui succède, en 1724, au *Mercure Galant*, créé en 1672) restant encore peu concernées par ce phénomène.

Le 1er juillet 1836, avec *La Presse*, Émile de Girardin réalise en France ce que le *Times* avait réussi en Angleterre : un équilibre budgétaire consistant à baisser le prix de vente du journal afin d'augmenter le nombre de lecteurs et attirer ainsi, du fait de cette extension sensible de l'audience, des annonceurs publicitaires qui assureront entre 40 et 50 % des recettes. La présentation relativement austère de ce grand quotidien se terminait, en dernière page, par la Bourse et les annonces publicitaires dont Émile de Girardin avait défini la teneur en ces termes : « Elles doivent être simples, franches, ne porter jamais aucun masque, marcher toujours à leur but. » La systématisation des annonces payantes prendra trois formes : l'annonce-uniforme, définie par sa brièveté et sa simplicité, l'annonce-affiche, plus longue, avec l'ébauche d'artifices typographiques, et la réclame *stricto sensu* qui constitue une annonce déguisée en article. À la même époque, Commerson fonde *Le Tam-tam*, premier hebdomadaire gratuit entièrement financé par la publicité.

En 1845 est instituée la Société générale des annonces, première régie publicitaire française pour les journaux.

En 1863 et en 1876 sont respectivement créés *Le Petit Journal* de Moïse Polydore Millaud et *Le Petit Parisien* qui, par leurs très gros tirages (près d'un million d'exemplaires vers 1900), contribuent à populariser la publicité qui les fait vivre.

Plus près de nous, lorsque, le 16 février 1982, après « neuf années d'indépendantisme à l'égard de la publicité » (Serge July dans sa « Lettre ouverte aux publicitaires »), le journal *Libération* ouvre ses colonnes à la publicité, il le fait dans un contexte significatif : *Le Figaro* semble vivre à plus de 70 % de recettes publicitaires (pour plus de la moitié de la pagination du quotidien) ; *Le Monde* voit 50 % de son chiffre d'affaires couvert par les petites annonces et la publicité (pour presque un tiers, en 1980, de la pagination) ; la publicité représente plus de 50 % des recettes de *France-Soir* et de tous les quotidiens parisiens. Ne font exception, à cette époque, que *Le Quotidien* (35 à 40 % des recettes), *L'Humanité* (10 %) et *Libération* qui se fixe alors un plafond de 30 % des recettes, une moyenne quotidienne de trois pleines pages et décide de ne pas sous-traiter le service publicité à l'extérieur. La loi du marché qui amène cette « révolution » dans un quotidien qui se voulait différent est la même que celle qui guida Émile de Girardin :

> À l'origine de cette décision, la nécessité de rééquilibrer les recettes du journal : l'expansion du journal (38 % en un an), sauf à augmenter de manière dissuasive le prix de vente à l'exemplaire, ne suffisant pas à assurer l'équilibre financier. [...] La publicité s'est imposée comme le moyen financier le plus apte à assurer notre indépendance, le seul permettant à *Libération* de ne pas aliéner la propriété du titre. (p. 20)

Le seul élément réellement novateur se situe dans l'appel lancé aux publicitaires par Serge July, appel que nous n'hésitons pas à citer longuement, dans la mesure où il est historiquement révélateur du climat de l'époque et de l'évolution que nous tentons ici de cerner :

> [...] À tout prendre l'événement n'est pas tant que *Libération* accepte enfin de publier des messages publicitaires. La publicité s'est à ce point banalisée que l'événement finit par être banal. [...]
> L'événement serait plutôt que la publicité dans *Libération* devienne par elle-même un événement, qu'elle constitue pour tous les « créatifs » des agences, pour les annonceurs eux-mêmes, une occasion exceptionnelle pour redéployer la créativité publicitaire dans la presse quotidienne. Car la presse quotidienne a mauvaise presse dans la publicité : ce n'est pas le lieu médiatique que privilégie la révolution graphique. Nous voudrions démontrer au contraire la santé d'une presse quotidienne en plein bouleversement et qui attend une publicité qui lui soit de nouveau propre.
> Parce que la publicité tient lieu aujourd'hui d'art religieux, avec ses icônes collectives et ses représentations de la gamme des activités humaines, nous pensons qu'elle constitue de gré ou de force, un lieu culturel décisif, l'équivalent de ce que furent autrefois les grands studios hollywoodiens aux temps où le cinéma avait encore la religion de lui-même [...].
> C'est ce pari que nous avons fait en adoptant le principe unique de la pleine page, forme obligée pour les annonceurs et les agences, mais espace de création permettant toutes les audaces formelles. [...] (p. 20)

Notons seulement que, dans cet esprit, la publicité *New Man* (présentée page suivante), qui occupe la dernière page du quotidien de ce jour de février 1982, avec le slogan « La vie est trop courte pour s'habiller triste », est digne des ambitions déclarées. L'argumentaire qui accompagne le slogan est, en effet, rédigé dans le style des petites annonces qui ont participé à la célébrité du journal :

> Pour relations sens dessus dessous, cherche jeune fille pas coincée en blazer toile vieillie 100 % coton, 8 coloris, 385 F ; chemise imprimée avec plis dans le dos, 2 coloris, 190 F ; pantalon à pinces en toile de coton, 14 coloris, 240 F.
> Cherche jeune homme sensible et gai, mais viril, en blouson toile de coton délavé, 6 coloris, 405 F ; jean western en toile de coton délavé, 14 coloris, 255 F ; chemise col ouvert en toile de coton, 12 coloris, 175 F. Tissu coton Velcorex. Fermeture Éclair. Prix indicatifs.

Conjointement à cette lente élaboration du fait publicitaire dans la presse, on assiste à une évolution dans les vocables qualifiant cette pratique discursive. Jusqu'au XIXe et au début du XXe siècle, on parlait essentiellement d'« annonce » ou de « réclame ». Le terme de « publicité », attesté pour la première fois en 1689, avait alors le sens d'« action de porter à la connaissance du public », puis de « notoriété publique » (1694), devenu archaïque ou littéraire. C'est seulement en 1829 qu'avec le développement de la réclame par voie de presse, d'affiches et prospectus, il prend, selon le *Dictionnaire historique de la langue française* (Le Robert, 1993), son acception technique moderne de « fait d'exercer une action sur le public à des fins commerciales ».

Deux grands phénomènes caractérisent l'évolution de la complexité structurale et argumentative du discours publicitaire.

2. Double genèse sémiologique de l'image-texte publicitaire

• Du texte(-image)...

Jusqu'au milieu du XIXe siècle, les annonces et les affiches adoptent essentiellement un type de mise en texte conforme au modèle livresque et à l'écriture littéraire : typographie compacte, indifférenciée, linéaire et régulière, avec seulement quelques titres pour agrémenter l'ensemble, ainsi qu'on peut le constater en parcourant quelques exemplaires des *Affiches de Paris* ou du *Globe*. La présentation formelle du prospectus rédigé par César Birotteau, dans le roman du même nom de Balzac (écrit en 1835), nous fournit un bon exemple de l'élaboration technique de la réclame attachée, au début du XIXe siècle, à une magie du verbe issue directement de la littérature.

Balzac fait du héros de son roman un précurseur (l'intrigue commence entre 1800 et 1802) : César Birotteau « déploya, le premier d'entre les parfumeurs, ce luxe d'affiches, d'annonces et de moyens de publication que l'on nomme peut-être injustement charlatanisme ». Balzac insiste avec une telle précision sur la double nature du texte publicitaire et sur les procédés argumentatifs de la publicité naissante qu'il est utile de mentionner largement ses propos :

> La Pâte des sultanes et l'Eau carminative se produisirent dans l'univers galant et commercial par des affiches colorées, en tête desquelles étaient ces mots : *Approuvées par l'Institut !* Cette formule, employée pour la première fois, eut un effet magique. Non seulement la France, mais le continent fut pavoisé d'affiches jaunes, rouges, bleues [...]. À une époque où l'on ne parlait que de l'Orient, nommer un cosmétique quelconque Pâte des sultanes, en devinant la magie exercée par ces mots dans un pays où tout homme tient autant à être sultan que la femme à devenir sultane, était une inspiration qui pouvait venir à un homme ordinaire comme à un homme d'esprit ; mais le public jugeant toujours les résultats, Birotteau passa d'autant plus pour un homme supérieur, commercialement parlant, qu'il rédigea lui-même un prospectus dont la ridicule phraséologie fut un élément de succès.

Balzac livre ici un témoignage idéal sur les mécanismes de la publicité du début du XIXe siècle. Tout est clairement pris en compte et mis en évidence : choix du slogan et du nom même des produits, jeu avec les représentations imaginaires du public, utilisation conjointe de l'affiche et du prospectus. Le romancier a pris un soin particulier à cette partie du livre. Il ajouta, en effet, le texte de l'annonce sur le deuxième jeu d'épreuves et les titres et sous-titres sur le quatrième jeu seulement, en formulant à plusieurs reprises des consignes très précises de mise en page. De plus, il a choisi de donner un statut spécifique à cette partie du texte romanesque :

> Il s'est retrouvé, non sans peine, un exemplaire de ce prospectus dans la maison Popinot et compagnie, droguistes, rue des Lombards. Cette pièce curieuse est au nombre de celles que, dans un cercle plus élevé, les historiens intitulent *pièces justificatives*.

Les quatre lignes ajoutées sur le quatrième jeu d'épreuves — dont nous respectons autant que possible la typographie voulue par Balzac — fixent les grandes orientations du long argumentaire qui suit et que nous ne citerons que pour éclairer les inductions du chapeau :

> **DOUBLE PÂTE DES SULTANES ET EAU CARMINATIVE**
> **DE CÉSAR BIROTTEAU**
> *DÉCOUVERTE MERVEILLEUSE*
> APPROUVÉE PAR L'INSTITUT DE FRANCE.

Si la seconde ligne concerne seulement la propriété juridique, les trois autres sont fort intéressantes. La première fournit le nom de la marque de chacun des produits commercialisés par Birotteau. Dans « Double pâte des sultanes », l'adjectif « double » est une référence au fait que la Pâte des sultanes se présente soit sous une couleur rose (« pour le derme et l'épiderme des personnes de constitution lymphatique »), soit sous une couleur blanche (« pour ceux des personnes qui jouissent d'un tempérament sanguin »). C'est avec le syntagme prépositionnel « des sultanes » que les connotations dont parlait Balzac dans le texte cité plus haut viennent s'engouffrer. Ce syntagme appuie en effet la dénomination choisie : « Cette Pâte est nommée *Pâte des sultanes*, parce que cette découverte avait déjà été faite pour le sérail par un médecin arabe. »

Le sens, moins riche en connotations, de la dénomination « Eau carminative » s'éclaire dans le quatrième paragraphe de l'argumentaire :

> *L'Eau carminative* enlève ces légers boutons qui, dans certains moments, surviennent inopinément aux femmes, et contrarient leurs projets pour le bal ; elle rafraîchit et ravive les couleurs en ouvrant ou fermant les pores selon les exigences du tempérament ; elle est si connue déjà pour arrêter les outrages du temps que beaucoup de dames l'ont, par reconnaissance, nommée *L'AMIE DE LA BEAUTÉ*.

La reformulation du nom du produit par les consommatrices elles-mêmes est un habile coup de force : un sens est ainsi accordé à une dénomination qui était trop neutre au départ. Deux paragraphes plus loin, les propriétés de l'Eau carminative sont élargies en ces termes : « L'usage journalier de l'Eau dissipe les cuissons occasionnées par le feu du rasoir ; elle préserve également les lèvres de la gerçure et les maintient rouges ; elle efface naturellement à la longue les taches de rousseur et finit par redonner du ton aux chairs [...]. »

La troisième ligne en italiques réunit la magie et la science selon un procédé de base de la phraséologie publicitaire de l'époque. Elle est soutenue par le premier paragraphe :

> [...] Après avoir consacré de longues veilles à l'étude du derme et de l'épiderme chez les deux sexes, qui, l'un comme l'autre, attachent avec raison le plus grand prix à la douceur, à la souplesse, au brillant, au velouté de la peau, le sieur Birotteau, parfumeur avantageusement connu dans la capitale et à l'étranger, a découvert une Pâte et une Eau à juste titre nommées, dès leur apparition, merveilleuses par les élégants et par les élégantes de Paris. En effet, cette Pâte et cette Eau possèdent d'étonnantes propriétés pour agir sur la peau [...].

La dernière ligne vient renforcer la scientificité par la caution d'une institution. Comme le signale le deuxième paragraphe : « Elle a été approuvée par l'Institut sur le rapport de notre illustre chimiste Vauquelin. » C'est ainsi l'idée de découverte scientifique qui est mise en avant, une découverte, on l'a vu, fondée sur la caractérologie. Mais comme l'auteur le souligne lui-même dans le commentaire qui suit le document : « La Pâte et l'Eau [...] séduisaient les ignorants par la distinction établie entre les tempéraments. » De la sorte, la connotation de scientificité devient clairement un mécanisme de persuasion.

Une centaine de pages plus loin dans le roman, un second document est introduit par Balzac. Les caractéristiques de cette « Autre pièce justificative » sont extrêmement éclairantes pour notre propos. Le document est censé avoir été rédigé, vingt ans après le premier, pour le compte de Popinot, ex-associé de Birotteau (qui a été, après une fulgurante carrière commerciale, acculé à la faillite par les financiers). Popinot systématise les mêmes techniques que Birotteau et va connaître, lui, un succès total. C'est à travers le regard de César Birotteau lui-même que Balzac introduit le nouveau produit et l'ensemble du mécanisme publicitaire mis en œuvre :

> Il aperçut seulement alors dans les rues d'énormes affiches rouges, et ses regards furent frappés par ces mots : HUILE CÉPHALIQUE.
> [...] Conseillé par Gaudissard et par Finot, Anselme avait lancé son huile avec audace. Deux mille affiches avaient été mises depuis trois jours aux endroits les plus apparents de Paris. Personne ne pouvait éviter de se trouver face à face avec l'*Huile Céphalique* et de lire une phrase concise, inventée par Finot, sur l'impossibilité de faire pousser les cheveux et sur le danger de les teindre, accompagnée de la citation du Mémoire lu à l'Académie des sciences par Vauquelin ; un vrai certificat de vie pour les cheveux morts promis à ceux qui useront de l'*Huile Céphalique*. Tous les coiffeurs de Paris, les perruquiers, les parfumeurs avaient décoré leurs portes de cadres dorés,

contenant un bel imprimé sur papier velin, en tête duquel brillait la gravure d'Héro et de Léandre réduite, avec cette assertion en épitaphe :
*Les anciens peuples de l'antiquité conservaient leur chevelure par l'emploi de l'*Huile Céphalique.
— Il a inventé les cadres permanents, l'annonce éternelle ! se dit Birotteau qui demeura stupéfait en regardant la devanture de *La Cloche d'Argent.*

Finot, l'auteur de l'annonce, est présenté par le narrateur comme un écrivain raté, ce qui met bien en avant une compétence et une orientation de l'écriture : « Il pensait à rester dans la littérature en exploiteur [...], à y faire des affaires au lieu d'y faire des œuvres mal payées. » Surtout, Finot se prévaut d'une nouvelle approche de la réclame : « J'ai pensé, dit l'auteur modestement, que l'époque du prospectus léger et badin était passée ; nous entrons dans la période de la science, il faut un air doctoral, un ton d'autorité pour s'imposer au public. » Après un développement qui mêle démonstration technique et allusions historiques aux Grecs, aux Romains et aux « nations du Nord auxquelles la chevelure était précieuse », une telle orientation est scrupuleusement mise en application dans la deuxième partie de l'annonce :

Nul cosmétique ne peut faire croître les cheveux, de même que nulle préparation chimique ne les teint sans danger pour le siège de l'intelligence.
[...] Conserver au lieu de chercher à provoquer une stimulation impossible ou nuisible sur le derme qui contient les bulbes, telle est donc la destination de l'HUILE CÉPHALIQUE. En effet, cette huile qui s'oppose à l'exfoliation des pellicules, qui exhale une odeur suave, et qui, par les substances dont elle est composée, dans lesquelles entre comme principal élément l'essence de noisette, empêche toute action de l'air extérieur sur les têtes, prévient ainsi les rhumes, le coryza, et toutes les affections douloureuses de l'encéphale en lui laissant sa température intérieure. De cette manière, les bulbes qui contiennent les liqueurs génératrices des cheveux ne sont jamais saisis ni par le froid, ni par le chaud. La chevelure, ce produit magnifique, à laquelle hommes et femmes attachent tant de prix, conserve alors, jusque dans l'âge avancé de la personne qui se sert de l'HUILE CÉPHALIQUE, ce brillant, cette finesse, ce lustre qui rendent si charmantes les têtes des enfants.
La MANIÈRE DE S'EN SERVIR est jointe à chaque flacon et lui sert d'enveloppe. [...]
Cette huile se vend par flacon, portant la signature de l'inventeur pour empêcher toute contrefaçon, et au prix de TROIS FRANCS, chez A. POPINOT, rue des Cinq-Diamants, quartier des Lombards, à Paris.

Comme le résume Gaudissart : « Comme nous abordons la haute science ! nous ne tortillons pas, nous allons droit au fait. Ah ! je vous fais mes sincères compliments, voilà de la littérature utile. »
Cette configuration livresque dominante se poursuit jusqu'au début du XXe siècle, comme le montre ci-contre la publicité *Ricqlès*, extraite de *L'Illustration* du 9 janvier 1915, composée pour être lue, l'écrit ne devenant image que grâce à l'aération et la variation typographiques :

> **L'hygiène
> évite les épidémies**
> ~~~~~~~~
> Pour se préserver il faut
> employer
> l'Alcool de Menthe de
> # RICQLÈS
> ~~~~~~~~
> Antiseptique,
> il assainit l'eau,
> détruit les germes
> de la typhoïde, du choléra
>
> ---
>
> EXIGEZ
> l'Alcool de Menthe de
> # RICQLÈS
> Hors concours Paris 1900

Soulignons ici la parenté de tels textes avec les premières réclames apparues régulièrement, dans la presse américaine, au début du XIXe siècle et dont Leo Spitzer rappelle, avec justesse, qu'elles concernaient des médicaments qui prétendaient avoir une efficacité miraculeuse : « Il est hautement significatif que l'industrie de la publicité ait eu ses commencements dans un appel au désir ancestral d'être sauvé, par la magie, des maux et des faiblesses de la chair humaine » (1978 : 170).

- ... à l'image-texte

Parallèlement à cette structure très écrite et dissertative, la réclame de presse adopte vers 1840 un second système sémiologique, essentiellement visuel, celui de l'image. Le développement, dans les médias, de ce nouveau système est favorisé par l'innovation technique que représente la pratique de la lithographie. Celle-ci profite surtout à l'affiche qui tire en outre le plus grand parti de deux autres inventions, la chromolithographie et la mise au point des machines à imprimer les grands formats, aboutissant aux chefs-d'œuvre de peintres affichistes comme Toulouse-Lautrec ou Steinlen. Mais les débuts de l'image, dans la réclame journalistique, sont des plus modestes : emblèmes épars et quelques portraits discrets.

Après avoir été un simple élément de distraction dans le texte, l'image publicitaire — essentiellement sous forme de dessins et d'ornementations variées — se libère au début du XXe siècle, prenant une certaine importance accompagnée d'une dynamisation et d'une diversification du graphisme. Mais elle demeure toujours un faire-valoir du texte, au pire minorée spatialement par ce dernier, au mieux séparée de lui. Le modèle livresque reste dominant, même dans les premiers périodiques illustrés tels que *L'Illustration* ou *Le Pèlerin*. La photographie, autre grande invention du XIXe siècle, ne bénéficie pas d'un meilleur traitement dans les annonces de presse de l'époque. Elle est confinée à un rôle décoratif, comme dans la réclame pour le *Rénovateur Robinet* parue le 9 juin 1917 dans *Mode pratique* où la photographie d'accompagnement n'occupe qu'un quart de la surface du document.

L'accumulation des annonces sur une même page, leur format souvent réduit, la réutilisation des mêmes maquettes sur de longues périodes ne favorisent pas une promotion du visuel. Les réclames de presse reposent, pendant des décennies en France, sur un agencement qu'on peut dire très majoritairement scriptural et accessoirement illustratif. Ce n'est qu'avec le lancement des premiers journaux d'inspiration américaine — *Paris-Soir* en 1930 et surtout, en 1937, *Marie Claire* de Prouvost — que l'image acquiert sa pleine dimension et peut rivaliser sémiologiquement avec le texte. Cette promotion de l'image publicitaire est doublement favorisée par la grande souplesse que l'offset permet enfin (mis au point au début de notre siècle, ce procédé n'a pas été immédiatement adopté dans la presse) et par l'influence grandissante du cinéma sur la vie culturelle.

3. Indirection croissante du discours

L'époque de la réclame n'est — en dépit de la déclaration de principe d'Émile de Girardin citée plus haut — pas dépourvue d'annonces charlatanesques. Dans *Les Annales* du 6 mai 1923, par exemple, on trouve un encart pour *Indra*, une lotion capillaire qui « fait repousser les cheveux à tout âge », ainsi que pour un remède miracle à l'intention des sourds : « Vous serez guéris en un mois si vous suivez le nouveau traitement scientifique du Dr Aber. » Si ces annonces se laissent parfois aller aux boniments de colporteurs, elles offrent néanmoins, ordinairement, un discours direct et sans ambages, avec une étroite proximité de ses constituants. Le produit proposé — encore artisanal (spécialités pharmaceutiques, alimentation, vêtements, premiers cycles...) — est clairement désigné, prix et modalités de vente inclus, de même que les objectifs du message publicitaire. Ainsi dans cette annonce pour le laxatif *Jubol*, parue dans *L'Illustration* du 15 mai 1916, bien représentative du style de l'époque :

> La jubolisation ou rééducation de l'intestin consiste à pratiquer un massage interne doux, onctueux et persuasif. Le Jubol, avide d'eau, forme une masse qui nettoie, comme avec une éponge, tous les replis de la muqueuse, sans heurts, sans irritation, sans fatigue.
> Le Jubol contient de l'agar-agar et des fucus qui foisonnent et rééduquent la paroi endormie de l'intestin, ainsi que les sucs des glandes digestives et les extraits biliaires qui sont toujours en déficit chez le constipé.
> PRIX du JUBOL : La boîte, franco 5 fr., la cure intégrale (6 boîtes), franco 27 fr. Etrang., franco 5,50 et 30 francs.

La personnalité du concepteur de la réclame s'affiche explicitement sous forme de signature pour le destinateur ou d'adresse pour le fabricant/annonceur, comme en témoignent les exemples de Balzac ou cette annonce pour la pommade *Lynx*, relevée dans l'*Excelsior* du 26 février 1922 : « *POMMADE LYNX. Tonique, dépurative des paupières, de C. Cattet, pharmacien-chimiste de 1° Classe. Caudry (Nord) — Gros : Maison Michelet, Paris.* » La clientèle visée n'est jamais très éloignée, les réclames des grands journaux parisiens sont principalement destinées au public de la capitale qui peut se déplacer jusqu'au lieu de fabrication ou de commercialisation, et accessoirement aux provinciaux susceptibles d'acquérir les produits par correspondance.

À cette proximité généralisée s'ajoute l'énonciation spontanée de l'annonceur. La réclame est à la fois un cri du cœur de ce dernier (dans la continuité de l'ancien français *reclaim :* « appel, invocation ») et une démarche improvisée et intuitive, étrangère aux lois du marché. D'où ce mélange de surenchère et de bricolage, entremêlé de nombreuses références, qui en singularise le style.

Connu en France dès le début du XXe siècle, mais véritablement mis en application après la Seconde Guerre mondiale, le marketing d'essence anglo-saxonne, suite à l'industrialisation et à la mondialisation croissante de la production économique, apporte une double mutation aux pratiques de la réclame [1]. D'une part, à la proximité succèdent un détachement et une distanciation : l'artisan et le concepteur individualisés de l'annonce sont marginalisés au profit des grandes sociétés et des agences de publicités, le public local et délimité de la réclame se transforme en masse anonyme avec le circuit de la grande distribution. D'autre part, en raison de l'aug-

---

1. Notons que le terme « publicitaire », attesté dès 1914, commence à être adopté après 1930, ce qui montre bien que la publicité devient alors une profession et une technique spécifiques.

mentation de l'offre par rapport à la demande et de la standardisation progressive des produits, la persuasion commerciale devient un acte de plus en plus réfléchi et calculé, et ce faisant indirect. On met alors en œuvre diverses théories pour stimuler artificiellement la consommation [2]. C'est d'abord la « **publicité mécaniste** » des années 50 qui, par des procédés behaviouristes, vise à faire acheter à tout prix le produit présenté, indépendamment des besoins. Les théories développées vers les années 60 injectent, par la suite, un concept symbolique dans le produit : l'acheteur n'acquiert plus ce dernier mais, par ricochet, sa propre image, que celle-ci soit intériorisée, avec la « **publicité suggestive** » d'inspiration psychanalytique (Dichter, *La Stratégie du désir*, 1961), ou socialisée avec la « **publicité projective** » qui convertit l'acte d'achat en moyen d'identification et de promotion sociales (ses promoteurs Shérif et Lewin s'inspirant de Mead et de Malinowski). Non seulement la publicité devient de plus en plus indirecte dans ses desseins, mais depuis les années 70 elle prend du recul sur sa conduite, avec la « **publicité ludique** » qui multiplie l'ironie, les clins d'œil et autres déclarations iconoclastes sur ses configurations et son existence même. Cette dernière forme de publicité doit son succès initial au dynamisme, en France, de l'agence Roux-Séguéla, créée en 1969. La filiation entre ces quatre types de publicité et les deux grandes catégories rhétoriques auxquelles nous nous référerons par la suite peut se résumer dans le tableau suivant qui met en évidence ce qui sépare radicalement les deux extrêmes « mécaniste » et « ludique » :

Type de publicité	Genres rhétoriques	
	DÉLIBÉRATIF	ÉPIDICTIQUE
MÉCANISTE	+	−
SUGGESTIVE	+	+
PROJECTIVE	+	+
LUDIQUE	−	+

La publicité de type ludique est illustrée par l'exemple cité plus haut de l'annonce *New Man* parue dans *Libération*. Les axes de lectures sont multipliés par l'agencement linguistique et chromatique : on peut ainsi lire le slogan de façon non linéaire. En suivant la couleur, on obtient un énoncé de base : LA VIE EST (rouge) POUR (rouge) NEW MAN (bleu) qui exclut les énoncés les plus négativement connotés et portés par la couleur grise (TROP COURTE et S'HABILLER TRISTE). Le texte joue sur une amorce de type petite annonce de *Libération* : « Pour relation sens dessus dessous, cherche jeune fille pas coincée » et « Cherche jeune homme sensible et gai, mais viril ». L'image inversée du haut du document vient appuyer l'expression « sens dessus dessous » et celle du bas modifier le rapport de force, puisque la jeune fille soulève sans effort et d'une seule main un jeune homme tout aussi hilare qu'elle.

---

2. Dont Cathelat nous offre un aperçu dans *Publicité et société* (1987).

Aux antipodes de cette forme ludique, on trouve les très classiques publicités pour produits de beauté et autres crèmes amincissantes qui, malgré la recherche d'un équilibre du texte et de l'image, ne semblent guère avoir évolué depuis le XIXe siècle. Ainsi en est-il d'une publicité *Elancyl* pour des produits amincissants, parue dans *Femina* du 9 mai 1993. La terminologie pseudo-scientifique (« transdiffuseur anti-cellulite... osmo-actif »), appuyée par des schémas imitant ceux des livres de sciences naturelles, se mêle à la répétition de l'adjectif « nouveau » et aux garants technologiques (photogrammétrie sur ordinateur) ou institutionnels (office fédéral suisse de la santé publique). La simple présentation du produit est associée à la photo d'une jeune femme au corps si parfait que l'identification fantasmatique est assurée. L'association de l'image et du texte est appuyée par les tons verts et blancs dégradés qui unifient l'ensemble d'un document au classicisme assez exemplaire [3].

De ce survol historique du discours publicitaire, retenons qu'il conviendra de tenir compte des deux composantes issues du livre et de la gravure, qui en agencent la structure. Les différentes techniques persuasives sont certes apparues successivement, mais elles semblent toutes coprésentes dans la publicité actuelle qui en revient parfois au naturel de la réclame, si l'on en croit un article de *Libération* du 9 février 1993 : « Voyage au centre d'un secteur en mutation : et la publicité redevient réclame ». Postulons donc, en cette fin d'introduction, que le discours publicitaire constitue un genre mou, faiblement défini, hétérogène et instable, dont la seule ligne directrice est d'inciter à la consommation commerciale. Notre essai pourrait, plus modestement, avoir pour titre : *aspects de l'argumentation publicitaire*, tant il est difficile d'appréhender la totalité d'une matière aussi fluctuante et d'espérer plus qu'une description de ses grandes procédures rhétoriques.

Notre étude a pour but de cerner la nature plus **persuasive** qu'argumentative, au sens étroit du terme, du discours publicitaire. En revenant sur une distinction de la *Critique de la raison pure* de Kant, Perelman a proposé d'« appeler *persuasive* une argumentation qui ne prétend valoir que pour un auditoire particulier et d'appeler *convaincante* celle qui est censée obtenir l'adhésion de tout être de raison » (1988 : 36). La rhétorique publicitaire, dans la mesure où elle vise les sujets dans leur « intimité consommatrice [4] », doit être plus pensée en termes de *persuasion* et d'*action* (achat-consommation) qu'en termes de *conviction* et d'*intelligence*. Bien loin de donner des raisons à l'appui ou à l'encontre d'une thèse, le discours publicitaire s'apparente au genre épidictique (« démonstratif » des Latins). Cette forme de discours-spectacle, correspondant aux sermons, éloges funèbres, discours des cérémonies commémoratives, est, depuis Aristote, distinguée fort utilement des genres judiciaire et délibératif. Au terme de cet essai, nous verrons si ce rapprochement — que nous ne sommes pas les seuls à envisager (Everaert-Desmedt 1984b : 140) — définit bien les formes particulières de l'argumentation publicitaire.

---

3. Nous n'avons pas obtenu l'autorisation de reproduire le document publicitaire auquel nous faisons allusion (de façon peut-être trop critique aux yeux des concepteurs...). On trouvera facilement, dans la même famille de produits, des utilisations semblables des composantes mises en évidence.

4. Nous empruntons cette expression à un article de la revue *Sucrerie française* présentant, en novembre 1972, la campagne de publicité sur le sucre 1972-1973 (p. 504).

Première partie

Structure globale du discours publicitaire

Chapitre 1

Communication et argumentation publicitaires

1. Un cadre communicationnel singulier

Dans la mesure où elle met en rapport des sujets en vue de transactions économiques, la publicité a été traditionnellement étudiée en termes de théorie de la communication. Cependant, il s'agit d'une situation de communication-interaction écrite très particulière et irréductible aux schémas généraux de la communication linguistique. En premier lieu, la prise de parole de l'instance émettrice étant payante, la moindre annonce nécessite un investissement élevé. Par exemple, en 1982, une pleine page de *Libération* en noir et blanc était disponible au prix de 33 000 F et, en 1983, une double page en quadrichromie valait 276 520 F dans *Paris Match*. En second lieu, il s'agit d'une communication différée dans l'espace et dans le temps, médiatisée et distanciée par ses supports — journaux et autres, avec des délais parfois longs entre la conception de l'annonce et sa lecture effective. De plus, il s'agit d'une communication sollicitative et aléatoire, en ce qu'elle s'adresse à un destinataire qui ne l'attend pas et qui n'est pas obligatoirement disposé à la recevoir (à la différence de l'éventuelle consommation volontaire de spots publicitaires télévisuels, on n'achète pas un journal pour en découvrir les publicités !). Ce destinataire doit donc être interpellé et convaincu instantanément de lire le message qu'on lui propose. De ce jeu de contraintes spécifiques découle le fait que cette structure communicative, axée d'abord sur la recherche de l'établissement d'un contact, est un système avant tout phatique (Jakobson 1963 : 217) et impersonnel : l'instance émettrice est un contacteur en quête du plus grand nombre de contactés possible, qu'elle ne connaît pas (ou mal) et dont le seul point commun est d'être occasionnellement — avec tous les risques d'échec que cela comporte — exposés au même message.

La communication publicitaire est ambivalente. À la rhétorique bifide (verbale et iconique) du texte-image s'ajoute l'ambivalence d'une production symbolique déterminée par le marché économique : l'émetteur finance sa propre prise de parole dans le but de déclencher un achat du destinataire-consommateur potentiel qui viendra compenser sa dépense communicative et assurer sa domination de la concurrence. En d'autres termes, communication symbolique et communication commerciale sont inséparables et ceci est source d'ambiguïtés potentielles : tantôt l'accent sera mis sur l'échange économique, tantôt sur l'échange symbolique. Le discours critique est lui aussi pris dans cette ambivalence : il peut se focaliser soit sur la dimension purement économique du fait publicitaire, soit sur sa dimension sémiotique. Dans ce dernier cas, en insistant sur l'échange symbolique, l'analyse sémiotique risque fort, comme le notait naguère J. Bya, de masquer le caractère commercial fondamental de la propagande publicitaire :

> Ce discours « d'escorte », tout comme le discours publicitaire qu'il valorise, tend à biffer et à refouler la détermination mercantile des produits vantés, pour présenter ceux-ci comme des objets, si possible des objets naturels et, comme tels, toujours nécessaires à la satisfaction des besoins, toujours offerts à la saisie. (Bya 1974 : 80)

Comme on le verra à maintes reprises, la dimension socio-économique de l'achat est gommée soigneusement au profit de valeurs comme la santé ou la nature. C'est le mécanisme que Leo Spitzer met parfaitement en évidence dans son analyse de la publicité américaine *Sunkist* des années 1940 :

> À notre causalité quotidienne (les lois de l'offre et de la demande, de la production de masse et de la baisse des prix) sont substituées d'autres lois (les lois de la nature — et du miracle) ; sur notre réalité de tous les jours, il y a surimposition d'une autre réalité, comme un rêve [...]. Tout se passe comme si, dans ce cas d'expression créatrice dans un cadre commercial, le but essentiel, qui est de vendre et de faire un profit, était nié ; comme si le monde des affaires n'avait d'autre souci que de moissonner les dons de la nature et de les apporter à chaque amateur individuel — dans une vie idyllique en pleine harmonie avec la nature. (Spitzer 1978 : 155)

Il est effectivement impossible de comprendre la rhétorique de la publicité si l'on néglige d'« inscrire le pouvoir de l'argent dans la problématique même de ce type particulier de communication qu'est la communication publicitaire » (Kochmann 1975 : 19).

Une telle duplicité constitutive a des conséquences directes sur la structure pragmatique de la communication publicitaire. En nous inspirant de la terminologie classique d'Austin (1970 : 109-137), considérons trois dimensions des actes de discours. Les deux premières se greffent sur la communication langagière : la dimension proprement locutoire (pour nous, la production écrite textuelle et iconique d'un discours publicitaire) et la dimension illocutoire (à savoir la force de persuasion inscrite dans l'annonce). La troisième dimension s'ouvre, quant à elle, sur la communication commerciale : la dimension perlocutoire a trait à la réussite (ou l'effet) de l'acte illocutoire, aux réactions du lecteur persuadé ou non d'acheter le produit. De la sorte, la structure pragmatique du discours publicitaire peut être ainsi schématisée :

Action langagière	Produire un message	ayant une force de persuasion	visant l'achat du produit
Dimension pragmatique	Acte LOCUTOIRE	Force ILLOCUTOIRE constatif (explicite) directif (+ ou – implicite)	Effet PERLOCUTOIRE —> faire croire —> faire faire

La complexité sémiotique et pragmatique de la communication publicitaire est indéniable :
• Au plan locutoire, le discours est, à la fois, texte et image.
• Au plan illocutoire, on peut parler de deux visées plus complémentaires que réellement antagonistes : une visée descriptive, informative, qui a la forme d'un acte constatif, et une visée argumentative (incitative). En cela, la communication publicitaire est info-persuasive. Nous examinerons plus loin quelques actes illocutoires mis en scène par le discours publicitaire dans un but, à la fois, de contact et d'interpellation du destinataire. Mais, à ce stade de notre analyse, il faut considérer le caractère globalement indirect d'une communication publicitaire dominée par un acte illocutoire directif [*Je vous conseille d'acheter ce produit*] généralement implicite. Cet acte directif est dissimulé sous un acte constatif que l'on peut, avec Nicole Everaert-Desmedt, ainsi décrire : « La publicité fait une série de constatations à propos du produit et du consommateur (elle constate que le produit existe, qu'il est nouveau, qu'il a telles qualités, que le consommateur qui l'utilise en est comblé, que celui qui ne l'utilise pas encore se trouve dans un état de manque...) » (1984b : 126). L'acte illocutoire dominant de la plupart des publicités est explicitement constatif et implicitement directif.
• Au plan perlocutoire, l'acte d'achat n'est qu'un effet ultime et il est précédé par une stratégie dans laquelle se concentre toute la persuasion publicitaire. Comme l'a montré, dans un cadre théorique différent, Nicole Everaert-Desmedt (1984a : 158-184), l'acte illocutoire constatif est associé à une intention perlocutoire de type FAIRE CROIRE quelque chose au destinataire, et l'acte illocutoire directif à une intention perlocutoire de type FAIRE FAIRE quelque chose. Le passage du CROIRE au FAIRE ne peut être assuré que si le sujet-consommateur potentiel apprend quelque chose qu'il ne considère pas comme faux. Le discours publicitaire doit être assez crédible pour susciter une telle croyance et, en même temps, l'absence de toute réfutation de ce qu'il asserte. Ce blocage de la réfutation s'appuie sur le fait que la condition de sincérité (« Ne dites pas ce que vous pensez être faux ») est juridiquement garantie par la répression de la « publicité mensongère ». En outre, la croyance est rendue possible par la manipulation des désirs profonds des sujets : on est d'autant plus crédule que ce qui est présenté correspond à nos désirs conscients/inconscients, à nos fantasmes de tous ordres. Plus précisément, comment le SAVOIR sur le produit se transforme-t-il en VOULOIR ? Ceci est rendu possible par le fait que les énoncés constatifs suscitent une valorisation du produit — constitué ainsi en OBJET DE VALEUR — et un désir de l'obtenir

(désir d'achat) qui s'accompagne d'un désir d'identification reposant sur une valorisation du sujet lui-même, totalement dépendante de l'acquisition de l'Objet. Ce désir d'identification part donc de la valorisation de l'Objet et s'accompagne d'une valorisation liée de tous ceux qui le possèdent (représentés dans le discours et baignant toujours dans une euphorie visible) et d'une dévalorisation (dysphorie) de tous ceux qui ne le possèdent pas.

Le passage au FAIRE (l'achat par le consommateur) est conditionné par une *phase cognitive* (SAVOIR et CROIRE que l'Objet possède les valeurs qui motivent le désir de le posséder) et par une *phase mimétique* (VOULOIR posséder l'Objet et s'identifier ainsi à ses autres détenteurs).

Derrière l'opération de constitution du produit en Objet de valeur, c'est la question de la valorisation symbolique des objets qui se pose. Entre la vente et l'achat du produit fonctionnel, le discours publicitaire opère une sémantisation qui transforme le simple objet (automobile, aspirateur, machine à laver) en Objet de valeur. On passe d'un rapport objectif au monde (se déplacer, faire le ménage ou le lavage) à un rapport symbolique. L'objet de consommation est, par définition, cet objet symbolique qui a, comme Jean Baudrillard l'a montré (1972 : 61), perdu son statut de nom commun et d'ustensile pour acquérir un statut de nom propre que la marque garantit. L'Objet se charge ainsi de valeurs différentielles de statut ou de prestige qui le vident de sa substance, comme l'explique Jean Baudrillard :

> Les signes publicitaires nous parlent des objets, mais sans les expliquer en vue d'une *praxis* (ou très peu) : en fait, ils renvoient aux objets réels comme à un monde absent. Ils sont littéralement « légende », c'est-à-dire qu'ils sont d'abord là pour être lus [...]. S'ils véhiculaient une information, il y aurait lecture pleine et transition vers le champ pratique. Mais ils jouent un autre rôle, celui de visée d'absence de ce qu'ils désignent. (1968 : 208)

Pour en revenir à la phase mimétique dont nous parlions plus haut, il faut bien voir que l'Objet valorisé, intégré dans le système de la mode et du standing, relie le sujet aux autres consommateurs : un système de standing déterminé par la possession des objets est un système de signes de reconnaissance et tout sujet en vient à être qualifié par les objets qu'il a ou n'a pas.

On comprend mieux également pourquoi le discours publicitaire limite le contenu propositionnel (descriptif) des annonces à quatre assertions correspondant, en fait, à deux énoncés axiologisés :

> 1° Le produit, pour lequel la publicité est faite, est valorisé, « positivé » ; les autres produits pour le même usage, mais portant d'autres marques, sont « négativés ».
> 2° Le sujet-consommateur en relation avec le produit [...] est « positivé » ; le sujet qui n'est pas en relation avec ce produit est « négativé ». (Everaert-Desmedt 1984b : 127)

Voyons à présent comment les théories classiques de la communication publicitaire rendent (partiellement) compte de tout ceci.

2. Les modèles communicationnels unilatéraux

Dans ce premier cadre théorique, la communication publicitaire est ouvertement conçue comme une relation à sens unique entre un pôle annonceur et un pôle public. Caractérisant surtout les débuts du marketing (avec en particulier le courant de la publicité « mécaniste ») et fortement influencés par les théories de la communication de Shannon et de Weaver (théories dites « des ingénieurs »), les modèles unilatéraux définissent la communication publicitaire comme une action contraignante : un annonceur tout-puissant et omniscient utilise le canal du langage pour susciter une pulsion d'achat dans un public passif, désigné généralement par les termes de « cible » ou de « prospect ». Cette coercition s'exerce dans un contexte neutre et aseptisé, indépendamment des particularismes locaux ou socioculturels. Sommaires, les modèles unilatéraux conviennent à la définition de la publicité comme média chaud (au sens de McLuhan 1968 : 145) demandant une faible participation du récepteur. On peut les subdiviser en deux sous-catégories.

2.1. Les modèles linéaires

Répondant à la métaphore de la flèche ou de la ligne télégraphique, ces modèles décomposent l'influence de l'annonceur sur le public en étapes élémentaires qui se présentent toujours selon le même ordre. Se situant dans le cadre du behaviourisme de Watson et de Skinner, lui-même issu de la théorie réflexologiste de Pavlov, ils considèrent la communication publicitaire comme une suite d'opérations entre le stimulus initial de l'annonceur et la réponse du public. Celles-ci s'intègrent dans une stratégie de conditionnement de la part du premier, à travers ses phases de séduction et de manipulation, le sentiment de manque inculqué au public devant être comblé par la quête du produit. Ainsi fondée sur un déterminisme comportemental, la communication semble limitée à l'engendrement de réflexes conditionnés.

Le plus simple de ces modèles linéaires est sans doute celui de Lasswell (1948). La communication s'y résume à une séquence orientée de la source à l'effet publicitaire :

[Émetteur	Référent	Récepteur	Canal-contact]	
Qui ?	Dit quoi ?	À qui ?	Par quel canal ?	Avec quels effets ?
(Control Analysis)	(Content Analysis)	(Audience Analysis)	(Media Analysis)	(Effect Analysis)

Un tel modèle explicite partiellement nombre de publicités. Ainsi, cette annonce *Gerblé* :

(1) Madame, nous vous informons que la vitamine E contenue dans le germe de blé aide à lutter contre le vieillissement des tissus. GERBLÉ

On repère sans problème ici une communication ciblée avec un émetteur (« nous »), un contenu référentiel descriptif (renseignements sur la composition du produit), un récepteur (« madame », « vous »), sans oublier le canal (magazine *Femme actuelle*). L'effet pratique visé (désir d'achat) est masqué par un message qui exhibe l'apport informationnel.

Les théoriciens américains ont développé des modèles linéaires plus complexes. Parmi ceux-ci, deux insistent sur la chronologie des trois phases clés de la communication publicitaire : le modèle A.I.D.A. et celui de Lavidge & Steiner (1961) :

	Information	Affects		Comportement
A.I.D.A.	Attention	Intérêt	Désir	Action
Lavidge & Steiner	Notoriété Connaissance	Attirance Préférence Conviction		Achat

On peut appliquer le modèle A.I.D.A. à (1). On voit bien comment le message part d'un **A**-information pour manipuler des affects : **I**ntérêt des mortels humains pour tout ce qui concerne le vieillissement et **D**ésir de lutter contre la mort. L'**A**cte d'achat visé apparaît ainsi comme une solution nécessaire et le produit comme un auxiliaire magique, sans que l'on puisse accuser cette annonce de charlatanisme.

Suscitant plus le réflexe que la réflexion par leur schématisme insistant et leur monotonie persuasive, ces modèles expliquent la suspicion envers une publicité jugée responsable du « viol des foules » (expression de Dutœuf) et vue comme un instrument réducteur de la société (Marcuse : *L'Homme unidimensionnel*, 1968) ou comme une institution pesante, créatrice de besoins artificiels (Galbraith : *Le Nouvel État industriel*, 1967). Bien qu'ils ne rendent que très partiellement compte de la complexité de la communication publicitaire, de tels modèles peuvent être pertinents dans le cas de publicités globalistes prises dans une stratégie mondiale de communication et dans le cas des produits à implication faible (comme les annonces pour les lessives), pour lesquels matraquage et redondance paraissent suffire.

2.2. Les modèles modulaires

Tout en étant plus sophistiqués, les modèles modulaires envisagent, eux aussi, la communication publicitaire comme une intervention à sens unique entre un annonceur actif et un public réactif et indifférencié. Ils décomposent toutefois le processus publicitaire en éléments qui peuvent se combiner librement. Deux de ces modèles jouissent, semble-t-il, d'une faveur particulière auprès des spécialistes.

2.2.1. Le modèle triadique [Learn], [Like], [Do]

Synthèse élaborée à partir des propositions de théoriciens comme Starch, Festinger ou Krugman [1], ce modèle assoit la communication publicitaire sur l'agencement de trois modules, axés sur le récepteur :
— le module cognitif <LEARN> enregistre son besoin d'information (ce qui correspond au domaine du SAVOIR dont nous avons parlé plus haut) ;
— le module affectif <LIKE> rend compte de ses réactions et de ses préférences en face du produit (domaine du VOULOIR-DÉSIRER) ;
— le module pratique <DO> filtre son comportement vis-à-vis de celui-ci (domaine du POUVOIR FAIRE).

Ce modèle impressif repère les réponses du public aux propositions persuasives de l'annonceur. Les trois verbes fonctionnent au degré fort comme des impératifs et au degré faible comme des infinitifs dénotant l'effet du message. Ces modules, combinés, permutent en donnant différents types publicitaires :
• L'« implication minimale » [Learn > Do > Like] est fondée successivement sur l'information par répétition <LEARN>, le passage à l'acte d'achat <DO> et l'évaluation facultative du produit <LIKE>. Ce type de communication concerne avant tout les produits peu impliquants qu'on achète à force de matraquage.
• L'« apprentissage attribué » [Like > Learn > Do] repose sur l'enchaînement de la séduction du lecteur <LIKE>, de sa prise de connaissance des caractéristiques du produit <LEARN> et de son acquisition <DO>. Ce type de message correspond plutôt aux publicités qui insistent sur les images de marque valorisantes, comme les parfums ou les montres de luxe, alors que l'ordre [LEARN>LIKE>DO] correspond à l'annonce *Gerblé* (1).
• L'« impulsion enfantine » [Like > Do > Learn] : articulé sur la triade du coup de foudre <LIKE>, lequel déclenche immédiatement l'achat <DO> qui peut éventuellement être suivi d'une recherche de renseignements sur le produit <LEARN>, ce type caractérise les publicités visant un effet instinctif ou irréfléchi chez leur lecteur. Ainsi dans cette publicité pour les vêtements *Félino : (2) « L'écru ça me va, alors je prends tout »* ; enthousiasme que confirme le slogan final : *« Félino : Prêt-à-porter-sans-hésiter ! »*
• Le « modèle de promotion » [Do > Learn > Like] : l'acquisition du produit, stimulée par une offre exceptionnelle <DO>, est suivie par la découverte de ses propriétés <LEARN> et par l'appréciation ou non de celui-ci <LIKE>. Ce modèle s'applique aux soldes, pour lesquelles une baisse des prix entraîne un passage à l'acte qui l'emporte sur toute autre considération.
• L'« adhésion confirmée » [Do > Like > Learn] correspond au réachat <DO>, lié au fait que le consommateur a déjà apprécié un produit <LIKE>. Ce réachat est susceptible d'entraîner la découverte de qualités encore ignorées <LEARN>. Ce modèle convient au cas particulier des campagnes de notoriété et de la publicité par fidélisation dans lesquelles l'habitude joue un grand rôle. Ainsi dans cette

---

1. Voir, à ce propos, *Don Juan ou Pavlov* (C. Bonnange et C. Thomas 1990).

publicité *Cif* dont le début du texte présuppose l'achat par reconnaissance du produit : *(3) « C'est fou tout ce qu'on peut faire avec Cif. Cif nettoie les cuisines et les salles de bain. Ça vous le saviez [...] »* et dont la suite suggère de nouvelles possibilités d'emploi : *« Mais il y a sûrement beaucoup d'utilisations auxquelles vous n'avez pas encore pensé [...] »*

2.2.2. Le modèle diffracté : exploitation publicitaire du schéma de Jakobson

On connaît le presque trop célèbre schéma de Roman Jakobson (1963) et sa décomposition fonctionnaliste des constituants de la communication. Ce schéma n'a pas manqué d'intéresser les analyses de la publicité qui se sont efforcés d'en cerner soit les facteurs (Cathelat et Ebguy 1988 ou Jouve 1991), soit les fonctions (Peninou 1972). Ce schéma rend compte de l'éclatement des composantes de la communication publicitaire et il en dégage les dominantes à travers ses différents pôles. En examinant diverses annonces, outre la **communication-émetteur** (centrée entre autres sur la compétence du fabricant), la **communication-récepteur** (axée sur la force de persuasion du message) et la **communication-référent** (glorification du produit et de son univers), on pourrait distinguer d'autres orientations de la communication.

La **communication-contact** a pour but d'attirer l'attention du lecteur à tout prix. Cette orientation fonctionnelle définit, entre autres, la publicité-scandale de la marque *Benetton* (image-choc d'un sidéen à l'agonie, collection de sexes, etc.). Sans rapport avec la transaction commerciale en jeu, le but avoué de ces campagnes est de faire parler d'elles en donnant l'illusion de participer aux grands événements et questionnements de ce monde, mais l'effet voulu est de renforcer la mémorisation de la marque par la provocation suscitée.

La **communication-code** concerne les cas où l'annonceur déstructure et, ce faisant, rend conscient le système de signes qu'il utilise. Caractérisant le goût actuel des médias pour le ludique, elle est particulièrement développée dans une publicité *GO-Voyages* où les évocations des pays proposés sont autant d'occasions de jeux de mots paronymiques, d'un goût douteux. Ainsi à propos de l'Espagne : *(4) « Ces prix sont valables pour l'olé et le retour »* ; du Maroc : *(4 bis) « Ça vous en babouche un coin »* ; ou des États-Unis : *(4 ter) « La bonne occase de l'oncle Tom »*.

Bien que séduisant par son caractère descriptif, sa relative souplesse et son côté pédagogique, le modèle de Jakobson souffre de limites certaines. Sa nature taxinomique a tendance à figer la description de la complexité du discours. Même s'il s'éloigne de la route fléchée du modèle A.I.D.A., ce schéma ne sort pas d'un cadre discursif unidimensionnel allant d'un émetteur vers un récepteur. Sans tomber dans les excès d'un modèle cybernétique, examinons la communication publicitaire à partir d'une entrée plus dialogique et plus attentive à l'interaction.

3. Une structure interactive ?

La communication publicitaire dépend fortement de conditions contextuelles. Bien loin de s'adresser uniformément à un public passif et d'obéir à un système unilatéral, elle s'intègre dans un circuit complexe, fondé sur la corégulation et l'interdépendance, dont rendent mieux compte la métaphore de la spirale ou celle de l'orchestre (Scheflen 1981). Trois modalités au moins influencent très activement la production des énoncés : le canal, le référent et le destinataire.

3.1. Influences du canal, du référent et du destinataire sur l'argumentation

Dans quelle mesure ce que Quintilien note dans l'*Institution oratoire* (IV, 1, 52), à l'instar de toute la rhétorique classique, est-il applicable à la rhétorique publicitaire ?

> Au moment de parler, l'orateur doit considérer ce que l'on a à dire, devant qui, pour qui, contre qui, en quelles circonstances, en quel lieu, dans quelles conjonctures, ce qu'en pense le public, quelle est l'opinion présumable du juge avant de nous entendre, en outre ce que nous avons à désirer et à craindre. Tout naturellement, il saura ce qu'il doit dire pour commencer.

L'ensemble de ces questions que l'énonciateur doit absolument se poser peuvent être considérées comme des points de départ de l'argumentation publicitaire.

3.1.1. Action conditionnante du support (canal)

Selon la thèse célèbre de McLuhan (1968), au lieu d'être un contenant inerte, le milieu dans lequel circule le message prédétermine étroitement ce dernier. Dans le cas de la publicité, il est clair que la nature même du support pèse sur le déroulement de la communication. Pour la presse écrite qui nous intéresse, si l'on compare *VSD*, hebdomadaire qui se veut « branché », avec un périodique plus classique, comme *Le Figaro Magazine*, on constate qu'ils ne contiennent pas les mêmes types de publicités. Les contraintes de la pagination introduisent des paramètres techniques non négligeables : les pages de dos des magazines, davantage vues que lues, reçoivent quasi exclusivement des publicités-affiches, axées sur l'image et le slogan. La structure même du support proagit sur l'annonce ou inversement celle-ci rétroagit à son support. L'examen de la situation publicitaire dans quelques mensuels parus en septembre 1993 illustre cet effet-caméléon.

L'orientation thématique des publications fonctionne comme filtre préalable. Le numéro de septembre 1993 du mensuel animalier *30 millions d'amis* comporte 32 annonces : 26 sont consacrées aux animaux (expositions, assurances, éducation, nourriture, refuges, matériel, crémation), 4 constituent de la publicité interne pour la revue (Club, Librairie) et 2 seulement concernent un sujet étranger (une pour *Médecins du monde* et une pour un organisme de vente par correspondance). Même constat avec *Tennis Magazine* : sur les 20 annonces du numéro de septembre 1993, 16 touchent les diverses facettes du tennis (équipement, stages, compétitions) et 4 seulement portent sur un domaine différent : 2 concernent un autre média sportif (*Onze Mondial* et *Canal+*) et les deux dernières vantent les radios *NRJ* et *Skyrock*, censées intéresser les sportifs dynamiques.

Une fois sélectionnées par l'orientation de leur support, les annonces se répartissent autant que possible en fonction de la distribution des rubriques. Ainsi, dans le numéro de septembre 1993 du mensuel féminin *Prima*, on note une nette homogénéisation référentielle des contenus journalistique et publicitaire. Pour ne prendre que quelques exemples, dans la rubrique « mode » (pp. 6-19), on trouve une publicité pour vêtements *Marcelle Griffon* ; dans la rubrique « beauté » (pp. 20-32), des publicités *Biotherm* (crème antiride), *Linéance* (crème de soins), *Depigmenten* (produit solaire), *Galennic* (crème de soins), *Christian Dior* (rouge à lèvres) ; dans la rubrique « coiffure » (pp. 76-90), des publicités *Jacques Dessange* (crème pour cheveux), *Jean-Louis David* (salons de coiffure), *Isaé* (colorant pour cheveux) ; dans la rubrique « santé » (pp. 96-106), des publicités *Vittel-Source* (eau minérale), *Signal* (dentifrice), *MAE-Assurances* (pour enfants), *Candia* (lait écrémé), etc.

Par ailleurs, on relève une fréquente influence stylistique du support de presse sur ses annonces publicitaires. Cela peut se faire par le biais du graphisme. Si l'on prend, par exemple, les pages 112 à 123 du numéro de septembre 1993 de *Modes et travaux* consacrées à la cuisine, on remarque que les trois publicités qu'elles comprennent (*Fruit d'Or, Benedicta, La Dinde*) traitent non seulement d'un thème culinaire, mais l'harmonisation des couleurs (rouge et vert notamment) et des motifs figurés (plats alléchants) entre les articles et les annonces participe à la même connotation enjouée. Une telle influence se fait parfois dans le cadre formel de l'agencement de l'espace publicitaire. Si nous revenons au numéro de *30 millions d'amis*, déjà cité, nous observons que les publicités des pages 74 à 82 se plient au format, réduit et encadré, des petites annonces environnantes, mimant ainsi la structure conviviale et échangiste de leur cotexte. Cette coadaptation peut aller jusqu'à l'ambiguïté, avec la technique de la publi-information qui prend le masque d'un article de presse. On ne peut qu'être perplexe devant cette confusion de niveaux communicatifs qui neutralise l'hétérogénéité du message publicitaire pour mieux le faire passer.

L'annonce construit un discours mixte avec son support de presse. S'il est clair que celui-ci influence au départ les messages publicitaires insérés, il peut en retour s'adapter à ces derniers. C'est évident avec les revues spécialisées (sport, automobile) qui, pour leur survie même, doivent tenir le plus grand compte de leurs annonceurs.

3.1.2. L'empreinte du type de produit (référent)

La communication publicitaire ne propose pas seulement du rêve, mais aussi des marchandises et des services. En cela, elle est toujours un discours SUR des produits. Si son rôle est de présenter ceux-ci sous leur meilleur jour, ce travail de bonification est régulé par leur nature même qui canalise et dynamise par avance la stratégie adoptée. Il est, en effet, difficile de développer la même argumentation pour vendre du chocolat et des machines agricoles, une montre et un aspirateur. Cette proaction du produit sur le message publicitaire est manifeste quand on regarde les annonces immobilières du *Figaro Magazine* ou de *VSD*. Les résidences principales y génèrent ordinairement une argumentation directe et descriptive (pour peu qu'elle soit explicitée) du genre :

(5) 35 km Bordeaux. Belle maison en pierre début du siècle. Style Arts déco. S. à manger. Cheminées, boiseries, parquets. Cuisine. 4 ch, bains, lingerie. Immense grenier à aménager. Communs : anciens chais aménagés. 300 m^2 dont belle réception 150 m^2. Garages + logem. gardien 3 p. État excellent. *IDÉES PIERRE.*

En revanche, lorsqu'il est question de résidences secondaires en région touristique, l'argumentation devient indirecte et latérale au point de ne plus décrire l'objet — les parties du tout comme en (5) — mais de le mettre en situation :

(6) Espagne. Les plages d'Oleza. Costa Blanca.
« Les plages de sable blanc ».
Au sud d'Alicante. Vue mer. À 150 m de la plage. Aéroport international à 20 mn. À proximité des 2 plus beaux golfs d'Europe. À partir de 249 000 F.

Une résidence principale possède des parties et des propriétés intrinsèques (prix élevé, variété des composantes, etc.) qui expliquent qu'on l'achète pour elle-même, pour vraiment y vivre. En revanche, pour vendre une résidence secondaire, ce sont surtout des propriétés situationnelles liées aux facilités de loisirs qu'il s'agit de mettre en avant, autant si ce n'est plus — comme en (6) — que la maison.

Le discours publicitaire est, en gros, conditionné par les possibilités descriptives de deux grands types de produits :
• Les produits peu divisibles en prédicats internes pertinents (parfums, stylos, articles ménagers, liquides) ne suscitent guère que des descriptions globales et synthétiques. Comme il est pratiquement impossible de les détailler, l'annonceur se rattrape sur leurs prolongements fonctionnels (mise en situation) et fantasmatiques (métaphorisation). Les publicités pour les marques de bière sont révélatrices à cet égard. Aucune annonce ne développe une description des caractéristiques des boissons présentées. Comment le faire d'ailleurs, à moins d'écrire des banalités sur leur composition et leur teneur en alcool, toujours plus ou moins similaires ? Il reste dès lors à suggérer l'univers imaginaire qu'on peut attribuer à la bière. Cette opération passe par divers types de mise en relation. Soit par la métaphore : *(7) « "36" Pêcheur. La bière amoureuse. »* Soit par la métonymie [2] : *(8) « On sert Kronenbourg aux Copains. »* Soit par des métalepses [3] : *(9) « À la lumière de certains pubs irlandais, la bière George Killian's ne peut décidément pas renier ses origines. »*
• Les produits découpables en parties internes pertinentes (automobiles, ordinateurs, etc.) permettent une description détaillante et analytique, à l'instar de cette publicité pour la *Seat Toledo*, dont le texte consiste, photo à l'appui, à énumérer les parties et les qualités du tout constitué par le véhicule :

(10) Pour son dixième anniversaire, Seat lance la série spéciale Toledo Sublima 1,9 l Diesel au prix de 100 300 F.

---

2. Cette figure déplace le produit sur son entourage référentiel (consommateur, cadre de vie, etc.).
3. Celles-ci désignent les manipulations chronologiques appliquées au produit.

1. Direction assistée. 2. Vitres électriques avant et arrière. 3. Projecteurs antibrouillard. 4. Rétroviseurs extérieurs réglables électriquement. 5. Verrouillage centralisé. 6. Vitres teintées. 7. Banquette arrière rabattable 2/3 1/3. 8. Siège conducteur réglable en hauteur. 9. Ceintures réglables en hauteur. 10. Accoudoir arrière. 11. Vaste coffre : 550 l.

Bien sûr, ces mêmes produits peuvent également donner lieu à une description globale, centrée métaphoriquement sur l'imaginaire, ce dont ne se privent d'ailleurs pas les annonces pour automobiles. Leurs virtualités descriptives sont donc très souples et permettent des stratégies argumentatives plus variées.

L'empreinte du produit préoriente certes le message, mais elle ne va pas jusqu'à le déterminer, dans la mesure où l'annonceur a toute liberté pour en effectuer des présentations filtrées, elliptiques ou tropiques. En s'appuyant sur des données existantes, la publicité en offre immanquablement des schématisations (Grize 1982), compromis instable entre les traits choisis du produit, ceux de la clientèle visée, sans parler des contraintes du support. Autant d'interférences qui font de l'objet publicitaire une construction mixte, bref un objet de discours.

3.1.3. Régulation du message sur le destinataire

Parallèlement aux effets du support et du type de produit, la publicité s'efforce de s'adapter aux préconstruits socioculturels du public qui, de cible passive, se mue ainsi en coénonciateur. Le discours de l'annonceur tend à se conformer à ce que le public aime ou veut entendre. La plupart des annonces ne s'adressent pas à des publics types, mais à des groupes spécifiques, déterminés par leurs tendances. La communication publicitaire actuelle s'appuie sur les sociostyles, sortes de cartographies sociales qui, depuis 1972 en France, essaient de ventiler les styles de vie des populations. Évalués par des enquêtes systématiques, ces sociostyles rendent compte non seulement des caractéristiques socio-économiques du public, mais également de ses motivations. Le Centre de communication avancée (CCA) d'Eurocom s'accordait à relever cinq grandes familles de sociostyles en France, autour de 1988 (Cathelat 1987 : 200-229 ; Cathelat et Ebguy 1988 : 365-390) :

— les activistes (13 % de la population) sont caractérisés par leur dynamisme et sensibles surtout aux argumentations pratiques, élitistes et inédites ;

— les matérialistes (24 %), marqués par des préoccupations sécuritaires et le sens de l'utile, sont réceptifs aux argumentations vulgarisatrices et simplificatrices insistant sur la fonctionnalité et la crédibilité des produits ;

— les rigoristes (20 %), conservateurs, recherchent de préférence une argumentation autoritaire, moraliste et bien structurée ;

— les décalés (environ 20 %) se recrutent principalement parmi les moins de quarante ans peu affectés par la conjoncture économique ; sont individualistes, anticonformistes et hédonistes, ouverts aux arguments humoristiques et esthétiques ;

— les égocentrés (environ 23 %), comprenant surtout des jeunes issus de milieux populaires et touchés par la crise, sont réceptifs aux arguments provocants, spectaculaires, en même temps que sentimentaux.

Ces sociostyles évoluant sans cesse, des remises à jour régulières sont nécessaires. Comme le montre Jouve (1991 : 82 et suiv.) et comme il est aisé de le vérifier avec deux annonces pour montres suisses de luxe, au prix assez comparable, l'argumentation publicitaire tient visiblement compte de données de ce type. *Tag-Heuer* — qui sponsorise entre autres des courses de Formule 1 — prédispose nettement son discours en vue d'une clientèle de type activiste, centrant son message sur la compétition de haut niveau, avec une référence au sprinter américain Carl Lewis et une description technologique de son produit :

(11) Carl Lewis porte une montre Heuer, une montre qui allie la compétence des horlogers suisses à la précision du quartz. Elle est munie d'un bracelet à double fermeture de sécurité, d'une couronne vissée, et s'il envisageait une course sous l'eau, elle est étanche jusqu'à 200 mètres […].

Par contre, *Girard-Perregaux* régule son argumentation en fonction d'un public de type rigoriste, sensible à la mesure et à la tradition :

(12) Sa forme est essentielle, virile, mariant la pureté des lignes à la rigueur fonctionnelle. Classique, dans sa combinaison d'or et d'acier. Étonnante, dans la subtile harmonie de l'argent et de l'or rose ou encore en acier, simple et puissant. Ces bracelets sont disponibles en acier, en or-acier, en or ou en cuirs originaux cousus à la main. Girard-Perregaux. Manufacture de montres d'exception depuis 1791.

Plus largement, les publicités sont prédéterminées par les idéologèmes, préjugés liés aux transformations des mentalités. La proaction idéologique du public sur l'argumentation publicitaire est frappante si on regarde l'évolution des axes de communication pour certains produits. Alors que jusque dans les années 75 les publicités pour les lessives insistaient avant tout sur leur pouvoir détergent — *(13)* « *Omo lave plus blanc* » —, depuis quelque temps elles prennent en compte le nouveau souci du public pour l'écologie, ce qui donne des slogans du genre : *(14)* « *Le Chat Machine protège votre environnement.* » Alors que les annonces pour les parfums montraient généralement des hommes bien vêtus et dominateurs, depuis peu on voit apparaître des mannequins moins habillés dont on exhibe la musculature ou même la fragilité et la sensibilité.

La campagne *Manpower* de l'agence genevoise DMB&B, développée au printemps 1994 à travers toute la Suisse par affichage, cinéma et presse, a joué clairement sur la transformation de l'image négative du chômage et de la crise économique. Le texte se développait selon deux axes. En haut d'affiche, il récupérait la forme du graffiti, avec trois formules d'exhortation jouant sur un style « jeune » : *(15)* « *Ras le bol de la morosité* » ; *(15 bis)* « *La crise, y en a marre* » ; *(15 ter)* « *Il est temps de passer à l'action.* »

À ce graffiti sprayé sur un mur répondait, en bas de l'affiche (« base line »), une structure de pseudo-communication :

(16) Vous êtes qualifiés ?   **MANPOWER**   Travaillons ensemble !

Ces deux parties textuelles correspondent à deux visées communicatives. L'énoncé (16) s'adresse aux entreprises et aux demandeurs d'emploi en argumentant sur la demande croissante de main-d'œuvre qualifiée et sur le chômage de gens qualifiés. La récupération du graffiti sprayé sur un support urbain ouvert à tous, vu par tous, recycle la connotation négative de déprédation des murs en art populaire. Une charge émotive positive venait ainsi accentuer la vigueur d'un slogan qui contestait les images négatives de la crise et du chômage.

La subordination publicitaire à l'idéologie ambiante est encore plus évidente avec les campagnes de contre-connotation qui s'efforcent de corriger les préjugés négatifs du public à l'égard d'un produit. Face aux craintes et aux réticences justifiées — mais parfois irrationnelles — qu'inspire l'industrie électronucléaire, la société *EDF* a, dans les années 1990, développé une campagne publicitaire visant à rassurer la population. L'argumentation utilisée s'appuyait essentiellement sur une reprise en écho des inquiétudes collectives — *(17) « Aujourd'hui, 100 % des utilisateurs sont en droit d'en savoir plus »* — pour tenter de les retourner par une justification d'ordre économique : *(18) « C'est le nucléaire qui nous offre cette abondance, cette propreté, cette indépendance, cette sécurité dont on ne saurait plus se passer. »* Si, dans ce cas, le discours publicitaire vise à transformer en bouclage positif une doxa préliminaire, d'une façon générale, toute publicité s'articule sur l'état idéologique (représentations, systèmes de valeurs) du public pour éviter les déconvenues. Les annonceurs d'*Évian* s'en sont rendu compte (Lemonnier 1985 : 86) avec le slogan : *(19) « Évian. L'eau neuve de vos cellules »*, qui n'a pas été reçu de la façon prévue en raison du tabou associé au cancer que le dernier terme suscitait dans l'esprit du public.

Il existe enfin une étroite symbiose entre le message publicitaire et son public. D'un côté, le public présente une image positivée de lui-même, outrepassant fréquemment ses besoins « primaires » (manger, boire, dormir, se loger) pour des besoins « secondaires », d'ordre culturel (briller en société, espérer une promotion) ou fantasmatique (rêver, s'évader). D'un autre côté, le discours publicitaire met en scène un important travail de figuration pour s'adapter à — et à l'occasion pour devancer — ces besoins secondaires. Ce travail de figuration estompe la communication référentielle fondée sur les valeurs d'usage des produits au profit d'une communication connotative qui exalte leur valeur de signe à la hauteur des attentes, sociales ou imaginaires, de la clientèle. Ce processus figuratif est ainsi résumé par Bernard Cathelat : « Acheter un produit est acheter une identité autant et plus sans doute qu'une utilité » (1987 : 34). De la sorte, les valorisations connotatives fabriquées par les concepteurs sont régulées sur celles qu'ils présument chez leurs lecteurs. Il en résulte un véritable mixage tropique entre les désirs présupposés du public et les promesses des messages qu'on lui adresse. Ce mixage peut être plus ou moins motivé. Si le slogan d'une montre de luxe comme *Cartier* — *(20) « L'art d'être unique »* — s'appuie sur une empathie somme toute prévisible avec les désirs de promotion sociale de son lecteur, on voit moins le rapport préalable qui existe entre les pulsions amoureuses de celui-ci et une denrée aussi banale que le café lyophilisé, ce qui n'empêche pas *Nescafé* d'érotiser ce dernier dans l'une de ses annonces : *(21) « Saveur et passion. La séduction mystérieuse et irrésistible.*

C'est le monde d'Expresso de Nescafé Gold. » En tout cas, un tel amalgame, souvent dénoncé (Brune 1981 : 36-48 et 56-67), est au cœur même de ce fonctionnement indirect de l'argumentation publicitaire qui transforme systématiquement l'ÊTRE-LÀ du produit [Objet valorisé – O +] en un ÊTRE-POUR censé répondre à des aspirations virtuelles [Objet valorisé POUR un Sujet valorisé – S +].

3.2. Un dialogisme feint

Si la communication publicitaire subit réellement l'influence proactive de son cadre discursif, elle n'anticipe que de façon feinte le comportement rétroactif du public. Se demander si le discours publicitaire est pris dans une structure d'intervention unilatérale ou s'il s'agit d'une forme dialogique ouverte sur une réversibilité, c'est s'interroger sur sa nature profonde.

La publicité sait fort bien, comme les autres médias, mettre en place occasionnellement une réversibilité formelle du circuit de la communication. Ainsi lorsque les annonceurs donnent la parole aux consommateurs dans des enquêtes d'après-campagne ou lors de mesures d'audience destinées à réajuster telle ou telle stratégie commerciale. Mais il ne s'agit que d'un échange illusoire, canalisé par l'annonceur, qui ne permet aucune réponse véritable et ne change rien à la distribution des places d'émetteur et de destinataire.

La nature monologique du discours publicitaire ne fait guère de doute. Dans cette conduite discursive asymétrique, le public-destinataire n'a pratiquement aucune initiative. En position basse, il est tributaire des manœuvres persuasives de l'annonceur. Le discours publicitaire ne peut donc donner qu'une apparence d'échange à sa structure fondamentalement monologique. Se présentant comme un hybride énonciatif, il entremêle, pour ce faire, un ÊTRE MONOLOGIQUE et un PARAÎTRE DIALOGIQUE. Appelant fictivement le public à contribuer à l'élaboration de son contenu, convertissant sa stratégie de persuasion en une stratégie d'autoséduction, le discours publicitaire laisse croire qu'il brise la règle fondamentale de non-réponse de tous les médias. La seule rupture envisageable est en dehors de l'instance publicitaire : songeons, en effet, aux détournements transgressifs de la publicité par les graffitis :

> Le détournement publicitaire par les graffitis après Mai 68 [...] ne se donne pas à déchiffrer comme texte concurrent du discours publicitaire, il se donne à voir comme transgression. Ainsi le mot d'esprit, détournement transgressif du discours, ne joue pas sur un autre code en tant que tel, il joue sur la déconstruction instantanée du code discursif dominant. (Baudrillard 1972 : 228)

Cette feinte majeure du discours publicitaire correspond à la figure rhétorique de la « communication », ainsi définie par Fontanier :

> Afin de mieux persuader ceux à qui ou contre qui l'on parle, et même souvent afin de leur arracher des aveux plus ou moins pénibles, on a l'air de les consulter, d'entrer en conférence avec eux, et de s'en rapporter à ce qu'ils décideront eux-mêmes. (1977 : 414)

Cette pseudo-interaction possède l'avantage persuasif de conférer à une communication de masse le masque d'une communication particulière, de donner l'illusion d'une interaction personnalisée, adressée à chacun dans l'individualisation de sa lecture.

3.2.1. Mises en scène de l'ouverture d'un échange

Le discours publicitaire mime parfois l'établissement d'un dialogue par des actes illocutoires initiatifs de l'annonceur.

a. Actes salutatifs : une formule rituelle de politesse ouvre une interaction et conjecture son complément réactif chez le lecteur, afin de satisfaire l'échange ébauché. Ainsi, une publicité *Floralp* pour du beurre se limite-t-elle à un seul *(22)* « *Bonjour* ».

b. Actes directifs : on a vu que le macro-acte directif [Je vous conseille d'acheter ce produit] était généralement implicite, mais des actes directifs explicites peuvent ponctuellement être formulés : *(23)* « ***Achetez maintenant, achetez gagnant*** » *(Les Nouveaux Constructeurs)*. Ces actes se définissent par leur nature contraignante, davantage dominatrice que séductrice. Ils correspondent le plus souvent à la matrice IMPÉRATIF + DEUXIÈME PERSONNE. Parfois, l'injonction se fait triangulaire, incluant les personnages représentés sur la photo de l'annonce : *(24)* « ***Demandez-leur pourquoi Uni-Centre est numéro 1*** » ; parfois, l'exhortation émane du produit : *(25)* « ***Je suis la plus petite enceinte HiFi du monde. Essayez-moi*** » *(Bose)*. Un acte directif peut même être détourné de façon subtile dans l'exemple cité par Elsa Triolet que nous avons mentionné en exergue de l'avant-propos : *(26)* « ***Défense de fumer. Même une Gitane.*** »

c. Actes interrogatifs : présupposant en principe une réponse, les actes interrogatifs sont, avec les actes directifs, les plus caractéristiques du dialogisme publicitaire. Parfois, l'annonceur pose des questions ouvertes. Mais cette ouverture est illusoire dans la mesure où le cotexte limite les virtualités interactives engendrées par l'interrogation. Une de ces fausses questions ouvre notamment une annonce *Danone* : *(27)* « ***Et s'il était prouvé qu'un produit laitier avait de l'influence sur la beauté de la peau ?*** » Le texte consécutif *(27 suite)* révèle immédiatement la réponse présupposée dans la question :

> **La fraîcheur d'un teint, la finesse d'un grain de peau et l'absence de rides sur un visage ne sont pas dues au hasard, mais à une série de facteurs dont les plus importants sont l'équilibre de l'alimentation et celui de la flore intestinale. Cet équilibre, Bio de Danone y contribue chaque jour. En freinant la multiplication de micro-organismes indésirables, il module la flore intestinale, purificatrice de l'organisme. Bio de Danone. Ce qu'il fait à l'intérieur se voit à l'extérieur.**

Les énoncés publicitaires abondent en interrogations dont la fermeture est provoquée par certains morphèmes. Entre autres, dans cette annonce *Lucorale* : *(28)* « ***Madame, voulez-vous recevoir gratuitement une montre pour votre compagnon ?*** », il est clair que l'adverbe « gratuitement », en transformant la question en cadeau, induit une réponse qui peut difficilement ne pas être positive.

La communication publicitaire multiplie les questions grammaticalement fermées où l'annonceur fournit, en général sous forme de paires minimales, à la fois l'interrogation et la réponse. Ainsi ce début d'une publicité du *Crédit local de France*, à propos de ses prêts financiers aux communes riches et pauvres :

(29) QUESTION : Que diriez-vous si nous n'apportions pas le même service à ces communes ?
RÉPONSE : Vous diriez que nous ne sommes pas le Crédit local de France.

Le comble est atteint dans ces mini-dialogues à propos de la bière *33 Export* qui combinent une violation des contraintes d'enchaînement du discours et une fixation de la réponse sur la présence obsessionnelle du produit :

(30) — Que dit la météo ?
— Je ne répondrai qu'en présence de ma 33 Export.

(31) — Et l'amour dans tout ça ?
— Je ne répondrai qu'en présence de ma 33 Export.

Par sa pratique de l'interrogation, la publicité apparaît bien comme un dialogisme piégé. Focalisée sur un produit à vendre dans un minimum d'espace et de temps, elle ne peut guère être que l'art de poser de pseudo-questions.

d. Actes énigmatiques : variantes des actes interrogatifs, ils se rencontrent principalement dans le sous-genre des publicités-devinettes qui ménagent une rétroaction trompeuse chez le lecteur. La plupart des devinettes publicitaires sont de fausses énigmes, elles donnent immédiatement la solution afin de ne pas frustrer le lecteur et d'éviter de l'égarer dans des supputations aléatoires au détriment de la mémorisation du produit. Leur tournure sybilline ne dépasse pas l'artifice de style : à la surprise initiale du problème formulé succède une connivence ludique, le plaisir de savourer ensemble l'explication. Si celle-ci est seulement verbale, elle peut être déplacée à l'extrémité inférieure de la page et à l'envers, afin de garantir les apparences cryptiques. Si la clef du problème est verbo-iconique, l'annonce peut commencer par une devinette :

(32) **Ces deux hommes ont perdu tout leur argent. Devinez lequel avait emporté de l'argent liquide et lequel avait pris soin de demander des Traveller's Cheques American Express.**

La photo consécutive suggère rapidement la solution par l'antithèse de deux figures représentées : celle de gauche, en couleurs, d'un homme épanoui et celle de droite, en gris, d'un homme abattu sur une chaise. Solution confirmée par l'intervention finale de l'annonceur : *(32 suite) « Celui de gauche bien sûr avait pris les Traveller's Cheques American Express. »*

e. Actes probatoires : également dérivés des actes interrogatifs, ils caractérisent la sous-catégorie des publicités-tests. Il s'agit alors d'annonces présentant diverses épreuves pratiques (et non plus intellectuelles comme les publicités-devinettes) afin d'aider — en théorie — le lecteur à estimer ses aptitudes et à en tirer les conséquences. Dans ce cas, la rétroaction attendue consiste moins en une véritable réponse qu'en une incitation de l'interlocuteur à se révéler à lui-même. Mais dans les publicités-tests que nous avons examinées, l'acte probatoire de l'annonceur fonctionne vite dans le vide, offrant des procédures évaluatives farfelues, à l'exemple de cette annonce *CSS Assurances :*

(33) Préférez-vous le français au jargon spécialisé ?
 Oui   Non
 Faites-vous presque toujours tomber votre tartine du côté du beurre ?
 Oui   Non
 Est-ce que ça vous démange là où vous n'arrivez pas à vous gratter ?
 Oui   Non
 [...]

À travers ces coq-à-l'âne, le sérieux du test est détourné. La cocasserie du message contre-balance la gravité du produit.

Au bout du compte, malgré leur apparente ouverture d'une véritable interaction, les initiatives de l'annonceur se révèlent globalement asymétriques, soit parce qu'elles consacrent l'inégalité de l'échange, soit parce qu'elles le verrouillent rapidement. À un second degré, il est vrai que certaines annonces ludiques neutralisent les contraintes du cadre discursif par l'autodérision et l'ironie. Ces annonces ludiques se présentent, le plus souvent, comme une compensation artificielle et forcée au déficit dialogique intrinsèque de la publicité car, de toute façon, la latitude rétroactive du lecteur reste confinée dans la sphère du produit et les deux termes polaires de l'émetteur et du destinataire ne permutent pas.

3.2.2. *Mises en scène de la réception-réaction*

a. Point de vue réactif

Jouant sur la réception matérielle (locutoire) de sa publicité, l'annonceur peut introduire dans celle-ci des appels à la concentration du lecteur, du type : *(34) « Attention, ceci est une publicité comparative »* (*Les Mutuelles du Mans),* ou encore : *(35) « Avant d'acheter une imprimante, assurez-vous d'avoir tout lu, y compris les petits caractères »* (lesquels expriment le prix réduit de l'appareil *Hewlett Packard*). C'est encore le cas dans des indications prévoyant le processus même de découverte de la page : *(36) « Si vous n'êtes pas millionnaire, rendez-vous à la lettre b »* (*Providentia),* ou : *(37) « Pour savoir à quoi ressemble une table de cuisson vitrocéramique après dix ans d'utilisation, passez la main sur cette annonce »* (*EDF-Habitat).* La stratégie du « teasing », qui consiste à fragmenter le matériau publicitaire sur deux pages ou plus afin de créer un effet de suspense, entre dans ce processus de guidage de la réception. Ainsi, à la page 15 de *Femme actuelle* du 2 mai 1988, on nous présente l'arrière-train d'une panthère noire dans un désert, avec pour tout commentaire : *(38) « Rendez-vous page 20 »,* laquelle dévoile l'animal entier à côté d'un paquet de café *Douceur noire*. La figuration préventive de l'activité de lecture peut même devenir le slogan d'une marque, à l'instar des ordinateurs *Compaq* : *(39) « Affaire à suivre. »*

Par un déplacement de perspective sur l'axe illocutoire de la transaction langagière proprement dite, le lecteur paraît, cette fois, occuper une position privilégiée, tandis que l'annonceur donne l'impression d'ajuster son discours à ses réactions.

L'initiative laissée aux lecteurs se déroule parfois dans un cadre irénique [4], pour peu qu'on les représente en train d'exprimer leurs réactions à la publicité dans une attitude bienveillante et coopérative. Dans ce sens, une annonce pour le nettoyant ménager *Duomagic* se fait l'écho des interrogations supposées du public : *(40) « Quel est l'intérêt d'un produit qui n'agresse pas ? [...] Que nettoie-t-on avec Duomagic ? [...] Pourquoi désinfecter quotidiennement ? [...] »* Dans un tel cas, si les lecteurs paraissent mener directement l'interaction, il est clair qu'indirectement, il ne s'agit que d'étaler complaisamment les qualités d'un produit. Mais, très souvent, les réactions potentielles du public inscrites dans la trame du texte abandonnent la franche coopération pour se crisper dans une attitude agonique [5]. Le lecteur exige des explications complémentaires : *(41) « Des produits de soin qui vont plus loin que des produits de beauté ? Expliquez-moi ça ! »* *(Decleor)*, ou bien il fait part de sa défiance : *(42) « Un aspirateur qui me promet 20 % de puissance en plus ? Je demande à voir »* *(Tornado)*, ou de ses reproches : *(43) « Quoi ! Une Seat Ibiza équipée d'un moteur System Porsche de 85 ch. pour 54 900 F ! Vous auriez pu me le dire plus tôt ! »* *(Seat).* Certaines annonces n'hésitent pas à mettre en scène les critiques d'un public très typé : *(44) « Moi au volant d'une Mercedes ! On va croire que j'ai pris la voiture de mon père ! »*, ou encore : *(45) « Ça va nous faire une belle génération de fainéants, oui ! »* (à propos d'une machine à laver *Miele*).

En dépit de leur caractère parfois incisif, ces réfutations restent, bien sûr, sous le contrôle de l'annonceur. En acceptant d'en faire ainsi état, il cherche à déjouer par avance les accusations de manipulation d'un public passif et crédule. Cette automise en cause permet au discours publicitaire de rompre avec la présentation aseptisée de la plupart des annonces et de dialectiser son message. Le contrôle reste entier puisque, les réfutations ne demeurant jamais sans réponse, l'annonceur neutralise systématiquement tout risque de mise en pièce de son argumentation.

Une contre-argumentation tranchante peut venir se surimposer graphiquement aux objections formulées. Ainsi, dans une publicité *Macintosh* qui nous présente d'abord le texte suivant :

(46) **D'après nos études, il y a trois raisons pour lesquelles vous n'avez pas encore acheté un Macintosh.**
1. Macintosh n'est pas compatible.

---

[4]. L'irénisme caractérise un discours qui se déroule et se conclut dans la sérénité la plus complète (Francis Jacques 1985 : 17 et 461).

[5]. S'opposant à l'irénisme, l'agon définit tout processus antagoniste ou polémique dans un échange (Francis Jacques 1985 : 574).

2. Macintosh est un ordinateur pour graphistes.
3. Macintosh est cher.

On découvre ensuite, en « teasing » sur trois pages consécutives, le même texte, mais de plus en plus raturé, dont seul reste finalement le fragment : « ***D'après nos études, vous n'avez pas encore acheté un Macintosh.*** » Bel exemple d'inversion argumentative *in praesentia* où les reproches du public à l'encontre du produit se transforment en reproches au public.

Généralement, la contre-argumentation de l'annonceur adopte une structure dialogale, sous forme de paire minimale :

(47) — En classe Affaires, on ne peut pas choisir son tarif.
— Si, à partir du 28 mars. *(British Midlands)*

ou de répliques répétitives, rassurantes et péremptoires, à l'instar de cette annonce pour la carte *American Express* :

(48) — Et si je la perds ?   — On la remplace en 24 h.
— Et si on me la vole ?   — On la remplace en 24 h.
— Et si c'est dimanche ?   — On la remplace en 24 h.
— Et si c'est férié ?   — On la remplace en 24 h.

Ces exemples montrent bien les limites des interventions réactives concédées au public. Figurations rhétoriques, elles ne remettent pas en cause la structure profondément asymétrique de la communication publicitaire.

Une autre preuve de cette manipulation est fournie par la mise en scène, à l'intérieur de l'annonce, de substituts idéalisés du lecteur/consommateur qui prennent la parole dans un dialogisme factice et conforme à la ligne argumentative de l'annonceur. À l'intervenant anonyme succède une publicité-témoignage dans laquelle un utilisateur-comblé, dûment individualisé et souvent largement payé, s'extasie sur les bienfaits d'un produit. Cette simulation d'interaction est particulièrement développée dans le cas des produits de beauté, comme l'atteste une publicité *Mary Cohr* dans laquelle on découvre une pseudo-interview de l'actrice Marlène Jobert. Sa longue apologie de la marque comporte juste ce qu'il faut d'hésitations et de marques d'oralité pour naturaliser le subterfuge énonciatif :

(49) — **Comment faites-vous pour avoir une si jolie peau ?**
— M. J. : ... Ah... merci... *(rires)*. **Il y a, je crois, des choses déterminantes à considérer : la nutrition, l'équilibre alimentaire, ne pas fumer, respecter le plus possible son cycle de sommeil... et puis un point très important aussi : la qualité de ses produits de beauté. Personnellement, je suis une inconditionnelle de Mary Cohr et depuis des années.**
— Pourquoi Mary Cohr ?
— M. J. : **J'en ai testé d'autres et ce sont les leurs qui me correspondent le plus. Je cherchais des produits irréprochables dans leur composition. De ce côté-là, je suis tranquille, le directeur de Mary Cohr est Docteur en pharmacie. Avec eux,**

j'ai très vite obtenu des résultats étonnants d'efficacité. Alors voilà... c'est tout. […]

Ce dernier processus offre un double avantage : il dynamise la présentation du produit qui se fait à travers sa réception (ce qui est capital pour les produits de beauté, appréciables uniquement par leurs effets esthétiques) et, de plus, il place d'emblée le produit en position haute grâce à la célébrité d'un locuteur qui génère un désir d'identification. À l'occasion, des personnages fictionnels sont soit inventés par le publiciste, soit empruntés à l'univers de la bande dessinée (une très célèbre publicité *Citroën* avait utilisé, en son temps, les personnages de Tintin et une publicité *Dash Color*, plus récente, ceux de Claire Brétécher), soit encore au monde romanesque. Ce fut le cas avec une campagne, en 1978, au cours de laquelle la *Chrysler Simca 1307/1308* était successivement présentée comme « *La Voiture d'Ali Baba* », « *La Voiture d'Arsène Lupin* », « *La Voiture d'Ulysse* » et « *La Voiture de Michel Strogoff* ». C'est également le cas dans cet échange de Sherlock Holmes et du Dr Watson à propos des vins de Porto :

(50) Holmes, vous devriez garder un œil sur Mrs Petticott, la gouvernante, le niveau de la bouteille de Porto du salon baisse singulièrement.
— Voilà qui est étrange, car les indices évoquent plutôt un homme d'âge mûr, corpulent avec une moustache poivre et sel. Cela ne vous dit rien, mon cher Watson ?
— Heu... non, je ne vois pas.

Un tel glissement du réel vers l'imaginaire n'est pas du tout surprenant, d'une part parce que l'annonceur doit rester maître de la parole et, d'autre part, en raison de la nature même du monde représenté dans le genre publicitaire : un univers magique et euphorique dans lequel les tensions interactives de la vie s'annihilent. Inutile de dire que ces derniers procédés renforcent très efficacement la phase mimétique dont nous parlions plus haut : la possession de l'Objet donne l'illusion de l'appartenance au monde des stars ou des héros imaginaires.

Le dialogisme peut également être mis en scène à travers non plus une structure de dialogue, mais des formes discursives stéréotypées de « complétudes » (Flahaut 1978) différentes. Ainsi dans cette annonce *Citroën* qui représente, sur une double page, à gauche, en très gros plan, une jeune femme souriante énonçant (sous la forme de texte dans une bulle de bande dessinée couvrant le haut des deux pages) les deux premières phrases, tandis que la page de droite reproduit la voiture *Citroën-LNA* dont il est question et l'argumentaire :

(51) « Les hommes disent : allumage électronique intégral.
Moi je dis : elle démarre toujours au quart de tour. »
Demandez à une femme de vous parler de la LNA... Tout devient simple.
Quand les hommes vous en parlent, ils disent : km départ arrêté en 41"1. Moi je dis, c'est chouette d'arriver toujours à l'heure !
Longueur hors tout : 3,40 m, je réponds : je me faufile n'importe où, je me gare partout.

Économique (consommations conventionnelles en litres aux 100 km 5,2 l à 90 km/h, 7,2 l en parcours urbain), fiable (avec son moteur bicylindre à refroidissement par air) et pratique (avec ses sièges arrière rabattables indépendamment), la LNA a toutes les qualités de la petite voiture d'aujourd'hui.
Une technique sophistiquée et une utilisation simple. LNA : une voiture qui sait parler aux femmes.

La complétude étant définie comme un système global de représentations, on voit que sont ici mêlées et même confrontées deux complétudes stéréotypées : une technicité supposée représenter la complétude masculine et une simplicité pratique supposée, elle, représenter la complétude féminine. Ceci nous permet de cerner de quelle façon l'argumentation publicitaire travaille avec des représentations-valeurs. L'efficacité persuasive du discours est liée à un ajustement des mots-arguments utilisés à deux types de destinataires visés : les femmes et les hommes, à la fois. Les mots-arguments sont des indices des systèmes de représentations (supposées) des sujets. Nous reviendrons sur cette question, au début de la seconde partie, à la lumière d'un exemple comparable.

b. Communication différée
À ce stade perlocutoire, les processus rétroactifs, illusoires ou sollicités, s'attachent aux prolongements cognitifs de l'acte publicitaire. Avec la communication différée, un public restreint, déjà intéressé, est invité à poursuivre l'interlocution par divers procédés.

Dans les publicités touchant le domaine de la santé (dentifrices, etc.), il est courant d'inviter le lecteur à rechercher les arguments autorisés d'un expert. Des énoncés du type : « Demandez conseil à votre pharmacien/médecin traitant/etc. », par exemple, ancrent la démarche publicitaire dans le cadre scientifique dont nous avons parlé en introduction.

L'ouverture rétroactive peut passer par l'intermédiaire d'un média électronique, numéro de téléphone vert ou de minitel joint à la publicité et propre à stimuler les velléités du lecteur par sa gratuité et par le contact personnalisé qu'il offre. Mais cela se fait surtout au moyen de mini-espaces réservés : cartes postales à retourner à l'annonceur et accolées à la publicité, bons de demande de documentation. Ceux-ci s'accompagnent volontiers de stratagèmes incitatifs (cadeaux), formulés parfois avec humour, à l'image d'une publicité *General Electric* pour un bar réfrigéré :

(52) Vous avez au moins trois raisons de découper ce bon :
— La moins avouable : l'appât du gain [...].
— La plus pardonnable : la curiosité [...].
— La plus noble : la soif de culture. En découpant ce bon, vous recevrez gratuitement la plaquette « American Dreams » [...]

Ces mini-espaces rétroactifs, qui dépassent le moment proprement illocutoire de la séduction ou de l'exhortation pour le stade perlocutoire de l'engrenage commercial, présupposent l'acquisition du CROIRE et du VOULOIR propres à la persuasion. Demande de documentation, « demande d'études » (pour l'immobilier) ou bon de commande anticipent déjà la possession du produit.

Cette étape de la communication différée instaure un cadre argumentatif ambigu. Pragmatiquement, elle est encore langagière, mais déjà économique elle se situe dans une zone floue où s'opère la transformation du lecteur en consommateur. Énonciativement, elle paraît offrir toutes les garanties d'un dialogisme rétroactif, alors qu'on ne quitte pas, en fait, le grand jeu linéaire de la séduction publicitaire.

c. Du dire au faire

Par un artifice interactif portant sur la substance (locutoire) même du message publicitaire, l'annonceur peut proposer au lecteur de compléter une publicité inachevée en pratiquant diverses activités manuelles sur le message publicitaire :
— le découpage : une publicité *Félix* représente en pointillés l'esquisse d'un chat, avec le commentaire : **(53) « Invitation à remettre personnellement à votre chat »** ;
— le collage : une publicité *Tissaia*, de vêtements pour bébés, montre un nourrisson dont la tête est cachée par un carré blanc, avec la consigne : **(54) « Collez la photo de votre bébé ici »**, simulant ainsi la conversion d'une image anonyme en message individualisé ;
— l'assemblage : une publicité pour les cigarettes *Lucky Strike* consiste en un damier dont toutes les cases sont figurées par le logo de la marque ; le lecteur est convié à les remplir à l'aide de pions en papier prédécoupés représentant le même logo et joints en annexe, dans un sachet.

Inutile de dire que de telles activités de bricolage ne dépassent pas le stade de la simulation. Ici encore, la participation du pôle destinataire-consommateur n'est jamais qu'une feinte.

Le dialogisme se dissout complètement sur la phase perlocutoire des effets comportementaux découlant du message publicitaire lorsque le DIRE de l'annonceur vise à déclencher un FAIRE du lecteur. La transaction cesse alors d'être strictement linguistique. Ce cas concerne surtout deux types de publicités.

D'abord les publicités-recettes, fréquentes pour les condiments, les pâtes alimentaires ou les confitures, comme cette annonce *Maggi* :

(55) CALAMARS FARCIS
JARDINIÈRE DE LÉGUMES AU MAÏS (pour 4 personnes) :
- 500 g de calamars (surgelés)
- 200 g de thon au naturel en boîte
- 500 g de jardinière de légumes au maïs (surgelée)
- 1 sachet de Court-Bouillon MAGGI
- 2 litres d'eau froide
- 1 jaune d'œuf
- 4 cuillerées à soupe rases de fécule

CUISSON : 20 minutes
Je farcis les calamars avec le thon émietté. Je les fais cuire avec la jardinière dans le court-bouillon pendant 15 minutes. Je prépare la sauce avec 1/2 litre de bouillon et la fécule. J'ajoute le jaune d'œuf. Je sers les calamars nappés de sauce et accompagnés de la jardinière.
MAGGI DE FEMME

Globalement, il s'agit d'une structure communicative indirecte, d'une subtilité indéniable. L'acte persuasif de l'annonceur (« Achetez Maggi ! ») est occulté au profit d'une instruction procédurale : « Avec Maggi, on fait de bons plats en suivant une méthode appropriée. » La publicité se convertit ici en alliée utile. L'annonceur apporte un SAVOIR-FAIRE et un POUVOIR-FAIRE à une consommatrice conviée à exécuter deux actes rétroactifs personnalisés :
• un acte linguistique de lecture, favorisé par l'agrément des illustrations et de l'agencement du texte ;
• un acte pratique de réalisation de la recette, virtualisée dans l'annonce. En cela, la lectrice-cuisinière est placée en co-orientation totale avec le discours de l'annonceur, puisqu'elle est engagée à mettre en application l'initiation culinaire ébauchée par ce dernier.

Outre les publicités-recettes, diverses publicités récentes peuvent prendre une allure interactive prononcée. Ainsi une annonce *Peter Stuyvesant*, parue peu après l'instauration d'espaces non-fumeurs dans les lieux publics en France, porte sur une double page recto-verso ces mots : *(56) « Espace fumeurs. Peter Stuyvesant »*, avec un mode d'emploi inscrit sur le recto de la première page :

(57) Détachez cette page centrale. Tenez A de la main gauche, B de la main droite. Posez l'espace fumeurs ainsi obtenu sur votre tête et allumez-en une.

Dans un tel énoncé, les consignes de l'annonceur appellent — avec une certaine distance ironique — le lecteur à rétroagir non plus sur le produit même, mais sur son support publicitaire. Sous l'action du lecteur, celui-ci est convié à devenir un espace public, converti en une sorte d'affiche mobile. De plus, les procédures coopératives s'amplifient entre les interactants concernés. Loin d'être une feuille de papier vouée à l'oubli ou au rebut, la double page publicitaire se présente comme un adjuvant potentiel du lecteur, venu l'aider à satisfaire son besoin de fumer. Parallèlement, le lecteur est supposé agir comme adjuvant du publiciste en déployant cette double page et en démultipliant ainsi ses possibilités de divulgation. Enfin, le publiciste se comporte en adjuvant du lecteur en lui fournissant des cigarettes accompagnées d'un possible et ironique équipement d'espace fumeur. Bien sûr, loin d'être symétrique, ce type de bouclage interactif focalisé sur le support reste complètement déséquilibré au profit de l'annonceur. Le montage complexe n'est là que pour proposer une façon de déjouer la loi anti-tabac et pour maintenir les ventes, à défaut de les augmenter.

En dépit des formes dialogiques strictes ou larges injectées dans le discours publicitaire, ce dernier ne sort jamais du cadre argumentatif maîtrisé par l'annonceur. Dans l'univers de la publicité, le lecteur n'est qu'un consommateur potentiel. Et c'est là le paradoxe apparent de la communication publicitaire : alors que le dialogisme est, par définition, la manifestation interlocutive de la réversibilité et de la différence de l'AUTRE, le dialogisme publicitaire n'est qu'un monologisme déguisé, confirmant l'élocution de l'annonceur et restreignant l'AUTRE du lecteur au MÊME d'un pub-lecteur idéal en symbiose avec le message qu'on lui délivre et réduit à participer au spectacle du monde euphorique mis en scène.

3.3. Le jeu des pôles personnels

Les fonctionnements dont nous venons de parler se traduisent par des indices personnels. Comme on l'a déjà vu, l'argumentation publicitaire se déroule à partir d'un enchâssement de deux niveaux fondamentaux qui comportent plusieurs actants :
• **le circuit — englobant — économique** de la production/vente, circuit orienté sur le FAIRE, correspond au fabricant/promoteur/prestataire et à l'acheteur/consommateur/utilisateur ;
• **le circuit — englobé — interlocutif** de l'info-persuasion publicitaire, circuit centré sur le DIRE, correspond à l'annonceur/graphiste et au lecteur.

À l'intérieur de ce circuit interlocutif vient s'intégrer, à des degrés divers, **un troisième niveau d'ordre figuratif**, axé sur une spectacularisation qui abandonne la modalité du réel pour celle du simulacre (ou du JOUER) et qui met en scène divers représentants des actants des deux premiers niveaux, sous forme de personnages inscrits dans le texte et/ou dans l'image. Ce niveau figuratif offre ainsi un substitut symbolique de ces derniers. Il en théâtralise le fonctionnement, dans un jeu de miroir réducteur et emblématique. À ce niveau, on va mieux voir qu'en n'accordant pas au lecteur-consommateur un rôle d'interlocuteur, la publicité lui réserve, en fait, un rôle de spectateur : « La publicité offre le spectacle d'un monde euphorique et d'un sujet positivé » (Everaert-Desmedt 1984b : 133).

Les actants de ces trois niveaux sont désignés par des indices personnels (pronoms personnels et adjectifs possessifs), que ce soit sous la forme de déictiques qui renvoient directement à leurs référents extralinguistiques ou d'anaphoriques qui reprennent un élément du cotexte. Si l'argumentation publicitaire exploite l'organisation standard des pôles personnels, elle se caractérise par des constructions spécifiques que l'on peut classer sous deux rubriques.

3.3.1. Une tendance au flou référentiel

La communication publicitaire abonde en formes personnelles, c'est-à-dire en unités linguistiques ouvertes, à l'extension référentielle variable. Elle a notamment une prédilection pour l'indéfini ON, pour les pronoms dépourvus de référent clair et pour la voix off.

a. Un ON protéiforme

Ce morphème, pronom indéfini de personne issu de *homo*, constitue l'expression la plus effacée de la référence personnelle. Il instaure une classe aléatoire, destinée à être remplie à loisir, et dont l'extension dénotative n'est perceptible que par un travail interprétatif sur le contexte. Le discours publicitaire affectionne ce morphème flou, véritable plaque tournante qui neutralise, sous l'unicité de sa forme, l'identité et la diversité des actants publicitaires.
• ON désigne fréquemment le fabricant du produit, décelable grâce à l'entourage syntaxique. Par exemple : *(58)* **« Bahlsen, ON en fera toujours plus »** ; *(59)* **« Chez Osram, ON ne pense qu'à ça. »** Grâce à l'indéfini, l'élaboration manufacturière du produit, qui sent le travail et qui convient mal à l'univers euphorique et aseptisé de la publicité, se trouve reléguée à l'arrière-plan. Ces ON effacent le fabri-

cant qui occupe pourtant toute la place et laissent discursivement dans l'ombre, à la fois, son action (« en », « ça ») et son destinataire.
• ON peut également dénoter les utilisateurs potentiels du produit, encore repérables par des marqueurs contigus : *(60) « Décidément ON peut tout faire avec les colles Sader.* » Dans un exemple de ce type, ON opère en outil d'extension référentielle indéfinie, renforçant l'effet de masse de la communication et donnant au produit une prégnance universelle, détachée du contexte particulier de l'énonciation soulignée par l'adverbe « décidément ». L'adjuvant (« colle Sader ») confère à un agent universel (« on ») un POUVOIR-FAIRE absolu (« tout »).
• Dans d'autres cas, ON dénote conjointement le fabricant et le public-cible, comme dans cette annonce *Audi* :

(61) Un moteur de 280 chevaux, c'est émouvant. Un enfant qui traverse aussi. Pour tout constructeur automobile, il y a une évidente noblesse à concevoir un beau moteur [...] Mais pour Audi, la noblesse se trouve aussi ailleurs. Là où l'ON n'oublie pas les réalités de la route. Là où l'ON prend conscience que le plaisir automobile ne se vit pleinement que maîtrisé [...].

Dans un tel énoncé, ON fonctionne comme aiguillage entre le pôle du constructeur et celui de l'utilisateur : s'il réfère d'abord au premier (contaminé par « tout constructeur »), soucieux d'offrir des voitures sûres, il intègre aussi le second dans son champ référentiel. De cette façon, en unissant dans la même doxa sécuritaire les deux principaux protagonistes, ON met en avant un consensus collectif.

Ainsi, ON participe très activement à l'estompage du circuit économique, soit en atténuant qualitativement le fabricant du produit, soit en soudant quantitativement ses utilisateurs dans un magma anonyme, soit en intégrant les uns et les autres dans un univers commun. ON s'attache plus rarement aux autres niveaux de la communication. Il désigne exceptionnellement le lecteur (l'anonymat est en effet mal approprié à ce dernier) : *(62) « Chaleur, plaisir, design, ON peut tout exiger d'Acova, même sa documentation. »*

Le produit lui-même n'échappe pas à l'emprise de ON, à l'instar d'une annonce *Shell Chimie* représentant en gros plan une corde en nylon qui affirme : *(63) « ON peut être solide et belle à la fois. »*

Autant de positions qui attestent le rôle protéiforme de ce morphème-caméléon, symptomatique du genre publicitaire par sa propension à brouiller la référence.

b. La virtualisation de la référence
Les pronoms dits de troisième personne IL(S) et ELLE(S), formes combinables avec n'importe quelle référence d'objet, exigent un renvoi explicite à une unité textuelle (référée) antérieure ou ultérieure. Or l'argumentation publicitaire brise très souvent cette relation référant-référé en omettant le repère de base de ces pronoms, ce qui les transforme en termes vides dépourvus de tout élément corrélatif susceptible de les remplir sémantiquement et de les ancrer référentiellement.

Ainsi, lorsque les interlocuteurs d'un dialogue ne sont ni mentionnés dans le cotexte, ni représentés sur l'image accolée, comme dans une publicité *Lindt* :

(64) — Un glaçon ? demanda-t-IL.
— Plutôt une tendresse, répondit-ELLE.

En se limitant à cet échange minimal, on peut seulement dire qu'on a affaire à un locuteur et à une locutrice. Le jeu sur les isotopies alimentaire (« glaçon ») et sentimentale (« tendresse ») vient caractériser les représentations concurrentes des deux interlocuteurs, le produit *Lindt* remplissant alors une fonction médiatrice. La référence ouverte des pronoms personnels utilisés permet à tous les individus-occurrences de s'identifier à l'une ou l'autre des deux places-rôles d'un couple type. Une compréhension aussi lacunaire et ouverte permet, en fait, une extension extrême, l'annonce publicitaire bénéficiant de l'empathie la plus large.

Le vide référentiel brouille également l'axe délocutif de la communication publicitaire, focalisé sur la personne dont on parle, à l'exemple de ces slogans : **(65) « Il ne tient qu'à vous qu'ELLE se souvienne »** (publicité de *Paco Rabane*) ; **(66) « Si ELLE aime le bleu, offrez-LUI les Bahamas »** (publicité pour les *Bahamas*). Dans ces deux cas, nous avons encore un pôle personnel qu'aucun indice textuel ou iconique ne permet d'identifier. Mais le contexte humain fortement affectif et la flexion spécifique du pronom (féminin singulier) restreignent la portée de ces ELLE, dans lesquels un rapide calcul interprétatif laisse entrevoir la femme aimée (réelle ou rêvée) du lecteur. Toutefois, même ainsi limité, l'ancrage dénotatif assuré par ELLE reste virtuel, saturable à l'infini par les formes de vies amoureuses de chacun. Sans parler de l'effet de distanciation créé par une telle forme qui connote le flou propre au domaine sentimental. Au milieu de ce flou, une seule constante : le pronom féminin ne se trouve pas en position d'agent, mais de patient, selon une représentation stéréotypée des rôles socio-affectifs.

La référence peut se déplacer au niveau des prestataires du produit, comme dans cette annonce *Europcar* où un client satisfait confesse à propos de la voiture qu'il a louée : **(67) « J'ai prolongé mon week-end. ILS ont raccourci le prix. […] ILS ont fait ça pour moi. »** Cet exemple renforce la discrétion anonyme des opérateurs commerciaux, en répondant à la même stratégie de généralisation référentielle que précédemment.

c. Le mystère de la voix *off*

Ce phénomène s'attache au déictique personnel JE/MOI, volontiers employé sans référent en publicité. On a alors un foyer énonciatif très présent dont pourtant ni le texte ni les illustrations ne permettent de déceler l'identité. Soit l'annonce suivante pour le nettoyant ménager *Duomagic*, dans laquelle une voix off déclare :

(68) Avec MON Duomagic, chaque jour JE nettoie.
En même temps, JE désinfecte à fond, aussi efficacement qu'avec de l'eau de Javel […]. Et en plus, avec Duomagic, J'ai enfin un produit hypoallergénique.

Le contexte contribue sans doute à rattacher cette voix à un utilisateur (ou une utilisatrice) comblé(e). Mais quel utilisateur ? En fait, conformément à la particularité référentielle des pronoms personnels, ces JE/MON fonctionnent comme des cases vides qui peuvent se remplir de chacune des proclamations de satisfaction des acheteurs de *Duomagic*. JE et MON subissent une démultiplication dénotative illimitée. Ce pronom et cet adjectif possessif participent ainsi à deux visées argumentatives : tout en gardant leur valeur subjective et actualisante, soutenue par le présent du texte, ils se diluent sur la communauté indéterminable de la clientèle du produit. Un tel processus intègre chaque sujet dans la classe de tous les lecteurs-consommateurs identiques à lui. La création de cette communauté consommatrice, en effaçant l'angoisse de l'unicité et de l'isolement, participe directement à l'euphorisation de la société de consommation.

Dans d'autres occurrences, la voix off laisse le champ libre à des interprétations encore plus diffuses, à l'instar d'une annonce *Yoplait* dont l'image représente une gamme musicale avec des notes figurées par des éléments de salade :

**(69) Chopin composait des sonates, et MOI des salades composées.
Snø de Yoplait, la sauce à idées.**

L'indistinction du contexte est telle que ce MOI peut s'ancrer sur les trois pôles actantiels dont nous avons parlé plus haut :
— sur le circuit interlocutif, il peut s'agir du graphiste de l'annonce, auteur de la salade métaphorique de l'image ;
— MOI peut également référer, sur le circuit économique, à l'utilisateur potentiel de la sauce *Yoplait* et expert en crudités ;
— mais cet auteur qui dit MOI pourrait aussi être, sur le circuit figuratif, un personnage ou un représentant absent.

Un tel exemple est révélateur des décrochages référentiels engendrés par l'utilisation publicitaire des indices personnels. Ces décrochages font de chaque annonce concernée un lieu indéfini ou une matrice communicative dans laquelle tous les publics se retrouvent. En cela, ils contribuent à l'impact massif du désir d'identification à la base de la persuasion publicitaire.

3.3.2. Les mixages personnels

Parallèlement à l'instauration d'un flou référentiel maximalisant les virtualités de contacts, on observe un fonctionnement inverse de personnalisation et d'implication du public, maximalisant cette fois le rendement qualitatif du message. Jouant entre les différents circuits de la communication publicitaire, cette dernière stratégie met en œuvre des transferts imperceptibles au sein d'un même indice personnel, selon deux grandes directions : des glissements entre plan interlocutif (lecteur) et plan économique (consommateur), d'une part, des glissements entre plan figuratif et plans interlocutif et économique, d'autre part.

a. Oscillations lecteur/consommateur
Concernant le pôle allocutif VOUS/VOTRE, le mécanisme consiste à en modifier la valeur référentielle au fur et à mesure que le texte progresse. Lisons l'annonce *Oil of Olaz* ci-après :

(70) Il peut arriver que VOTRE peau ait besoin d'être mieux nourrie pour préserver l'éclat de sa jeunesse. Lorsque VOUS sentez que VOTRE peau devient de plus

en plus exigeante, c'est qu'il est temps de découvrir la nouvelle Crème de Soin Oil of Olaz.
Enrichie des mêmes substances nourrissantes que la Crème Fluide Oil of Olaz, la Crème de Soin Oil of Olaz VOUS surprendra par sa légèreté. Et pourtant, c'est bien parce qu'elle est légère que la Crème de Soin Oil of Olaz est aussi efficace : elle pénètre dès que VOUS l'appliquez sur VOTRE visage pour que VOTRE peau absorbe complètement ses substances nourrissantes.

Orienté vers l'avenir (« Il peut arriver », « il est temps de découvrir ») et axé sur le thème du manque (« votre peau [a] besoin », « votre peau devient de plus en plus exigeante »), le cotexte du premier paragraphe laisse entrevoir que la paire VOUS/VOTRE prend place sur le circuit interlocutif, référant à **la lectrice de l'annonce**. Toutefois, avec le second paragraphe, la portée dénotative de ces deux morphèmes évolue insensiblement en direction du circuit économique de la transaction marchande pour s'appliquer, cette fois, à **l'utilisatrice du produit**. Ce glissement est très progressif : le premier VOUS, ambigu (« vous surprendra »), désigne encore la lectrice avec le temps futur, mais aussi déjà l'utilisatrice à travers le sémantisme du verbe. Ensuite, VOUS et VOTRE réfèrent nettement à celle qui emploie la *Crème Oil of Olaz* : « elle pénètre dès que **vous l'appliquez sur votre visage** [...] ». L'identité formelle des indices personnels dissimule un changement de rôle qui conduit naturellement et graduellement de la place de lectrice à la place de consommatrice.

Un déplacement inverse apparaît dans l'annonce *Finnair* suivante :

(71) À 3 heures de vol de Paris, VOUS survolez des îles, des forêts, VOUS atterrissez parmi les milliers de lacs dont la Finlande est parsemée. Il fait bon se promener, sous le soleil, à minuit ! dans les sentiers embaumés, avant de rejoindre VOTRE chalet et son sauna. Ces merveilles ? À des prix qui VOUS surprendront : une nuit d'hôtel VOUS coûtera pour deux moins de 500 F. Pour un repas, VOUS débourserez à peine 80 F...
Laissez-VOUS tenter cette année par la Finlande, vivez le temps de VOS vacances tout près de la nature !

Le texte débute directement par un VOUS-consommateur qui, plongé dans une isotopie scandinave développée en hypotypose [6] grâce au présent, profite du produit offert : « Vous survolez », « vous atterrissez ». Après cet incipit phatique, l'énoncé relâche sa pression pour s'adresser à un VOUS-lecteur-futur consommateur, décelable par l'isotopie financière présentée prospectivement : « des prix qui vous surprendront », « une nuit [...] vous coûtera », et enfin à un VOUS-lecteur, perceptible à travers des impératifs et une isotopie séductrice : « Laissez-vous tenter. »

Dans d'autres cas, tout en se déployant dans l'évolution du texte, la bivalence dénotative attachée à VOUS peut coexister dans une même forme, à l'instar de cette

---

[6]. « L'hypotypose peint les choses d'une manière si vive et si énergique qu'elle les met en quelque sorte sous les yeux [...] » (P. Fontanier 1977 : 390).

annonce *Optique Lissac* : *(72)* ***« Lissac VOUS conseille, mais c'est à VOUS de voir.* »** Après un premier VOUS-lecteur, la syllepse [7] concentrée dans la formulation « à vous de voir » permet de passer spontanément du circuit interlocutif au circuit économique de la publicité. Si « voir » signifie [étudier les données de la question], le texte sélectionne encore le VOUS-lecteur. Par contre, si « voir » prend le sens concret de [exercer sa vision], on bascule dans le domaine de l'emploi de lunettes *Lissac* et on est en présence d'un VOUS-utilisateur.

Ainsi, à travers ses glissements énonciatifs de valence, le VOUS des annonces publicitaires anticipe et normalise l'usage du produit dès la phase de lecture. Les étapes de la transaction se concentrent en un point chronologique, abstrait et utopique, où dire, lire et consommer se confondent. Grâce au pronom VOUS, pivot de cette stratégie argumentative, un tel syncrétisme a quasiment lieu à l'insu du public.

b. Du personnage-représentant au lecteur/consommateur
Ce cas concerne l'une des mises en scène favorites de la communication publicitaire : un personnage figuré sur l'image (personnage-représentant IL/ELLE) s'exprime à la première personne dans le texte. Le problème est celui de la référence de ce JE. Partons d'une annonce pour le coupé *CRX Honda* qui nous montre un jeune homme élégant et décontracté se livrant à la confession ci-après :

(73) **JE l'avoue, J'ai des plaisirs égoïstes, comme partir au lever du soleil, seul au volant d'une voiture qui ME plaît. Écouter le ronronnement doux et régulier d'un moteur, prendre une petite route en lacets, passer un col, s'arrêter à une terrasse […]. Exaltante sensation que JE partage seulement avec mon coupé CRX.**

Il ne fait pas de doute que la source locutive de ces JE est le personnage mis en scène, utilisateur satisfait du produit, dont l'euphorie est signifiée par un discours hédoniste et une simulation théâtrale idéalisée de la scène de consommation. De plus, son regard de face, orienté droit dans les yeux du lecteur, a pour fonction de déclencher un transfert et une identification. En termes linguistiques, cette confession est monophonique au départ, le personnage-représentant prenant en charge l'énoncé (même si celui-ci lui est attribué par l'annonceur). Mais l'énoncé devient polyphonique, le lecteur étant amené à se glisser dans le JE pour proférer et assumer à son tour (73), en associant sa voix à celle de son représentant. Nous entrevoyons là l'une des grandes manipulations de l'argumentation publicitaire : celle de l'identification. Les techniques séductrices de l'annonce font tout, par une amorce polyphonique, pour que le JE du représentant devienne celui du lecteur-futur consommateur.

Le comble de l'identification, médiatisée par un cumul des rôles au sein des indices personnels, se produit avec l'annonce suivante sur laquelle une femme figurée affirme : *(74)* ***« JE suis Palmolive, ça se lit sur MON visage.* »** Par le biais de cette déclaration, la fusion de la représentante heureuse [S+] et de l'Objet de valeur

---

7. On parle de syllepse lorsque, comme ici, un seul terme est pris en deux sens.

[O+] devient totale. Suite à l'assimilation espérée par l'annonceur, cette fusion s'élargit à la lectrice qui ne fait plus qu'une avec le produit, dès le stade de la réception du message. Cette identification avec l'Objet court-circuite les étapes habituelles de l'argumentation publicitaire.

La consubstantialité du sujet et de l'objet atteint son degré extrême quand le nom même du produit comporte un indice personnel. Ainsi, avec le parfum *«J'ai osé»* de *Guy Laroche*, dont l'annonce est illustrée par une femme à l'allure assez provocante, accompagnée, de façon inattendue, par une panthère. Le JE se diffuse sur l'ensemble des places-rôles de la communication publicitaire selon un dispositif que l'on peut ainsi schématiser :

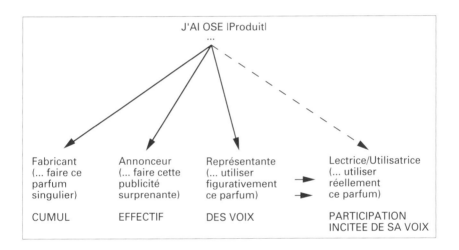

À travers une telle diffraction polyphonique, nous découvrons un des mécanismes centraux de la stratégie énonciative publicitaire : proclamer la communauté des sujets au sein d'un univers euphorique partagé qui garantit une identité collective à ceux qui acceptent d'occuper la place figurée (personnage-représentant comblé) et le rôle de consommateur.

4. Pour conclure

Dans ce chapitre, nous avons cerné les principales orientations argumentatives de la communication publicitaire. La schématisation discursive (texte et image dont parleront les deuxième et troisième parties) construit un objet de valeur positivé [O+] et un sujet (personnage-représentant) lui-même positivé [S+] par la possession d'un tel objet de valeur. Le mécanisme d'identification du lecteur au sujet positivé passe par le fait que la publicité « fixe et détourne un potentiel imaginaire » (Baudrillard 1968 : 204). Comme le dit encore Jean Baudrillard : « La publicité est réfractaire au principe (collectif) de réalité. Elle vise l'individu dans son *rêve* personnel » (*id.*).

Ceci entraîne une double métamorphose : du pôle émetteur, d'une part, et du discours lui-même, d'autre part. Le pôle émetteur se transforme en instance protectrice et gratifiante : « Nous ne sommes pas, dans la publicité, "aliénés", "mystifiés" par des thèmes, des mots, des images, mais bien conquis par la sollicitude qu'on a de nous parler, de […] s'occuper de nous » (Baudrillard 1968 : 201). La représentation discursive d'un monde idéal a pour conséquence le fait que la publicité construit un univers que l'on peut dire « inessentiel » (: 196) ou mieux un « paradis-langage », selon une expression de Leo Spitzer (1978 : 164) dont nous reparlerons au chapitre 4. Aucun lecteur-consommateur ne croit vraiment au paradis-langage proposé par la publicité moderne. Le régime de vérité ainsi instauré est proche de celui de la fiction. Cohabitent, en effet, à la fois, une certitude que le monde représenté *n'est pas*, et la croyance qu'il *est* quand même « vrai ».

Au-delà du régime de la fictionalité et de la suspension provisoire de l'incrédulité qu'il instaure, on peut parler d'un mécanisme de croyance proche plutôt du « *Je sais bien, mais quand même* » cher aux psychanalystes qui s'intéressent au « déni de réalité » (*Verleugnung*) et au fétichisme. En dépit du bon sens d'un « *je sais bien* que tout ceci est sinon totalement faux, du moins très largement excessif », un « *mais quand même* » persiste dans la conscience du consommateur. Désir et fantasme agissent ainsi à distance et sont à la source du besoin, plus ou moins conscient, de l'objet valorisé.

Un tel fonctionnement imaginaire explique que nous identifiions dans le discours publicitaire un fonctionnement discursif de type épidictique. L'éloge du produit est inséparable d'un sentiment de fiction et de gratuité inhérent au caractère hyperbolique de la rhétorique publicitaire. Comme nous le verrons, la rhétorique persuasive publicitaire hésite, en fait, entre le genre délibératif et le genre épidictique, c'est-à-dire entre l'appui sur un acte illocutoire de type : « conseiller ce qui est utile » (et « déconseiller ce qui est nuisible ») et l'appui sur un acte d'éloge du produit (et de blâme plus ou moins explicite adressé à celui qui ne possède pas l'objet valorisé). La rhétorique argumentative publicitaire hésite entre une stratégie épidictique entièrement inscrite dans le présent et une stratégie délibérative orientée vers le futur d'un achat bénéfique pour le sujet.

Chapitre 2

Les constituants du discours publicitaire

1. Une structure sémiologique mixte

Comme on l'a vu, la publicité puise ses origines dans deux grandes traditions : d'abord celle du livre, à l'écriture dense et calibrée, ensuite celle de l'illustration esthétique et artisanale. Le discours publicitaire se présente ainsi au départ comme **une structure sémiologique mixte**, un hybride flou et instable, en raison des latitudes de dosage qu'il permet entre le texte et l'image et surtout de la diversité de ses composantes. Il importe donc d'en recenser les constituants morphologiques qui forment à la fois des données préconstruites par le marketing et des éléments transformables dans la production de chaque annonce. Ces constituants fournissent par ailleurs autant de bases signifiantes sur lesquelles se greffent les signifiés info-persuasifs, facteurs de l'efficacité argumentative du genre publicitaire.

La publicité écrite se fonde sur un double système, iconique et verbal, aux principes antagonistes.

1.1. Le signifiant iconique

Chronologiquement second dans l'histoire de la publicité journalistique, le signifiant iconique est génétiquement premier d'un point de vue sémiologique, du fait qu'il repose sur une étroite proximité et sur un continuum avec son référent. Selon l'école de Peirce et de ses disciples (Morris, Moles et plus récemment Everaert-Desmedt), nous sommes dans le domaine de l'icône qui établit une ressemblance avec son objet : « L'icône a des propriétés de ses denotata » (Morris 1946 : 115). Dans la perspective de Palo Alto (Watzlawick, Bateson, Jackson, Hall et Goffman), l'icône participe à la « communication analogique » qui met en œuvre des équivalences et des similarités non verbales.

En publicité, le champ de l'icône se fixe principalement sur l'IMAGE (ou le VISUEL), avec ses deux propriétés paradoxales :
• D'un côté, elle est intransitive, se montrant dans son évidence, sa compacité et sa présence envahissante, ce qui explique son grand pouvoir de mémorisation.

D'après une expérience de Dale rapportée par Pradier (1989 : 114), 30 % des gens se souviennent de ce qu'ils voient et seulement 10 % de ce qu'ils lisent. En cela, la sphère du visuel renferme dans sa nature même un potentiel info-persuasif élevé.
• D'un autre côté, l'image publicitaire se caractérise par sa transitivité. Toujours image DE quelque chose — ce que confirme son étymologie latine (*imitari* : « imiter ») — et se développant dans la monstration, elle possède un signifiant motivé par l'objet qu'il désigne et ayant une ressemblance figurative avec lui, quand le langage se contente de renvoyer à ses objets. Cela ne signifie pas qu'en publicité le visuel recopie passivement les données du monde (nous rejoignons les réserves d'Eco [1972 : 171-191] sur une conception imitative de l'iconicité), mais il fabrique à son niveau un analogon de réalité qui l'érige en ancrage référentiel de l'annonce. Nous retrouvons ici la « fonction-voici » relevée par Peninou (1972 :162) dans l'image publicitaire, qui crée en elle une illusion contraignante de désignation du produit et de son univers, surtout lorsqu'elle exhibe la photo de la marchandise prête à vendre (le PACK SHOT en terminologie mercatique). Mais même lorsqu'elle ne le fait pas, l'image publicitaire doit donner au moins l'impression d'évoquer son objet. Faute d'une telle *mimesis* référentielle, elle tomberait dans la gratuité et perdrait sa pertinence argumentative.

Nous étudierons, dans la troisième partie, le fonctionnement argumentatif de l'image publicitaire. Contentons-nous pour l'instant d'en énumérer quatre caractéristiques élémentaires :
— sa dimension faiblement séquentielle (peu de marqueurs chronologiques ou syntaxiques) et largement tabulaire, avec sa spatialité, son organisation synthétique et sa structure paratactique ;
— sa nature apparemment peu codée — en cela Benveniste (1969 : 85) voit en elle un « système déficient » — et grandement idiolectale qui en fait avant tout un style, au gré de l'inspiration de ses concepteurs ;
— sa polysémie inhérente, due à son statut d'écriture concrète et source d'ambiguïtés interprétatives que l'argumentation exploite précisément ;
— ses limitations métalinguistiques, contrecoup de son important potentiel référentiel : contrairement au texte, l'image a beaucoup de peine à s'évaluer et à se détacher d'elle-même.

1.2. Le signifiant linguistique

Avec le signifiant linguistique, on quitte la continuité et l'analogie caractéristiques du signifiant iconique pour une fracture radicale : le signe se distancie de son référent, abandonne sa proximité et sa « chaleur » sémiologique, pour glisser vers l'abstraction et l'arbitraire. On entre alors dans le domaine du « symbole » (Peirce) ou de la « communication digitale » (Palo Alto), fondés sur le conventionnalisme, le binarisme oppositionnel et la linéarité [1]. Globalement organisé autour du mot et

---

1. Nous retrouvons là l'analyse classique du signe linguistique faite par Saussure et surtout par Hjelmslev. Le terme peircéen de « symbole » pose des problèmes terminologiques en raison de sa polysémie. Par la suite, nous utiliserons le mot « symbole » dans son acception classique : « Objet ou fait naturel

de la double articulation mise en évidence par Martinet, le signifiant linguistique se répartit sur trois grands constituants dans l'annonce de presse.

1.2.1. La marque, constituant minimal

Le concept général de marque se décompose en deux sous-catégories.

a. Marque de la firme

Caractérisée par sa durée dans le temps, elle est en général arbitraire, liée au patronyme de ses fondateurs (*Renault, Ford, Toyota*...) ou au relativisme de la langue qui l'a vue naître (*General Motors, Les Mutuelles du Mans*...). Cet arbitraire est accentué dans sa siglaison fréquente, indéfiniment transposable à travers les différentes langues (*BP, ELF, TWA*...). Cependant, même initialement arbitraire, la marque de la firme acquiert souvent une motivation secondaire, due à la réputation de l'univers qu'elle évoque et qui la dote d'une force persuasive — ce qu'on appelle une « image de marque ». Cela explique les milliards dépensés par les entreprises prestigieuses pour combattre la contrefaçon ou le fait qu'une marque illustre suffise à elle seule pour garantir l'argumentation de ses annonces. Par ailleurs, un certain nombre d'industriels s'efforcent de limiter l'arbitraire du signifiant de leur marque, comme le montre Lemonnier (1985 :143-146) avec le cas des charcuteries *PRÉDO*, rebaptisées en *PRÉDAULT* afin d'en rehausser le positionnement par une sophistication orthographique rompant avec l'abréviation et l'oralité des formes contemporaines de type *vélo, macho, rétro*, etc., au profit d'une forme ancienne au charme résolument classique : comment ne pas songer au patronyme de Charles Perrault si proche graphiquement et phoniquement ?

On distinguera trois fonctions de la marque :
— **une fonction référentielle de singularisation** : assimilable au nom propre, la marque crée un bornage différenciateur qui singularise et personnalise le produit qu'elle recouvre par rapport à la masse de la concurrence ;
— **une fonction de thématisation** : au niveau du langage, la marque est le lieu de passage obligé entre l'annonce et la réalité traitée. Ancrant la publicité sur son objet, la marque fonctionne comme la clé de voûte de son dispositif argumentatif, constituant sa base informative, son thème, c'est-à-dire le pivot nominal de la structure prédicative que le reste du message va permettre de construire (ce qui est prédiqué à propos de l'objet-marque). Ce mécanisme discursif fait apparaître l'objet-marque comme le meilleur exemplaire de sa catégorie (aspirateur idéal, lessive idéale, etc.) ;
— **une fonction testimoniale** : par la marque, le fabricant prend position vis-à-vis de son annonce, en garantissant l'authenticité et en assumant la responsabilité.

---

de caractère imagé qui évoque une association d'idées "naturelle" avec quelque chose d'abstrait ou absent » (*Le Robert*).
Par ailleurs, il ne faut pas tomber dans une présentation caricaturale du langage. En effet, s'il est majoritairement digital, il contient plusieurs domaines analogiques (onomatopées et symbolisme phonétique). Et, d'un autre côté, certains éléments a priori digitaux du langage peuvent secondairement adopter un fonctionnement analogique, ce qui est le cas en poésie. Voir aussi la suite de ce chapitre.

Tout en participant au conventionnalisme du signe linguistique, la marque contient une orientation incitative qui opère comme argument de vente : c'est sa fonction globalement persuasive.

b. Nom du produit

D'une durée de vie plus ou moins longue selon la conjoncture économique, l'appellation du produit découle toujours d'une nomination volontaire de la part de ses promoteurs. Celle-ci peut s'effectuer selon la place qu'il occupe dans une série manufacturière, comme pour certaines automobiles (par ex. la *304, 404, 504... Peugeot*). La progression dans la série reflète alors le dynamisme industriel du constructeur. Mais ordinairement le nom du produit forme un condensé de dénomination et de mini-description orientées positivement, ce qui lui confère d'emblée une portée argumentative découlant de divers procédés :
— mise en évidence de ses effets bénéfiques : *Eau Fresh de Jacques Bogart* ;
— mise en évidence de ses composantes scientifiques : *Fluogum des Laboratoires Goupil* ;
— mise en évidence de son univers mythique : *Symbiose de Stendhal*.

Forme linguistique restreinte centrée sur le nom et réglementée législativement [2], la marque se présente comme un « désignateur rigide », dont la portée dénotative reste constante à travers sa diffusion géographique. En cela, elle est un facteur d'identité et de permanence pour une publicité qui ne supporte pas l'incertitude quant à son objet. Rappelons que, d'un point de vue purement sémantique, un nom propre dénote sans connoter. Ce que Benveniste formule en ces termes : tout nom propre est une « marque conventionnelle d'identification sociale telle qu'elle puisse désigner constamment et de manière unique, un individu unique » (1974 : 200). Cette définition, qui ne touche que l'aspect légal de la marque du produit publicitaire, ne rend pas compte de la rhétorique pratique du discours. Or, c'est précisément à ce niveau qu'intervient un processus de sémantisation par le (co)texte.

L'interdiscours publicitaire constitue un espace de régularité dans lequel la structure sémantique d'ensemble du message est établie par l'application d'un mécanisme interprétatif fondé sur un schéma sémiologique constant. Nicole Everaert-Desmedt approche ce processus en ces termes : « La publicité ne nous demande pas d'admettre ou de réfuter des arguments, elle nous propose seulement de jouer le jeu... Un jeu de société très simple : il suffit de deviner à quoi va s'appliquer le *processus de positivation*, lequel est toujours le même, sous des variations de surface » (1984b : 139).

L'élaboration de ce sens général se fait selon le mécanisme suivant : repérer un produit (sujet-thème du discours) et une ou plusieurs caractérisations valorisantes (prédicat(s) attribué(s) au sujet-thème). La construction de la prédication qui découle de ce repérage est des plus aisées et toujours globale. L'identification du produit est facilitée par le nom propre de la marque et la prédication par le caractère euphorique des propriétés à repérer dans l'énoncé (affiche, page de magazine,

---

2. En France, les noms de marques sont soumis à la loi de décembre 1963 qui stipule qu'ils ne doivent être ni déceptifs, ni génériques, ni contraires aux bonnes mœurs et à l'ordre public.

spot de la radio ou de la télévision). On aboutit ainsi à l'établissement d'un rapport de qualification positive, d'une structure prédicative immuable qui permet de réduire et de canaliser l'information sémantique.

1.2.2. Le slogan, constituant condensé

Privilégié par certains courants publicitaires comme la « publicité mécaniste », le slogan est un lieu où s'ancrent les signifiés à la base du développement prédicatif. Attesté dans la majorité des annonces, le slogan publicitaire doit être subdivisé en deux catégories :

a. L'accroche (ou « head-line »)
Disposée en début d'annonce et débordant le slogan *stricto sensu* pour désigner une structure formulaire concise et frappante, l'accroche constitue la devise du produit, ciblée sur le moment de la transaction commerciale. Elle se caractérise par son aspect ponctuel et engageant, ainsi que par son immédiateté :

(75) 309 GTI 16 : Toujours partante !

(76) Kanterbräu est si bonne
Qu'on ne peut s'en passer.

(77) C'est par qui ?
c'est Parker.

b. La phrase d'assise (ou « base-line »)
Prenant place en fin d'annonce, la phrase d'assise facultative, (77) — par exemple, n'en comporte pas —, explicite généralement la devise de la marque dont elle synthétise la stratégie économique ou la « promesse ». Elle se remarque par son contenu générique, sa distanciation relative et son aspect duratif :

(75 bis) Peugeot : Un constructeur sort ses griffes.

(76 bis) Kanterbräu, la bière de Maître Kanter.

Quand la marque assure en priorité un rôle d'étiquetage linguistique du produit, le slogan est une composante phatique et conative, visant le contact et la pression sur le public, ce que suggère d'ailleurs son étymologie gaélique *sluagh-gairm* : « cri de guerre » des montagnards d'Écosse [3]. Il se présente, en effet, comme une proclamation de l'annonceur en vue de susciter une réaction spontanée et affec-

---

3. Le mot français est emprunté à l'anglais *slogan* dès 1842. Le sens politique apparaît, aux États-Unis, en 1916 et le sens de « formule publicitaire » en 1928 seulement. En France, le sens de « cri de guerre de clans écossais » du dictionnaire de l'Académie est sorti de l'usage et le mot a été réemprunté en 1930 dans son sens publicitaire (Paul Morand à propos de la publicité américaine), puis politique en 1932 (André Maurois).

tive chez son récepteur, dans une régression pulsionnelle qui agit à la façon d'une formule magique et qui en adopte souvent la tournure.

Sollicitant surtout l'hémisphère droit du cerveau — plus responsable des composantes intonatives (Jakobson et Waugh 1980 : 60-62) et rythmiques du langage, de la perception et de l'élaboration de totalités que de la production logico-analytique (phonétique, syntaxique et sémantique) [4] —, le slogan se caractérise par une brièveté, une simplicité grammaticale, une tonalité péremptoire et une fermeture structurelle qui en font un syntagme figé et un idiolecte protégé par la loi sur la propriété artistique. Tous ces traits lui confèrent un pouvoir élevé de mémorisation et renforcent sa dimension performative.

La nature rythmique de la langue du slogan est certes absente de (75), mais elle transparaît dans les deux autres exemples. On peut dire que (76) adopte un canevas métrique de deux fois six syllabes qui correspond à la structure binaire du vers alexandrin. Quant à (77), sa découpe est de deux fois trois syllabes. Ce dernier exemple présente un cas intéressant de mise en cause de la grammaticalité au profit du rythme et de la phonie (seule la finale de la dernière syllabe varie). La seconde proposition est présentée comme une réponse à une question à la grammaticalité douteuse (« C'est par qui ? »). La phonie et le rythme syllabique reliant les deux propositions, une lecture non logique est demandée à l'interprétant [5] qui est supposé parvenir à se dégager de ses habitudes (grammaticales) pour accéder à un autre idiolecte, à un autre état de la langue.

À la suite de la traduction du texte de Roman Jakobson dont il a déjà été question plus haut, on parle parfois très improprement de « fonction poétique » à propos de tels exemples. La présence du rythme est certes manifeste dans la poésie, mais il ne s'agit là que d'une propriété générale du langage humain présente dans maintes formes populaires et savantes. Cette propriété est exploitée assez systématiquement dans le slogan publicitaire (et politique) qui abonde en quasi-vers (Blanche-Noëlle Grunig [1990 : 178] parle de « versoïdes ») :

(78) **Sortez du troupeau, roulez en Polo.**

(79) **Des pâtes, des pâtes, oui mais des Panzani.**

(80) **Qui boit Vabé va bien.**

---

4. Paul Watzlawick résume ainsi la spécificité de l'hémisphère droit : « L'hémisphère droit ne peut pas seulement percevoir et reconnaître une *Gestalt* sous tous ses aspects et à travers toutes les distorsions possibles (on éprouve encore les plus grandes difficultés à simuler par ordinateur cette faculté naturelle du cerveau), il peut parvenir à restituer la totalité à partir d'un de ses éléments les plus mineurs. […]. Il ne dispose pas des prépositions ni en fait d'aucun des éléments grammaticaux, syntaxiques et sémantiques de l'hémisphère gauche. […] L'hémisphère droit a tendance à tirer des conclusions illogiques en se fondant sur des associations de sons, et sur des confusions entre sens littéral et sens métaphorique ; il est enclin à utiliser des condensations, des mots composés, des ambiguïtés, des calembours et autres jeux de mots […] » (1980 : 33).

5. Tout au long de cet ouvrage, le terme d'interprétant ne sera pas pris au sens de Peirce, mais il désignera le lecteur en tant que constructeur actif du sens.

(81) Le vin d'Arbois
Plus on en boit,
Plus on va droit.

(82) GUINESS. Le goût de sa couleur. La couleur de la nuit.

(83) Et badadi
Et badadoit
La meilleure eau
C'est la Badoit.

(84) Soif d'aujourd'hui
Aujourd'hui et demain
Aimer ce qui est vrai
Profiter de l'instant
Et vivre intensément
Coca-Cola.

Les structures rythmiques sont ici soit binaires : 5 + 5 syllabes en (78), comme dans le slogan de la publicité *New Man* étudiée dans l'introduction : **« *La vie est trop courte* [5] *pour s'habiller triste* [5] »**, 6 + 6 en (79) et (82) ; soit ternaires : 2 + 2 + 2 en (80) et 4 + 4 + 4 en (81). La structure de (83) est idéalement de quatre fois quatre syllabes, celle de (84) est encadrée régulièrement : 4 + 6 + 6 + 6 + 6 + 4. À ces schèmes réguliers peuvent, bien sûr, répondre des formes où la non-égalité métrique-syllabique est compensée par une très forte redondance phonique :

(85) Mini Mir, mini prix, mais il fait le maximum.

(86) Au volant, la vue c'est la vie. *LA PRÉVENTION ROUTIÈRE*

(87) Du pain, du vin, du Boursin.

(88) Tricotez gros, tricotez fin, tricotez Pingouin.

Les rythmes sont soit croissants : 2 + 2 + 3 pour (87) et 3 + 3 + 3 + 4 pour (85), soit encadrés : 3 + 2 + 3 pour (86). Quant à l'irrégularité de (88), elle est, en fait, compensée par la reprise de « tricotez » (3 syllabes) qui s'accompagne d'abord de deux mots d'une seule syllabe (« gros », « fin ») dont la somme donne analogiquement les deux syllabes du nom propre de la marque (« Pin/gouin »), rapprochement autorisé par la rime nasale de « fin » et de « Pingouin ». Le caractère fortement allitératif de tous ces exemples — /m/ de (85), /v/ de (86), nasale de (87), etc. — saute assez aux yeux pour qu'il soit inutile d'insister. Nous avons là une procédure linguistique caractéristique de la langue singulière du slogan, procédure stylistique qui rapproche ce dernier de formes populaires comme le dicton, le proverbe et la comptine, mais aussi d'une forme plus savante comme la maxime.

Sans pouvoir affirmer qu'il en va chaque fois ainsi, il est fréquent que l'accroche soit dominée par le rythme et la phonie, et la phrase d'assise par une structure plus grammaticale. L'équilibre des deux usages de la langue est alors garanti selon un procédé qui semble reconnu dans le milieu des concepteurs : « En publicité, la créativité consistera à trouver justement le moyen d'utiliser la totalité du cerveau et de s'adresser aussi bien à l'hémisphère gauche qu'à l'hémisphère droit du destinataire du message » (Jouve 1991 : 66).

1.2.3. Le rédactionnel, constituant expansé

Offrant un développement prédicatif plus ou moins étendu et une structure ouverte, le rédactionnel constitue l'élément analytique à dominante rationnelle du texte publicitaire, comme nous le verrons dans la deuxième partie. Sur le plan formel, il fournit la composante digitale par excellence de l'annonce, avec son déploiement syntagmatique, sa progression en arguments et en contre-arguments, son articulation en séquences et en sous-séquences, matérialisées ou non par une segmentation typographique en paragraphes. En cela, il apparaît comme l'héritier de la tradition livresque de la publicité. Sur le plan typologique, on verra qu'il recourt aux formes compositionnelles les plus variées. Sur le plan pragmatique, s'il est, en théorie, moins impressif que l'image et si sa présence n'est pas obligatoire, il est le lieu où se développe (« amplification » rhétorique par excellence) l'argumentation publicitaire.

1.3. Le logo : un signifiant composite

Version moderne des enseignes et de nature idiolectale comme le slogan, le logo constitue un signifiant publicitaire équivoque ou une image-mot, fluctuant entre le langage et le dessin. Une campagne récente de la société COGEMA suggère ce potentiel intersémiologique profond du logo. L'une de ses annonces présente le logo, exclusivement iconique, de la société (fig. 1). Une autre annonce (fig. 2) centre son message sur un schéma hexagonal qui figure le cycle du nucléaire, avec flèches illustratives et explications langagières à l'appui, et qui peut être interprété comme s'inscrivant dans la même mouvance formelle que le logo.

Les constituants du discours publicitaire 63

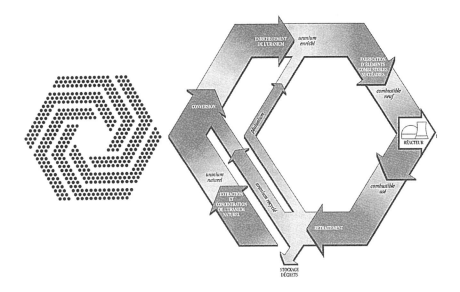

Fig. 1   Fig. 2

Le logo à base linguistique recouvre plusieurs configurations. Entre autres, à l'exemple de *Kuoni* (fig. 3), il s'ordonne autour du nom de la marque enchâssé dans une figure spatiale. Assez souvent, seule l'initiale de la marque est agencée de la sorte, comme le montre le cas de *Volkswagen* (fig. 4). Enfin, le graphème initial peut se faire dessin, à l'instar du logo de *Suzuki* (fig. 5) qui consiste en un S stylisé, selon une calligraphie proche d'une écriture japonaise au pinceau, et converti en un idéogramme :

Fig. 3   Fig. 4   Fig. 5

Alors que le logo peut se dispenser de ces éléments linguistiques, il contient obligatoirement un signifiant iconique qui prend deux grandes formes :
— figurative, lorsque encore proche de la phénoménalité, il schématise les éléments naturels (le lion *Peugeot* ou le cheval *Ferrari*) ;
— non figurative, quand, se distanciant vers l'abstraction, il met en jeu diverses compositions géométriques (le losange *Renault*) ;
Accolé en principe au nom de la marque avec lequel il constitue la SIGNATURE de l'annonce, le logo remplit deux fonctions argumentatives :
— une fonction de saisie immédiate de la marque, identifiable et mémorisable en un coup d'œil par la compacité de son emblème — véritable image d'identité d'une entreprise —, notamment lorsqu'une initiale inductrice, comme le S de *Suzuki*, en enclenche la lecture ;
— une fonction de valorisation du concept de la marque, souvent suggérée par le signifiant iconique. C'est ainsi que le globe bleu de *Kuoni* concrétise l'activité mondiale de cette agence de voyages aériens ou que le S rouge de *Suzuki* concentre dans son graphisme ouvert le dynamisme et dans sa couleur la vitalité de cette entreprise de motos [6].

2. Brouillages intersémiologiques des constituants

Si a priori les rôles paraissent bien répartis au sein de la publicité de presse, avec ses constituants illustratifs (visuel), verbaux (marque/slogan/rédactionnel) et le cas spécifique du logo, on remarque dans la pratique de nombreuses contaminations entre les sphères de l'analogique et du digital qui exploitent l'instabilité inhérente aux annonces, au gré des stratégies argumentatives envisagées.

Lorsque le logo est particulièrement fort, il peut remonter de sa position mineure de signature en pied d'annonce, à une position majeure. C'est le cas de la campagne *Manpower* de l'année 1995 qui a succédé à celle des slogans « graffités » dont nous avons parlé au chapitre 1 [exemples (15), (15 *bis*) et (15 *ter*)]. Le logo célèbre de *Manpower* est, depuis 1960, celui de l'homme aux divines proportions de Léonard de Vinci. Bras étendus et jambes écartées, on se souvient qu'il inscrit la perfection de la mesure dans une structure géométrique doublement idéale : un cercle et un carré. L'accroche de la campagne 1995 est la suivante : « ***Mon partenaire emploi*** » (énonciativement pris en charge par le lecteur potentiel), le slogan restant « ***Vous êtes qualifié. Travaillons ensemble*** » (énonciativement pris en charge, cette fois, par l'entreprise émettrice et interpellant le lecteur à la recherche d'un emploi). Cette campagne présente la particularité de transférer le logo de l'entreprise au centre de l'affiche en ajoutant, en incrustation photo, un jeune homme et une jeune femme qui donnent l'un et l'autre l'accolade à l'homme de Vinci. Les connotations sont particulièrement intéressantes pour l'entreprise : union du passé et du présent, de l'art et de la vie quotidienne, valeurs de sympathie et d'accord, équilibre d'une forme qui

---

[6]. Pour une étude complémentaire sur la question du logo, voir J.-M. Floch : « La voie des logos, le face-à-face des logos IBM et APPLE », pages 43 à 78 de *Identités visuelles*, PUF, 1995.

place l'homme au centre des mesures. Il est certain que peu de logos atteignent une telle richesse de significations et que peu d'entre eux peuvent ainsi directement constituer le pivot d'une campagne.

D'une façon générale, les brouillages entre les constituants verbaux et les constituants iconiques de la publicité se font selon deux directions inégales.

2.1. Verbalisation de l'iconique

Il arrive que l'icône imite le domaine digital des mots et des chiffres, spécialement au niveau de l'accroche. Parfois, dans une visée syncrétique, l'image se modèle en graphème, comme en témoigne une annonce pour les chaînes *HIFI Kenwood* dans laquelle la photo d'un compact-disc épouse le contour interne du O composant le mot « son » du slogan : ***(89)* « *Le son pole position.* »** À un stade supérieur, un élément iconique peut se convertir en lettre ou l'icône se transformer en un lexème entier. L'icône se transmute même à l'occasion en chiffres, comme dans une annonce pour la compagnie immobilière *GFF* dans laquelle plusieurs photos rondes de parties de chambres et de salons y figurent les zéros de la remise promotionnelle proposée de 50 000 francs.

Tous ces cas rejoignent l'argument par l'illustration dont parlent Perelman et Olbrechts-Tyteca (1988 : 481-488). Le discours y est conforté par la matérialité et la valorisation de son référent. Mais ces verbalisations de l'iconique peu attestées et ponctuelles n'excèdent pas l'espace d'une lettre, d'un chiffre ou d'un mot à l'intérieur de l'annonce.

2.2. Iconisation du verbal

Inversement et avec une très grande fréquence, les constituants linguistiques de l'annonce subissent l'influence du domaine iconique : le langage devient partiellement image. Chacun peut aisément vérifier ce phénomène en feuilletant le premier magazine venu.

2.2.1. Motivation figurative de la marque

Axée sur le nom, la marque fait partie, comme on l'a vu, du domaine linguistique. Or les graphèmes qui la composent s'enrichissent souvent secondairement de traits appartenant à la sphère de l'image. Ce faisant, son signifiant se convertit en une figure à portée symbolique, ouverte au jeu argumentatif des correspondances. L'iconisation de la marque s'effectue quelquefois par l'adjonction d'éléments chromatiques. L'utilisation de la couleur donne alors une orientation analogique à la typographie. Ainsi dans les publicités pour la société *Air Inter*, le rouge et le bleu instaurent, au niveau du signifiant, une ressemblance avec le drapeau français qui connote culturellement l'univers commercial de la compagnie.

Dans d'autres cas, le signifiant de la marque acquiert une charge iconique à travers l'éclatement de son graphisme, à l'exemple d'une annonce pour les ciga-

rettes *News*. La linéarité des graphèmes agençant leur nom s'y spatialise en points cardinaux, selon une double similarité (fig. 6) :
— au niveau du signifiant, entre ces quatre lettres et les initiales des points cardinaux anglais pris dans l'ordre North - East - West - South ;
— entre une telle disposition et le concept mondialiste de la firme exprimé dans le logo associé : *(90)* « *L'esprit universel* » :

Fig. 6

2.2.2. Tentation calligrammique du slogan

Constituant discursif rigide, le slogan abandonne facilement la progression rectiligne de l'énoncé pour se diffracter dans une figuration d'ordre analogique. Les lettres qui le composent cessent alors d'être des supports neutres, tendant à imiter le référent désigné, dans un processus calligrammique de nature poétique. Cette libération graphique est nette, par exemple, dans une accroche pour l'eau minérale *Contrex* reproduisant une écriture manuscrite : *(91) « **Mon contrat minceur !** »* Le signifiant y justifie, par son écriture filiforme et élancée, ainsi que par sa tournure manuscrite, les isotopies esthético-médicale (sveltesse) et personnalisante (« mon ») développées.

La figuration analogique du slogan peut se faire plus complexe, comme dans cette annonce pour la *Talbot Samba* (fig. 7) qui joue, d'une part, sur la couleur (lettres de couleurs différentes autonomisées) et, d'autre part, sur la calligraphie (lettres décalées en hauteur, désaxées par rapport à la verticale, bousculées au lieu d'être classiquement alignées ; mots séparés par des points) :

Fig. 7

L'isotopie de la danse brésilienne — elle-même métaphorique du dynamisme de la voiture présentée — est mimée par l'analogie chorégraphique des lettres en mouvement et enrichie par leur polychromie.

On a déjà parlé plus haut [exemples (15), (15 *bis*) et (15 *ter*) du chapitre 1] de la fonction du slogan inscrit sous forme de graffiti de la campagne *Manpower* 1994. Tous ces cas fonctionnent selon le modèle de l'argumentation par la preuve : le contenu sémantique des slogans est immédiatement garanti par la perception de leur substance. La récupération publicitaire du graffiti, par exemple, libère le slogan de la calligraphie livresque pour l'ouvrir sur la rue, l'expression libre, voire l'art populaire. Le slogan mime la revendication et acquiert ainsi une force nouvelle.

2.2.3. *Iconisation du rédactionnel*

En dépit de sa digitalisation extrême, le rédactionnel résiste mal à la pression de l'analogique et des configurations motivées qui en découlent. Cela ne veut pas dire que la part quantitative du texte diminue dans les publicités journalistiques actuelles, encore que cela mérite discussion. Mais celles-ci témoignent d'une lente contamination qualitative du code graphique par le code iconique, suite à diverses procédures dont nous ne pouvons donner qu'un aperçu.

Cette iconisation rampante du rédactionnel est fréquente sur le plan spatial. Elle peut s'exercer sur son fond, en principe support inerte du texte. Or, il arrive que le fond soit projeté au premier plan de l'annonce, acquérant une signification propre, à l'exemple d'une publicité pour le rouge à lèvres *Liliane France* qui intègre son rédactionnel dans deux bouches rouges. Les contours de la forme d'une bouche et la couleur rouge matérialisent l'efficacité esthétique du produit. Cette configuration argumentative est un bon exemple du jeu publicitaire sur la relation causale *moyen-fin* et de l'accent mis stratégiquement sur la fin :

> Les techniques modernes de la publicité et de la propagande ont exploité à fond la plasticité de la nature humaine qui permet de développer de nouveaux besoins, de faire disparaître ou de transformer des besoins anciens. Ces changements confirment que seules restent invariables et universelles les fins énoncées d'une façon générale et imprécise, et que c'est par l'examen des moyens que s'effectue souvent l'élucidation de la fin.
> Des fins apparaissent comme désirables, parce que des moyens de les réaliser sont créés ou deviennent facilement accessibles. […]
> Des fins paraissent d'autant plus souhaitables que leur réalisation est facile. Aussi est-il utile de montrer que si, jusqu'à présent, on n'a pas obtenu de succès, c'est que l'on avait négligé de s'en servir. (Perelman et Olbrechts-Tyteca 1988 : 368-369)

Dans de nombreux cas, c'est le rédactionnel lui-même qui emprunte des traits iconiques. Il devient calligramme quand la disposition du texte suggère le référent. Ainsi dans une annonce de la compagnie aérienne *SAA* où le rédactionnel — qui consiste en une longue énumération des heures de vol pour aller de Genève à Johannesbourg — se déploie sur la page en une suite de courbes simulant le parcours géographique des avions entre ces deux villes. Tantôt le rédactionnel se plie simplement à la morphologie d'un logo préexistant. Les constituants linguistiques de l'annonce peuvent aussi évoluer partiellement en logo, comme le montre la publicité *Framatome* (fig. 8 ci-contre) extraite d'un dispositif créatif composé de quatre sujets : trois sujets « de présentation » et un sujet « de révélation ».

Le document reproduit est l'un des trois documents publicitaires de présentation, réalisés selon le même schéma : le texte et la phrase d'assise (différents dans les trois documents) reproduisent la forme même du logo du groupe français. Une telle stratégie d'amalgame donne l'impression que le texte est sculpté dans la masse du logo. L'ensemble de l'annonce est ainsi soudé en un bloc homogène.

Les constituants du discours publicitaire 69

Fig. 8

Notons que dans ces documents, si la marque *Framatome* figure dans le long texte qui épouse la forme du logo, elle n'y est pas mise en évidence, et elle n'apparaît pas dans la phrase d'assise. C'est le quatrième document qui « révélera » la marque : le texte y est supprimé, la phrase d'assise est devenue un slogan pour le groupe Framatome, qui résume les rédactionnels des publicités précédentes (« ***Groupe Framatome. Partout dans le monde la maîtrise inventive*** »). Sous ce quatrième document apparaît le logo *Framatome* (fig. 8 *bis*) que l'on peut ainsi rapprocher des compositions iconiques précédentes.

Fig. 8 bis

L'iconisation du rédactionnel passe souvent par la chromatisation de ses graphèmes, le jeu des couleurs ajoutant une connotation incitative aux lettres et aux mots concernés.

On le voit, si au départ les publicités de presse forment un genre mixte, articulé sur des composantes appartenant aux deux catégories opposées de l'illustration et du langage, cette mixité se transforme rapidement en mixages, lesquels atténuent l'hétérogénéité des annonces, rarement au profit du système verbal, plus souvent au profit du domaine iconique. Cet ascendant, dans la publicité moderne, de la communication analogique sur la communication digitale s'explique d'abord par des raisons d'efficacité pragmatique. Le discours publicitaire tend à prendre ses distances avec le digital, caractérisé par sa secondarité et son abstraction, pour se rapprocher du monde davantage convaincant de l'analogique, centré sur l'immédiateté, l'argumentation concrète et les fusions substantielles. En cela, les iconisations du verbal visent à favoriser une meilleure prégnance du message et une plus grande empathie chez le lecteur, stimulé par un univers où la ressemblance règne. Nous retrouvons ici la loi générale qui régente le fonctionnement des médias : celle de proximité.

Chapitre 3

Parcours de lectures et argumentation

L'agencement de l'annonce en constituants trouve sa justification dans la nécessité d'en favoriser la lisibilité et, partant, la meilleure efficacité possible. Comme on l'a entrevu, les conditions de la réception publicitaire sont problématiques. Dans la majorité des cas, les publicités journalistiques ne sont pas lues ou sont vues d'une façon distraite. D'après une étude de Starch aux États-Unis (in Joannis 1988 : 19), seulement 5 à 6 % des personnes exposées à une annonce en font une lecture complète. À cette inertie d'ensemble s'opposent les contraintes des publicistes pour lesquels la prise de connaissance des annonces est indispensable au bon fonctionnement du circuit économique et à la pérennité même du marketing, sans parler de l'obligation de rentabiliser les coûts élevés des campagnes de promotion.

D'où une caractéristique pragmatique de la plupart des annonces : elles comportent des instructions qui induisent avec force des parcours virtuels de lecture. Ces instructions ont pour but de réduire les risques de déperdition de l'information et de canaliser l'attention des lecteurs réfractaires, indifférents ou pressés. La construction des annonces obéit ainsi à une rhétorique visuelle dans laquelle la segmentation et la spatialisation du message articulent et soulignent les grands axes de l'argumentation. Bien sûr, comme dans tout message humain, en dépit de multiples instructions de lecture, aucun texte n'est une machine garantissant une interprétation univoque. Comme le montre Vettraino-Soulard (1993), le lecteur reste toujours libre d'interpréter, et Lemonnier (1985 : 47-54) a raison d'insister sur la souplesse de la réception publicitaire.

Il n'en demeure pas moins que les publicistes s'efforcent, par une manipulation rhétorique de l'aire spatiale de leurs annonces (ce que les anciens appelaient la « dispositio »), de susciter de la part du lecteur une coopération interprétative aussi proche que possible de leurs intentions communicatives. Cela se fait à travers divers contrats de lecture à finalité performative (FAIRE LIRE pour FAIRE ACHETER), dont nous nous proposons d'examiner quelques configurations.

1. Parcours de lecture scripturaux

1.1. Fonctionnement d'ensemble

Le plus souvent, les publicités s'appuient sur des parcours de lecture conventionnels, elles suivent les habitudes du public, fondées sur le modèle scriptural de la tradition livresque. Sollicitant une coopération interprétative de faible coût, inscrite dans l'horizon d'attente du récepteur, la lecture devient un acte machinal qui naturalise l'effet publicitaire. Dans ce cas, le parcours interprétatif facilite et garantit la perception des constituants argumentatifs de l'annonce. Conformément aux habitudes occidentales, la lecture de type scriptural repose sur le balayage oculaire oblique (ou « en Z ») qui commence en haut et à gauche de la page pour s'achever en bas et à droite. Cette structure « en Z » découpe, par une diagonale, la page en deux sous-espaces au potentiel inégal :
— la partie gauche, simple point de départ du balayage, est la **zone d'ombre** ou de lecture minimale ;
— la partie droite, surface activée, constitue la **zone d'attrait** ou de lecture maximale.

Cette bipartition explique le fait que, dans la plupart des publicités, les constituants les plus frappants (accroche, marque, logo et phrase d'assise) soient disposés de haut en bas à droite, tandis que les informations proprement dites (renseignements techniques, modalités de vente) se situent plutôt en bas à gauche. Différentes balises renforcent l'enchaînement oblique de la lecture à matrice scripturale, à deux niveaux [1].

a. Composition globale de l'annonce
Beaucoup d'annonces voient leur progression rythmée par des vecteurs iconiques qui en canalisent la lecture. Parmi ceux-ci, on peut relever :
— l'utilisation de formes co-orientées : triangles inversés, traits et flèches dirigés vers le bas ;
— le jeu sur le dégradé ou sur la continuité morphologique des masses figurées, qui dégage des itinéraires prédominants ;
— la manipulation des couleurs dans le sens de la redondance ou de la complémentarité, laquelle assure des transitions dans le balayage visuel des constituants clés de l'annonce.

b. Vi-lisibilité du rédactionnel
Demandant plus d'attention et donc a priori plus austère, le rédactionnel abonde en instructions de lecture destinées à faciliter le parcours interprétatif. Nous consacrerons un chapitre de la seconde partie à des marqueurs linguistiques (les connecteurs argumentatifs) particulièrement importants, mais la première des balises du

---

[1]. Ces balisages ne se limitent pas à ce type de lecture, mais c'est dans celui-ci qu'ils sont les plus attestés et les plus nécessaires, afin d'en compenser la compacité.

rédactionnel est la segmentation graphique du message, le découpage visible-lisible du matériau discursif lui-même.

La segmentation typographique est assurée d'abord par ce qu'on appelle la *titraille* — titres et sous-titres — courante dans les longs textes (pour les produits de soin, par exemple), qui les aère et guide la construction du sens, favorisant la perception rapide de leur argumentaire. Le découpage en paragraphes est un élément essentiel, lui aussi. Ainsi dans la partie rédactionnelle de la publicité de lancement de la collection « Découvertes Gallimard », la segmentation en phrases-paragraphes du plan de texte souligne les unités d'une description :

(92)

Des récits, des événements,
des témoignages, des poèmes, des correspondances,
des bibliographies, des dates, des archives,
des analyses, des anecdotes, des légendes,
des contes, des critiques, des textes littéraires...

Des documents, des photos, des croquis,
des gravures, des cartes, des schémas, des pastels,
des calligraphies, des plans, des dessins,
des aquarelles, des œuvres d'art...

Des passions, des conflits, des réussites, des échecs,
des exploits, de l'histoire, du présent,
du passé, du futur, des explorations,
du rêve, de l'évasion, de la science, des aventures,
des héros et des inconnus.

Découvertes
Gallimard

**On n'a jamais vu autant de choses entre la première
et la dernière page d'un livre.**

**Découvertes Gallimard : la première encyclopédie illustrée en couleurs
au format de poche. 12 titres chez votre libraire.**

Les trois premiers paragraphes permettent d'éviter un entassement énumératif dépourvu d'ordre. Ils donnent l'instruction d'interpréter chaque bloc typographique comme constituant un tout sémantique. Le lecteur parvient alors à cette interprétation de la segmentation : sortes de textes présents dans l'ensemble de la collection pour le paragraphe 1, illustrations (éléments non verbaux) pour le paragraphe 2, thèmes abordés pour le paragraphe 3. L'abondance, mise en relief par la suite (en gras et en plus gros caractères), porte bien sur les éléments constitutifs de chacune des parties de l'encyclopédie considérée. En faisant ressortir le plan de texte, la segmentation en paragraphes est indéniablement un facilitateur de lecture.

La segmentation typographique passe également par la variation des caractères : gras, italiques, grosseur des mots et des lettres (graphèmes spécifiques, par exemple, à l'initiale d'un paragraphe) ou encore par le soulignement. Un soulignement réitéré des mots porteurs de l'énoncé est ainsi explicité dans une publicité *Canon* : **(93)** **« *Voici Ion de Canon. Nous avons souligné tout ce qui est important* ».**

D'autres balises textuelles, plus propres à la publicité, relèvent moins de la segmentation typographique que du domaine iconique. Ainsi l'utilisation de la polychromie dans un rédactionnel en caractères noirs. Le texte est alors émaillé de termes détachés non plus en gras ou italiques, mais en couleur (généralement en rouge). À l'occasion, le balisage de l'énoncé est assuré par une auréole colorée qui entoure certains mots ou fragments de texte comme dans la publicité *New Man* citée en introduction où des fragments du slogan sont écrits blanc sur rouge et jaune sur gris, le logo étant reproduit en blanc sur bleu, jeu de couleurs qui reprend celui des vêtements. L'injection de cartouches ornementales dans les interstices du texte peut assurer le même rôle. Ainsi, le rédactionnel d'une annonce vantant la consommation d'un fromage se voit parsemé de mini-reproductions de celui-ci, d'abord entier, puis de plus en plus entamé. Bel exemple où l'enclenchement iconique de la lecture mime la finalité alimentaire du texte.

1.2. Examen d'un cas type

La publicité *Suzuki* **(94)** ci-contre (fig. 1) offre un bon témoignage sur les parcours de lecture influencés par le modèle scriptural. L'annonce commence par un slogan en accroche, en position dominante du fait de sa situation en haut de la page et de la grosseur de ses caractères. Ce slogan est intéressant par les deux O en italiques de la première ligne :
— d'une part, ils sont agencés obliquement vers la droite, ce qui accélère la dynamisation de l'œil en vue de la poursuite de la lecture ;
— d'autre part, ils constituent des anticipations visuelles, annonçant, par leur forme ronde, les roues des motos et, par leur couleur rouge, le logo final.

Suite à cette accroche, on découvre une illustration qui occupe les deux tiers de la page. Apparemment, il existe une ligne de fracture nette entre ces deux constituants. Cependant, le regard est canalisé du slogan aux motos photographiées à travers une série de balises verticales dessinées par les lignes droites des fenêtres, des rideaux et des parties du perron. La rigidité de ce balayage vertical se prolonge par un triple balayage oblique créé par les deux motos :
a. Leur orientation de gauche à droite, analogue à celle de l'accroche, les projette vers l'extérieur de la page, dans un espace ouvert.
b. Leur décalage mutuel engendre une ligne inductrice en direction du bas droit de l'annonce.
c. Les motos comportent, par ailleurs, des éléments obliques (fourches, carénages arrière) qui agissent dans le même sens.

Sur le plan chromatique, le visuel renferme plusieurs repères de lecture : le bleu des motos coréfère à celui de la marque consécutive ; les reflets orangés de leurs jantes fonctionnent comme anaphores visuelles par rapport au fond de même couleur de l'accroche et comme cataphores vis-à-vis de celui des caractéristiques techniques ultérieures.

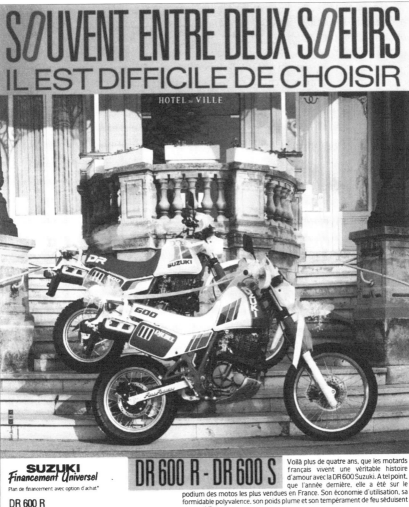

Fig. 1

Ce parcours vertical, ensuite oblique, nous conduit vers le rédactionnel, disposé en arrière-plan du fait de sa brièveté, de sa monochromie et de son indifférenciation (même si son agencement décalé en brise la monotonie), puis vers le verrouillage à l'intérieur duquel le logo et la marque ont déjà été balisés chromatiquement. On remarque la phrase d'assise dont les caractères manuscrits atténuent la technicité de l'annonce et dont la devise : « *Jusqu'au bout* » peut symboliser le guidage de lecture. En effet, les corrélations iconiques et les fléchages tracés dans cette publicité stimulent le bon aboutissement de son exploration, cela avec le maximum de rapidité et avec une réduction des risques de déperdition.

Un test réalisé auprès d'une trentaine d'étudiants confirme la stéréotypie de la lecture de cette annonce [2]. Tous, sauf deux, ont lu celle-ci selon l'orientation décrite précédemment, vingt-cinq d'entre eux avec un balayage descendant, deux avec un parcours ascendant et un avec un balayage mixte à partir des motos représentées.

1.3. Variations sur la lecture scripturale

Loin d'être figée, la lecture publicitaire selon l'obliquité de la page présente de nombreuses variantes. On observe plusieurs procédures conduisant l'œil de l'accroche au verrouillage, à travers l'organisation du visuel. Entre autres :
— décrochage progressif de photos vers la base droite de l'annonce ;
— jeu sur l'effet de perspective entre le produit figuré en petit sur la partie supérieure de la publicité, puis en grand sur sa partie inférieure ;
— utilisation de motifs rectilignes ou ondulatoires.

Le rédactionnel sert également de liaison inductrice dans l'exploration descendante de l'annonce. Le graphiste joue alors sur la grosseur croissante des caractères au fur et à mesure que l'énoncé approche du nom de la marque. Ou encore, il agence son texte dans une composition en drapeau de plus en plus réduite qui, à la façon d'un triangle inversé, dirige l'œil sur le verrouillage terminal.

Par ailleurs, la disposition du balayage descendant est sujette à de nombreuses transpositions. Si l'orientation oblique prédomine, les parcours de lecture verticaux sont largement attestés. Le verrouillage peut s'amplifier pour occuper toute une bande verticale sur la droite de la page. Enfin, comme le montre Greven (1982 : 155-156), les permutations abondent entre l'accroche et le rédactionnel ou entre la signature et l'accroche. Mais dans tous ces cas, on ne quitte pas le mode de lecture influencé par le livre, avec sa relative rigidité et son originalité limitée.

2. Parcours de lecture géométriques

Parallèlement à ces balayages de nature scripturale, la publicité met en œuvre d'autres parcours fondés sur une organisation géométrique, ce qui confirme sa

---

[2]. Il s'agit d'un test écrit et individualisé, réalisé avec la projection de l'annonce en couleur et qui n'a, bien sûr, qu'une valeur indicative.

mixité intrinsèque. Ces parcours géométriques exploitent les ressources de la spatialité et la variété de ses orientations. Cependant, ils se concentrent sur quelques structures prototypiques, rassurantes par leur prévisibilité et par leur potentiel emblématique qui rend leur lecture directement significative. En cela, loin d'être de simples supports de l'argumentation comme les réalisations précédentes, les parcours géométriques possèdent en eux-mêmes une force argumentative liée au symbolisme des formes qu'ils recouvrent.

2.1. Balayages circulaires

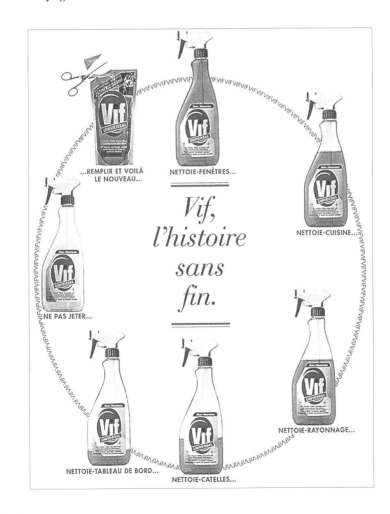

Fig. 2

Avec eux, le parcours de lecture s'organise à partir du milieu de la page, à l'exemple de l'annonce pour le nettoyant ménager *Vif* (fig. 2). Articulée sur la figure archétypale du cercle, cette annonce met en scène un parcours de lecture fortement préconstruit : l'axe en est constitué par l'accroche entourée de sept modèles d'emballages *Vif* accompagnés d'autant de syntagmes fragmentaires, également disposés en rond. Ces parties de rédactionnel et de visuel se trouvent à leur tour reliées par un anneau tracé à l'aide de la marque répétée indéfiniment. Concrétisant le calembour de l'accroche (*Vif*/[Vis] sans fin), une telle disposition a pour but de visualiser, dans l'acte de lecture même, le cycle de la consommation attaché à ce produit polyvalent et réutilisable à volonté.

Le balayage circulaire prend parfois une forme irradiante, comme dans une annonce *Migros* pour les barres de chocolat *Farmer*. La quasi-totalité de celle-ci est agencée autour de douze barres *Farmer* placées en cercle de façon à figurer les rayons du soleil, illustrant métaphoriquement l'accroche : **(95)** **« *L'énergie naturelle en barre à tout moment.* »** Le balayage circulaire visualise alors l'argument analogique qui soutient le slogan. La circularité peut se diluer en parcours spiroïdaux. C'est ainsi qu'une annonce *Benson & Hedges* repose sur la figuration de trois paquets de cigarettes répartis le long d'une vrille ascendante, disposition qui argumente en faveur du slogan associé : **(96)** **« *Légère. Ultralégère.* »**

2.2. Balayages en miroir

Ils se fondent sur la duplication en reflet des constituants majeurs des annonces. Par son effet de réverbération, celle-ci transforme l'espace de la page en volume. Outre leur pouvoir suggestif et symbolique, ces parcours en miroir permettent une double lecture de la publicité. Soit l'annonce *Skip*/*Thomson* (fig. 3) ci-après.

En lecture normale, on y découvre un bref rédactionnel, intermédiaire entre l'accroche et la signature : **(97)** **« *Thomson recommande SKIP LIQUIDE* »**, lui-même étant accolé à la photo d'une machine à laver sur fond bleu. En lecture inversive et d'une façon symétrique, apparaît le même rédactionnel en structure passive : **(97 suite)** **« *Skip liquide est recommandé par THOMSON* »**, avec cette fois la photo d'un paquet de *Skip* qui prolonge la machine à laver. Un tel montage vise à convaincre le lecteur de la parfaite complémentarité qui unit les deux produits reflétés l'un dans l'autre, cette impression étant renforcée par la présence d'un bleu en dégradé diffus sur l'ensemble de la page.

Les balayages bâtis sur la figure spatiale du miroir présentent plusieurs variantes, toutes liées à des stratégies d'amalgame. Ils peuvent se limiter aux seuls constituants iconiques, à l'instar d'une annonce *Monteil*. La partie supérieure en est constituée par un fond marron sombre duquel se détache la photo d'un pot de *Reactivance Monteil*, en marron clair. Comme en écho, la partie inférieure est colorée par un fond marron clair sur lequel prend place une superbe femme nue, retraitée en marron sombre et disposée, pieds en haut et tête en bas, dans la continuité du pot. Cette composition réfléchissante rend évidente pour l'œil l'étroite symbiose existant entre la crème de soin *Reactivance* et ses utilisatrices.

Parcours de lectures et argumentation 79

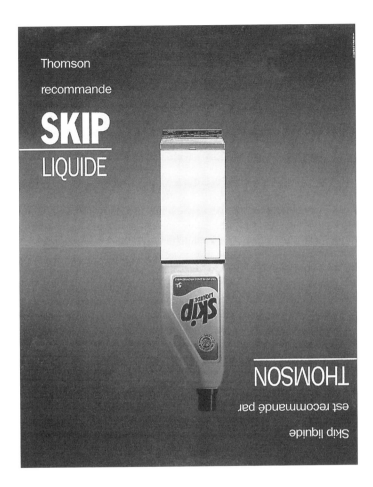

Fig. 3

2.3. Balayages quadrillés

Ils suscitent également une lecture démultipliée, mais d'ordre linéaire, guidée par une fragmentation de la page en bandes verticales et horizontales qui se recoupent régulièrement.

Comme pour les parcours circulaires ou en miroir, leur structure renferme une portée argumentative, fondée surtout sur deux symboles visuels :
• Celui du jeu d'échecs, avec la connotation de prestige qu'on lui reconnaît. Ainsi

en est-il dans une publicité *Royale*, construite à la façon d'un échiquier dont les cases noires sont remplacées soit par un paquet de cigarettes, soit par divers gros plans magnifiant le produit (logo, sous-marque « Extra Slim », rangée de cigarettes, dispositif de fermeture...).
• Celui de la collection valorisée esthétiquement, à l'exemple d'une publicité pour les meubles *Tonon*. Le texte s'y borne au slogan : **(98)** *« Collection Tonon »*, et le visuel y recouvre la plus grande partie de la page avec un alignement en damier de chaises et de tables, que le regard a toute liberté de parcourir selon des balayages réversibles.

2.4. Autres perspectives géométriques

Par-delà ces agencements spatiaux, la publicité tire parti d'autres combinaisons géométriques tout aussi persuasives. Elles peuvent prendre la forme d'un balayage panoramique, circonscrit par la figure aplatie et étirée d'un rectangle. L'annonce s'étale alors en général sur la partie inférieure d'une double page, ce qui élargit au maximum le champ oculaire, comme dans certaines publicités touristiques représentant des paysages.

D'autres annonces adoptent un balayage séquentiel qui consiste en un découpage de la page en micro-espaces carrés ou rectangulaires, autonomes textuellement et iconiquement, mais enchaînés sur le plan narratif de façon à restituer pour le lecteur la vie du produit. Fortement dépendant de la temporalité, ce genre de balayage oriente la réception des publicités-bandes dessinées ou des publicités filmiques.

Enfin, de nombreuses annonces sur double page suivent la structure de la contraposition, définie par deux espaces de lecture parallèles qui se répondent dans un rapport d'antithèse (voir certaines publicités comparatives) ou d'analogie. Ainsi, une annonce *United Airlines* montre sur sa page de gauche les cinquante-deux étoiles du drapeau américain, auxquelles correspond sur la page de droite un nombre analogue de points représentant les villes américaines desservies par cette compagnie aérienne. Ce dispositif résume bien le principe des balayages géométriques que l'on a vus : tout en s'ouvrant aux virtualités connotatives de l'espace, ils sécurisent l'œil par leur recours à des schèmes familiers aux lecteurs.

3. Subversion des parcours de lecture

À côté des cheminements oculaires conventionnels engendrés par les balayages scripturaux et géométriques (même si ces derniers se diversifient et s'opacifient davantage), on rencontre de plus en plus d'annonces qui bouleversent les habitudes du public en multipliant les agencements inattendus. Rompant avec les contrats de lecture routiniers, ces annonces demandent une participation active à leurs destinataires, contraints de s'interroger sur l'acte de la réception publicitaire. De plus, par leur position critique envers les balayages de lecture préconstruits, elles acquièrent une force argumentative fondée sur leur potentiel négateur.

3.1. Anti-parcours de lecture

Diverses publicités pour des produits qui se veulent « branchés » positionnent leur anticonformisme en jouant sur la stéréotypie des parcours de lecture scripturaux. On découvre alors un guidage à rebours qui singularise l'annonce dans la masse du journal. Parfois, seul tel ou tel constituant est concerné par cette manipulation, à l'instar de l'annonce *New Man* reproduite dans l'introduction, p. 10.

D'une certaine façon, cette publicité respecte la composition à fondement scriptural, avec le produit en zone d'attrait bas-droite et le balisage triangulaire du visuel qui canalise l'œil sur le verrouillage situé en bas de la page (place du nom de la marque). Le rédactionnel en petits caractères est restreint à la place haut-gauche initiale de faible vi-lisibilité. Mais conjointement, cette publicité suscite une lecture contradictoire due au renversement des personnages représentés et au transfert en zone d'ombre (bas-gauche) du slogan de la marque. Cette publicité cumule deux balayages oculaires :
— un parcours conventionnel de sa composante digitale selon l'orientation du support journalistique ;
— un parcours paradoxal de sa composante iconique qui provoque une perturbation dans la perception du lecteur, poussé à effectuer une manœuvre corrective en retournant la page. Cette forme de subversion figurative s'inscrit dans une stratégie de rupture qui argumente en faveur de l'innovation de l'univers du produit, mais aussi du journal (*Libération*).

La construction en contrepied du dispositif publicitaire peut s'étendre à l'ensemble de l'annonce. Cet agencement caractérise, par exemple, une partie des campagnes pour les chaussures de sport *Reebock*. Par une sorte de retournement généralisé de la mise en page, il s'agit évidemment de convaincre le lecteur de la modernité de tel ou tel produit qui se positionne ainsi contre ses concurrents plus traditionnels.

3.2. Absence de parcours de lecture

L'annonce publicitaire conteste parfois l'idée même de toute organisation, ce qui entraîne l'absence de guidage pour les lecteurs. Cette position est typique dans une campagne *Apple-Macintosh* de 1991, à travers au moins deux de ses annonces. Sur la première, on aperçoit une accroche décalée vers la moitié inférieure de la page, dans un mouvement de singularisation : *(99) « Macintosh ne travaille pas à sa façon, mais à la vôtre. »* La plus grande partie de l'annonce consiste en une dispersion du visuel constitué d'un fatras d'objets hétéroclites (micro-ordinateur portable, montre, cachets, lunettes, passeport, serviette, photo de famille...), d'où il est impossible de dégager le moindre parcours de lecture. Le rédactionnel est disloqué en quelques phrases en drapeau distribuées au hasard à la suite de ces objets (fig. 4, ci-après).

Sur la seconde annonce, on observe une autre accroche, à la même place que la précédente : *(100) « Les idées vous viennent brusquement, c'est-à-dire n'im-*

porte où, n'importe comment. » L'essentiel de la page est occupé par un grand papier froissé, partiellement déchiré, sur lequel on découvre, dans un fouillis total, des ébauches de rédactionnel et des éléments iconiques. Disséminés dans tous les sens et combinant plusieurs écritures manuscrites, les fragments textuels entremêlent divers domaines thématiques : indications architecturales, numéro de fax, dates... Les croquis représentés se caractérisent par leur désordre, puisqu'on trouve côte à côte une esquisse de meuble et un schéma de branchement.

Ce double refus de tout balayage oculaire préorienté infère en fait la même conclusion : celle de l'improvisation du consommateur, explicitée dans les accroches, qui se traduit par la liberté du lecteur. À lui d'opérer à sa guise les parcours visuels qu'il veut, symptomatiques de l'adaptabilité des produits *Macintosh*.

Fig. 4

3.3. Parcours de lecture équivoques

Certaines publicités présentent un agencement ambigu au niveau de leurs constituants, aiguillant le lecteur sur une double voie. Cette stratégie du détour concerne notamment les annonces pour les cigarettes. Suite à la législation internationale de plus en plus restrictive contre les fumeurs, plusieurs firmes de cigarettes ont éprouvé le besoin de diversifier leurs activités dans le domaine du tourisme ou des manifestations sportives, ce qui fait qu'en promouvant ces derniers, elles parviennent à maintenir dans l'esprit du public la mémorisation de leur marque et de l'activité tabatière qui lui est associée. C'est ainsi qu'il existe des publicités *Peter Stuyvesant Travel*, *Marlboro Country Travel* ou *Rothmans Yachting*. Or de tels messages engendrent une réception ambivalente, comme le montre une annonce *Camel Boots* parue dans *Le Nouvel Observateur* du 18 mars 1993.

Cette annonce requiert simultanément deux lectures :
— une lecture officielle et apparente qui perçoit là une publicité pour des chaussures, avec les composantes nécessaires : l'explicitation du produit (« boots » est bien visible dans les mots « Camel boots » qui dominent le haut du document), le thème du visuel (représentant une scène d'escalade), ainsi que son balisage vertical (profil d'une montagne en premier plan, le long de laquelle descend une corde, rayons descendants du soleil couchant en arrière-plan...) qui oriente le regard vers la photo d'une bottine placée au bas du document et se détachant sur le paysage ;
— une lecture officieuse et vivement sollicitée, axée sur la notoriété des cigarettes *Camel* et induite par plusieurs indices : le déplacement en accroche et en gros caractères de l'appellation *Camel* ; la minorisation dénominative de *Salamander*, le chausseur sous-traitant, dont le nom paraît en petits caractères au bas du document ; le chromatisme jaune du visuel qui rappelle la couleur du paquet *Camel*...

Cette publicité-palimpseste aboutit donc à un brouillage interprétatif, vu qu'on peut opter pour une annonce *Boots Salamander* ou pour un message *Camel*.

Par ailleurs, le montage même de cette annonce est d'une grande subtilité, puisqu'il permet une argumentation indirecte gagnante à tous les coups. En effet, en célébrant la marque *Camel* par le biais de la chaussure sportive, d'une part, il neutralise l'image dépréciative associée aux méfaits du tabagisme, d'autre part, il transfère sur les cigarettes *Camel* la valorisation attachée à l'escalade et à sa sportivité.

Annulant ainsi la contre-argumentation de la nuisance physiologique au profit d'une argumentation centrée sur le bienfait corporel (« le sport, c'est la santé »), un tel montage oriente immanquablement le produit *Camel* à la hausse.

3.4. Vers la lecture implicitée

Jusqu'à présent, nous avons considéré la publicité de presse à travers l'explicitation de ses procédures, injectées en creux sur la page, afin d'en maximaliser la réception. Or, un nombre croissant d'annonces récusent ce pacte de lecture, en sous-entendant la plupart de leurs constituants. Ainsi en est-il pour une publicité parue dans *Femme actuelle* du 30 septembre 1991 (schématisée par la figure 5). Celle-ci se limite à une image représentant trois immeubles illuminés qui se détachent sur le fond noir du ciel. À l'intérieur de cette image est insérée une pièce de puzzle de couleur jaune qui contient un fragment de texte dans lequel se détachent en grands caractères les lettres RARE, et qui a toutes les apparences d'un logo. Sous l'image apparaît sur fond blanc, en petites capitales, la mention : L'ABUS D'ALCOOL EST DANGEREUX POUR LA SANTÉ. CONSOMMEZ AVEC MODÉRATION.

Une grande partie du public risque de rester perplexe devant un tel montage elliptique : pas de rédactionnel, pas d'accroche ni de phrase d'assise, pas de marque, fait exceptionnel qui prive la lecture de son repère référentiel et qui compromet l'ancrage info-persuasif du message. Il ne reste qu'une image et un vague fragment de texte dans une pièce de puzzle [3].

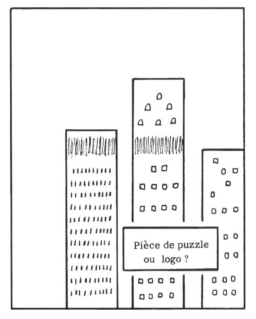

L'ABUS D'ALCOOL EST DANGEREUX POUR LA SANTÉ. CONSOMMEZ AVEC MODÉRATION.

Fig. 5

Nous avons soumis cette annonce à notre échantillon de trente étudiants [4].

---

3. Nous précisons que la représentation en question constitue bien une annonce autonome et non une partie d'une publicité en teasing.

4. Conditions du test : 15 minutes en présence de l'annonce, avec réponse écrite et individuelle. Public : 1/3 masculin, 2/3 féminin.

Tous ont observé qu'elle concerne le domaine de l'alcool, grâce au seul texte complet : l'avertissement para-publicitaire imposé par la législation française. Vingt-sept d'entre eux ont estimé que cette publicité promeut une marque d'alcool, tandis que trois — par méconnaissance du caractère législatif de la formule jointe — ont vu là une annonce antialcoolique, soit contre les méfaits de l'éthylisme, soit en faveur d'une organisation d'aide aux alcooliques. Parmi les vingt-sept étudiants qui ont identifié une publicité pour une marque d'alcool, tous ont déduit qu'il s'agit d'un alcool britannique, aidés par les quelques fragments de mots du logo (ES'S - STRE - ONDON - RARE - + lettres incomplètes). Mais seulement six d'entre eux ont inféré, à partir de la configuration du logo et de leur compétence encyclopédique ou gustative, la marque du produit : *J & B*.

Quelles conclusions tirer de ce test ? Une telle annonce énigmatique met en œuvre une stratégie argumentative sélective. Son but n'est pas de vulgariser le produit, puisque la majorité de ses lecteurs ne dispose pas de l'indispensable clef interprétative que constitue le nom de la marque. Cette annonce entre en fait dans la catégorie des publicités dites « de reconnaissance » qui visent à entretenir la mémorisation du produit auprès d'une clientèle déjà acquise. « Rare » comme le proclame son logo, *J & B* ne s'adresse qu'à ses initiés, pour lesquels l'argumentation iconique de l'annonce se fait confirmatrice, avec la représentation magique d'un univers urbain et nocturne. En cela, *J & B* et ses connaisseurs s'intègrent dans le même sociostyle élitaire, le partage du secret de la marque renforçant leur connivence.

*
* *

Pour limités qu'ils soient, ces quelques exemples nous conduisent à une conclusion essentielle : héritière de la tradition rhétorique, la DISPOSITIO de l'annonce et son contact visuel avec le lecteur renferment une portée argumentative. À la fois persuasive et épidictique, cette portée argumentative amalgame dans un même mouvement les instructions de lecture (avec les balayages scripturaux) et la valorisation du message transmis (avec les parcours géométriques et surtout les parcours subvertis). En fin de compte, les chemins ménagés dans l'annonce par la création publicitaire plaident immanquablement pour le produit et son univers, à travers des canevas suggestifs, conformistes ou déconstruits, selon les objectifs recherchés. Au lecteur d'entrer ou non dans ce dispositif manipulatoire, au gré de ses centres d'intérêt.

Deuxième partie

Le texte publicitaire

Chapitre 4

Rhétorique de l'argumentation publicitaire

1. Les genres rhétoriques du discours

D'une façon générale, les approches sémiotiques modernes du discours publicitaire ont trop volontiers réduit la rhétorique à l'étude des figures. Elles ont ainsi manqué une part importante de la rhétorique publicitaire, notamment ses rapports avec les typologies discursives.

Les trois grands genres du discours répertoriés par la tradition rhétorique sont classiquement les suivants :

• Dans le **genre judiciaire**, l'orateur accuse ou défend devant un tribunal (auditoire dont l'activité est de juger). La plaidoirie a pour temporalité de base le passé et une finalité éthique : le juste et l'injuste.

• Dans le **genre délibératif**, l'orateur conseille/déconseille, aux membres d'une assemblée politique qui doivent prendre des décisions, ce qui est utile/nuisible (le meilleur/le pire). Dans ce genre de discours essentiellement tourné vers l'avenir, la fin qui oriente toute délibération, c'est, comme Aristote le répète, le bonheur :

> L'acquisition des choses bonnes est bonne, ainsi que la perte des choses mauvaises. Il en est de même de l'acquisition d'un plus grand bien à la place d'un moindre, et d'un mal moindre à la place d'un plus grand. [...] Le plaisir aussi est un bien : tous les êtres vivants en ont naturellement le désir. Les choses agréables et les choses belles sont donc nécessairement des biens : les premières sont productrices de plaisir, les secondes sont ou agréables ou préférables en soi. (*Rhétorique* I, 1362)

On voit combien ceci nous rapproche de la délibération impliquée par la stratégie publicitaire : la description d'un objet publicitaire le constitue en objet de valeur non seulement agréable et préférable aux autres, mais en BIEN producteur de plaisir. Ce dernier point nous conduit vers le troisième genre oratoire.

• Le **genre épidictique** traite de l'éloge et du blâme devant un public. Il ne s'occupe que de ce qui est beau ou laid, son temps de référence est le présent et son schéma argumentatif de base est l'amplification. Exposant des faits connus de tous, l'orateur ne peut que les magnifier, faire valoir « leur grandeur et leur beauté » (Aristote, *Rhétorique* I, 1368a) et ceci par diverses figures d'amplification : hyperbole, répétition, métaphore, qualification, usage des périodes les plus variées, etc. Les éloges et panégyriques d'un Gorgias — dont est, au moins, célèbre *L'Éloge d'Hélène* — ou d'un Isocrate constituent des morceaux d'apparat, chefs-d'œuvre de l'éloquence connus dans toute la Grèce, au même titre que les panégyriques religieux de saint François d'Assise ou les oraisons funèbres prononcées par Bossuet.

Le discours épidictique n'est, en apparence, pas aussi directement argumentatif (au sens polémique et persuasif du terme) que les genres judiciaire et délibératif. Dans l'épidictique, l'orateur est seul devant un public qui n'a rien de mieux à faire que de l'applaudir. Où sont la persuasion et la controverse, âmes de la rhétorique, dans un discours auquel personne ne s'oppose et qui porte sur des objets généralement consensuels ?

Morceau d'apparat prononcé comme panégyrique d'un défunt, d'un héros, d'une cité, d'un dieu ou d'un vainqueur olympique, le discours épidictique constituait une attraction (dans le cadre d'une fête, par exemple). Destiné surtout à illustrer le nom même de son auteur, il était apprécié comme une œuvre d'art, un exercice de virtuosité. Voyant en lui une forme dégénérée d'éloquence qui ne cherchait qu'à plaire et à rehausser, en les ornant, des faits certains ou, du moins, incontestés, les rhéteurs romains en délaissent l'étude pour n'exercer leurs élèves que dans les genres de l'éloquence pratique. Les deux premiers genres ont, par la suite, été annexés par la philosophie et par la dialectique, tandis que le genre épidictique a été englobé dans la prose littéraire. On comprend ainsi que l'histoire littéraire ait considéré les discours religieux de Bossuet, par exemple, comme des œuvres littéraires. Dans l'épidictique, tous les procédés de l'art littéraire concourent à favoriser la communion de l'auditoire : « C'est le seul genre qui, immédiatement, fait penser à la littérature, le seul que l'on aurait pu comparer au livret d'une cantate, celui qui risque le plus facilement de tourner à la déclamation, de devenir de la rhétorique, dans le sens péjoratif et habituel du mot » (Perelman et Olbrechts-Tyteca 1988 : 67).

2. Un subtil mélange de délibératif et d'épidictique

Olivier Reboul (1984 : 19) note, fort justement, que l'épidictique peut être utilisé à des fins d'incitation. Il cite à ce propos les exemples célèbres de l'oraison funèbre aux morts de la guerre, rapportée par Thucydide (II, 35 et suiv.), où Périclès a pour objectif d'inciter les Athéniens à oublier leur deuil et à poursuivre le combat contre Sparte jusqu'à la victoire. À des siècles de distance, Léon Jouhaux ne procédait pas autrement sur la tombe de Jean Jaurès. Dans leur *Traité de l'argumentation* (ci-après *Traité*), Chaïm Perelman et Lucie Olbrechts-Tyteca sont catégoriques : « Nous croyons que les discours épidictiques constituent une partie centrale de l'art de persuader et l'incompréhension manifestée à leur égard résulte d'une fausse conception des effets de l'argumentation » (1988 : 64).

a. L'efficacité d'une argumentation — définie comme l'adhésion des auditeurs aux thèses qu'on leur présente — ne se mesure pas à l'aune de la rigueur d'un raisonnement intellectuel. L'intervalle temporel qui sépare l'adhésion éventuelle de l'action proprement dite contribue au caractère aléatoire de l'efficacité de toute argumentation. Comme le soulignent fort judicieusement les auteurs du *Traité* : « C'est dans cette perspective, parce qu'il renforce une disposition à l'action, en augmentant l'adhésion aux valeurs qu'il exalte, que le discours épidictique est significatif et important pour l'argumentation » (1988 : 66). Ceci permet d'insister sur le fait que la réputation de l'orateur n'est pas la fin exclusive des discours épidictiques, mais plutôt une conséquence : même s'il ne persuade pas dans l'immédiat, le **but essentiel de l'épidictique est de consolider l'adhésion à des valeurs partagées** :

> Contrairement à la démonstration d'un théorème de géométrie, qui établit une fois pour toutes un lien logique entre des vérités spéculatives, l'argumentation du discours épidictique se propose d'accroître l'intensité de l'adhésion à certaines valeurs [...]. L'orateur cherche à créer une communion autour de certaines valeurs reconnues par l'auditoire, en se servant de l'ensemble des moyens dont dispose la rhétorique pour amplifier et valoriser. (Perelman et Olbrechts-Tyteca 1988 : 67)

Le *Traité* souligne que la conception même de ce genre oratoire le fera pratiquer plus volontiers par ceux qui, dans une société, défendent des valeurs traditionnelles ou admises, et non des valeurs nouvelles qui suscitent des polémiques et des controverses. Une remarque nous rapproche même de la publicité : « Il y a un côté optimiste, un côté bénisseur dans l'épidictique » (1988 : 67). L'orateur édifie les valeurs en valeurs permanentes, sinon en vérités éternelles : « Les discours épidictiques feront le plus facilement appel à un ordre universel, à une nature ou à une divinité qui seraient garants des valeurs incontestées, et que l'on juge incontestables. Dans l'épidictique, l'orateur se fait éducateur » (1988 : 68).

b. La rhétorique classique s'est toujours interrogée sur les rapports de l'épidictique et des deux autres genres, plus ouvertement destinés à persuader. Le genre judiciaire recourt à l'épidictique chaque fois qu'il convient d'argumenter moralement en faisant l'éloge ou le blâme du justiciable. Le délibératif (CONSEIL) et l'épidictique (ÉLOGE), comme Aristote l'a montré, sont très intimement liés. Georges Molinié résume ainsi le raisonnement :

> Quand vous voulez louer, voyez ce que vous pourriez conseiller ; et quand vous voulez conseiller, voyez ce que vous pourriez louer. Non seulement, il y a imbrication d'un genre dans l'autre, du point de vue de l'articulation de leurs enjeux ; mais encore on note la très intelligente analyse aristotélicienne sur la simple manipulation modale du langage, entre son usage dans le discours délibératif et son usage dans le discours démonstratif. (1992 : 111)

Dans le cadre de cette partie consacrée au texte publicitaire, on verra que **l'épidictique est principalement en rapport avec la part descriptive de la langue et le délibératif avec sa part argumentative**. Ces deux grandes fonctions du langage — construire une représentation discursive (décrire) et argumenter — sont tellement inséparables qu'en publicité, la persuasion est très souvent déguisée en description.

Dans la publicité, la description est essentiellement louange — puisque le blâme des produits concurrents est soigneusement évité. Elle est donc dominée par un mouvement épidictique comme le prouve cette publicité de la marque automobile *Opel* :

(101) La Manta.
De l'allure. Et du tempérament !

> Manta. Le coupé qui a la cote : le favori en Europe. Ce n'est pas par hasard !
> Il y a d'abord sa ligne racée, incomparable. Grâce à elle, la Manta se détache du peloton des autres voitures. Voilà pour l'allure.
> Côté tempérament, voyez plutôt les performances de la nouvelle Manta i240 avec son fougueux moteur à injection 2.4 l : de 0 à 100 km/h en 8.8 sec., vitesse de pointe de plus de 200 km/h !
> Ajoutez à cela un châssis sport surbaissé, des jantes larges en métal léger, des freins à disque ventilés à l'avant, des amortisseurs à pression de gaz Bilstein et un équipement sport complet. En plus, pour le modèle Dakar, des ailes élargies, des coupe-vent, un différentiel autobloquant ZF, etc.
> Le prix de la Manta ? Il invite à un essai immédiat !
> Manta i240 dès FS. 27 025, GSi ou GT, coupé ou combi-coupé (moteur à injection 2.0 l, 110 ch), dès FS. 17 750. Financement ou leasing avantageux par *CRÉDIT OPEL.*

Les deux propriétés descriptives (« allure » et « tempérament ») sont clairement données pour leur valeur positive. À cette description élogieuse du produit s'ajoute une énonciation particulière : ellipse et intonation exclamative soulignent de façon expressive l'admiration. L'expressivité est telle que l'énoncé, au lieu d'être articulé syntaxiquement, est donné sous la forme prédicative du cri, de la pulsion affective émerveillée.

Ce type de description euphorique et même très souvent hyperbolique du produit est inséparable du conseil d'achat, c'est-à-dire d'un mouvement délibératif. Argumenter passe par la description élogieuse et la description élogieuse est inévitablement conseil d'achat. Ceci est particulièrement sensible dans ce texte au titre significatif :

(102) « Hymne à Chypre »

> « *Aphrodite à l'aimable sourire allait à Chypre, vers Paphos ; là où se trouvent son sanctuaire et son autel chargé d'encens.* » (Homère, *L'Odyssée*, VIII, 362)
>
> Aujourd'hui encore invitent au bain les rivages de « *Petra tou Romiou* », le rocher où, de l'écume des flots, est née Aphrodite, la déesse dorée.
> Ivre de soleil, comblé du spectacle de la nature immortelle, réjouis-toi, visiteur

de l'île, de trouver là une parcelle du paradis terrestre.
Les pierres blanches des églises et des temples rapportent les hauts faits des dieux. L'air est empli de contes et de légendes millénaires.
C'est de grand cœur que les hommes t'offrent l'hospitalité, les bras chargés des biens de la terre et des fruits des marées, un chant joyeux aux lèvres.
Laisse-toi porter par Zéphir par-delà la mer scintillante, viens passer des jours radieux sur l'île d'Aphrodite, la divine Chypre.

CHYPRE
L'île fabuleuse.

Ce placard publicitaire à la forme épidictique exemplaire s'achève sur un bon à découper ainsi libellé : *(102 suite)* « *Je me sens envoûté par l'île fabuleuse. Veuillez m'envoyer votre documentation.* » Ceci marque très explicitement le passage de l'éloge (« Hymne à Chypre ») à la délibération et confirme la position postulée du lecteur-interprétant de la publicité : séduit, il ne peut que décider d'agir.

c. En fait, il est nécessaire de nuancer cette dernière remarque car, épidictiquement, le destinataire du message publicitaire est moins — nous l'avons vu au chapitre 1 — un interlocuteur qu'un spectateur d'un monde présenté comme euphorique. Certaines observations extrêmement intéressantes et jamais citées de Leo Spitzer méritent d'être réexaminées dans le cadre de l'épidictique et d'être rapprochées de certaines remarques de Jean Baudrillard :

> La prédilection que montre la publicité pour le superlatif reflète ce monde d'optimisme et d'idéalisme qu'elle déroule à nos yeux ; chacun des produits vantés est supposé être le meilleur de sa sorte, depuis le pain le plus savoureux des États-Unis jusqu'à la voiture la plus parfaite au plus bas prix. Ce règne sans partage du superlatif, que ne met en question aucune comparaison factuelle (puisque la loi interdit de dénigrer les produits de ses concurrents), tend à abolir toute différence entre forme superlative et forme emphatique : « le meilleur » devient égal à « un très bon » […]. (Spitzer 1978 : 163)

Nous sommes là en plein épidictique. Les aspects « littéraires » et « gratuits » caractéristiques du genre, la mise en avant de l'aisance verbale correspondent à ce que nous pouvons dire du discours publicitaire. Leo Spitzer a, très tôt et très clairement, insisté sur le fait que du côté de la production comme de la réception du discours publicitaire, il y a accord tacite sur les règles du jeu verbal : « Un jeu qui implique également l'embellissement nécessaire des produits à vendre par celui qui les vend [pour nous *épidictique*] et l'attitude correspondante de résistance à la vente de la part du consommateur éventuel [pour nous *délibératif*] » (1978 : 163). Le discours épidictique publicitaire parvient à l'interprétant avec une portée bien délimitée et calculée qui n'engage pas vraiment le réel :

> Il transporte l'auditeur dans un monde de beauté idyllique, sans jamais vouloir faire croire que ce monde existe réellement. Bien sûr, les splendides vergers de Californie qui produisent d'excellentes oranges, existent bel et bien, mais il n'existe pas de monde

où ils peuvent être réellement appelés *sunkist* [1]. Et chacun sait que le monde meilleur que l'annonceur évoque, quelle que soit l'excellence des produits vantés, est un monde chimérique. Néanmoins les idéalisations de la publicité ne visent pas l'auditeur en pure perte : bien qu'il ne puisse pas, du jour au lendemain, aller habiter dans le monde paradisiaque rempli de vergers odorants où les fruits dorés mûrissent doucement sous la caresse du soleil, son imagination n'en a pas moins fait un détour par ce paradis-langage et en rapporte le parfum poétique qui assaisonnera la dégustation bien réelle du jus d'orange qu'il boira au petit déjeuner le lendemain matin. (1978 : 163)

Cette analyse de l'argumentation publicitaire rejoint celle du sociologue Jean Baudrillard, pour lequel, comme nous l'avons vu au chapitre 1, « les signes publicitaires […] sont littéralement "légende", c'est-à-dire qu'ils sont d'abord là pour être lus » (1968 : 208). Ce dépassement de l'alternative vérité/fausseté et du régime pratique incite Leo Spitzer à **rapprocher le discours publicitaire de la poésie** et plus particulièrement de la poésie baroque ou précieuse :

Si nous nous demandons à quel climat littéraire historique associer ce langage ludique de la publicité qui se satisfait de feindre gratuitement, dans le vide, un monde-mot idéal, la parenté avec certaines façons de parler baroques ou précieuses s'impose : *sunkist*, à la place d'« oranges », relève d'un discours poétique de type « comme-si », qui ne diffère pas fondamentalement de *conseiller des grâces* pour *miroir*.
La préciosité et les styles parallèles baroques […] trouvent leurs racines culturelles dans une tension entre deux pôles : la vie telle qu'elle est, et la vie telle qu'elle devrait être, la réalité apparaît, d'un côté, dotée de tous les attraits de la beauté sensuelle, et d'un autre côté, ternie par notre conscience de la futilité de ces attraits, par le sentiment de *desengaño*, un sentiment qui a prévalu même en France, où n'a pourtant existé que la variante la plus raisonnable du baroque. Chacun sait très bien que le miroir ne peut toujours conseiller des grâces, mais on lui prête ce rôle afin de créer une illusion qui n'a dans la réalité aucune garantie. La *précieuse* habite ces marches de la poésie qui pourraient « peut-être » être vraies, mais qui, comme elle le sait bien, ne le sont pas ; nous avons là un exemple de cette même forme bénigne de désirs-pris-pour-des-réalités qui sous-tend toute la publicité américaine. Le public américain, constamment exposé à l'impact de la propagande publicitaire, fait facilement la part du feu : il ne condamne pas en bloc les excès de la *préciosité*, comme le faisait le Gorgibus de Molière ; il peut se permettre de se laisser séduire jusqu'à un certain point, car il a pleinement conscience de la réalité concrète du produit vanté. (1978 : 163-164)

Leo Spitzer en arrive finalement à des conclusions assez voisines de celles de Jean Baudrillard, pourtant fort éloigné de lui sur le plan théorique :

La publicité semble, par tous ses panneaux et par toutes ses affiches, lancer ce cri : « Le paradis appartient à celui qui achète et à celui qui consomme ! » […]. Les espoirs utopiques offerts à l'humanité, qui sont suggérés, sont quelque peu atténués par un

---

1. Le slogan de la marque d'oranges étudié par Leo Spitzer est le suivant :
« From the *sunkist* groves of California
Fresch for you. »
[Venues des vergers *sunkist* [baisés de soleil] de Californie/Toutes fraîches pour vous].

sentiment de *desengaño* ; mais, dans les intervalles entre les rêves paradisiaques et la dure réalité, les fleurs gracieuses et gratuites de la poésie, conscientes de leur propre irréalité, jaillissent çà et là, et offrent l'aperçu d'une oasis dans le désert aride d'un monde moderne mécanisé et pragmatique. (Spitzer 1978 : 171)

Si nous résistons de mieux en mieux à *l'impératif* publicitaire, nous devenons par contre d'autant plus sensibles à *l'indicatif* de la publicité, c'est-à-dire à son *existence* même en tant que produit de consommation seconde et évidence d'une *culture*. C'est dans cette mesure que nous y « croyons » ; ce que nous consommons en elle c'est le luxe d'une société qui se donne à voir comme instance dispensatrice de biens et se « dépasse » dans une culture. (Baudrillard 1968 : 196)

d. On perçoit mieux ainsi la complexité de l'adhésion des esprits aux valeurs de la société de consommation. Cette adhésion est **moins une adhésion à la vérité du discours qu'aux valeurs sous-jacentes, idéalisées**. La stratégie d'influence publicitaire, même si elle ne persuade pas à l'achat immédiat, crée et renforce au moins une disposition permanente à participer au rêve d'un monde meilleur. Nous comprenons également mieux le caractère volontiers esthétisant et même « gratuit » du discours publicitaire dont parle Baudrillard et que nous citons déjà au chapitre 1 : « La publicité constitue en bloc un monde inutile, inessentiel. […] Et c'est en tant que discours inutile, inessentiel qu'elle devient consommable comme objet culturel » (1968 : 194).

3. La composante intersubjective de l'argumentation publicitaire : « Comment convaincre un homme ? »

> *Pour moi argumenter c'est chercher, par le discours, à amener un auditeur ou un auditoire donné à une certaine action. Il s'ensuit qu'une argumentation est toujours construite pour quelqu'un, au contraire d'une démonstration qui est pour « n'importe qui ». Il s'agit donc d'un processus dialogique, au moins virtuellement.*
> (J.-B. Grize 1981 : 30)

Comme le rappellent Perelman et Olbrechts-Tyteca, la « connaissance de ceux que l'on se propose de gagner » est une condition préalable de toute argumentation efficace : « Comme l'argumentation vise à obtenir l'adhésion de ceux auxquels elle s'adresse, elle est, tout entière, relative à l'auditoire qu'elle cherche à influencer » (1988 : 24). Aristote, Quintilien et Cicéron ne disent pas autre chose dans leurs écrits rhétoriques, lorsqu'ils insistent sur la nécessité de varier les arguments en fonction des types de publics. Bien sûr, cet auditoire n'est qu'une image construite par anticipation, qu'une représentation plus ou moins systématisée et aussi proche de la réalité que possible. On retrouve ici les principes de régulation du message publicitaire sur le destinataire-cible dont nous avons parlé au chapitre 1.

Pour les auteurs du *Traité* : « Chaque milieu pourrait être caractérisé par ses opinions dominantes, par ses convictions indiscutées, par les prémisses qu'il admet sans hésiter : ces conceptions font partie de sa culture et tout orateur qui veut persuader un auditoire particulier ne peut que s'y adapter » (1988 : 27). Se pose alors la question des valeurs du destinataire visé.

Une publicité automobile déjà ancienne (janvier 1979), mais exceptionnelle par la mise en scène de l'argumentation, va nous permettre de préciser très concrètement ce point théorique essentiel. Au lieu de décrire classiquement la voiture qu'il s'agit de vendre, cette publicité se présente comme une recette, comme un texte procédural explicitant la marche à suivre par la femme qui souhaiterait convaincre un homme de lui offrir la voiture en question (nous numérotons les paragraphes).

(103) **Comment convaincre un homme qu'un bijou est indispensable.**

[1] Parfois les hommes sont merveilleusement prévisibles.
[2] Observez-les quand une femme leur parle d'automobile. L'œil devient sceptique, la lèvre boudeuse ou ironique.
[3] Moralité, si vous avez le coup de foudre pour l'Innocenti, ne dites surtout pas qu'elle est jolie, ou qu'une voiture signée par Bertone est un vrai bijou.
[4] Soyez modérée, pratique, rassurante.
[5] Commencez par la tenue de route. Traction avant à moteur transversal, l'Innocenti sait s'accrocher à la route, à toutes les routes.
[6] Quant à l'espace intérieur il est surprenant pour une voiture de cette taille. Le minimum de place pour le moteur, le maximum pour les passagers, c'est le secret de l'Innocenti.
[7] Installez-vous, allongez les jambes et faites le tour du propriétaire : ceintures à enrouleur, essuie-glaces avant et arrière, lunette arrière dégivrante, moquette, vitres teintées… rien ne manque.
[8] Un coup d'œil au coffre. Il est « extensible ». Rabattez les sièges et vous obtenez un volume de près de 1000 dm^3, un vrai mini breack.
[9] Maintenant partez, faufilez-vous, garez-vous. Avec ses 3,12 m l'Innocenti passe là où les autres renoncent.
[10] Le prix de cette liberté : 22 670 F clés en main, pour la 90 L.
[11] Finalement, tous les bijoux ne sont pas un luxe.
[12] Il ne vous reste plus qu'à parler de la consommation. Ne lésinez pas sur les chiffres, les hommes adorent ça. Pour la 90 L : 6 L à 90 km/h, 9,1 L à 120 km/h, 8,4 L en parcours urbain… de quoi réchauffer le cœur d'un ministre des finances ou même d'un mari.
[13] Enfin, si après tout ça il subsiste un soupçon d'hésitation, revenez au discours que les hommes ont toujours compris du premier coup. Dites : Elle me plaît.

Cette publicité prouve bien que ce qui peut être dit et la manière de le dire dépendent :
— du référent-thème abordé (ce dont il est question, ici un objet de valeur automobile : une *Innocenti*) ;
— de la place socio-discursive occupée par les interlocuteurs et qu'ils se reconnaissent l'un à l'autre, donc des rapports de force qui règlent leurs prises de paroles.

3.1. Places socio-discursives des interlocuteurs

Comme le suggère cette publicité, tout discours est interlocutivement dirigé vers une réponse (ici accepter ou non d'acheter la voiture). Dans sa théorie étendue du dialogisme — conforme sur ce point à l'idée rhétorique de calcul préalable de l'auditoire —, Mikhaïl Bakhtine a parlé de l'influence profonde du **discours réplique prévu** (ici celui de l'homme-mari). La compréhension pressentie, anticipée par la femme que vise la publicité, exerce une influence considérable sur la production de son propre discours. Selon une formule de Pierre Bourdieu : « Le discours dépend pour une part [...] des conditions de réception. [...] Apprendre un langage, c'est apprendre en même temps que ce langage sera payant dans telle ou telle situation » (1984 : 98). Le rhétoricien britannique Hugues Blair reconnaît bien ce principe : « Tout orateur devrait toujours commencer par se mettre à la place de ses auditeurs, et voir quelle impression ferait sur lui ce qu'il se propose de leur dire » (1808 : 97). La notion classique de « récepteur », passive par excellence, ne permet pas de rendre compte de cette influence très réelle d'un co-énonciateur qui peut certes être effectivement actif par ses répliques verbales et/ou non verbales, mais qui est, de toute façon, avant tout actif dans l'imaginaire — les représentations — de l'énonciateur. Prendre la parole, c'est trouver sa place dans ce qui surdétermine l'énonciation : les formations imaginaires qui définissent, en fait, la compétence linguistique de tout locuteur.

L'opposition ici sexistement stéréotypée d'un discours féminin (bijoux, luxe, dépense, séduction) et d'un discours masculin (chiffres, finances-économie) signale l'existence d'un **conflit linguistique** : une compétence est posée comme légitime et dominante (celle de l'homme), tandis que l'autre apparaît comme dominée (celle de la femme). Il est même explicitement proposé à la femme, dans la situation d'interlocution choisie, de reconnaître — voire d'accepter — cette domination discursive et économique. Ce rapport conflictuel d'un discours dominant et d'un discours dominé nous permet de signaler la différence entre le choix d'un simple code (la langue française) et l'accommodation intersubjective aux conditions mêmes de l'énonciation. La possession du système de la langue ne suffit pas. Comme le souligne Pierre Bourdieu, le langage est fait pour être parlé *à propos*. La capacité de produire une infinité d'énoncés grammaticalement corrects n'est pas aussi surprenante que la capacité d'adapter de manière cohérente une infinité d'énoncés à un nombre infini de situations discursives. Dans la réalité pratique de l'apprentissage d'une langue, nous n'apprenons jamais cette langue sans apprendre, *en même temps* (Bourdieu 1984 : 98), les conditions d'acceptabilité de cette langue.

La situation discursive décrite par notre exemple (103) est claire : il s'agit pour A (femme) d'engager une requête, de persuader B (homme-mari) d'acheter, pour elle-même, un certain objet de valeur (O-automobile) ; donc il faut convaincre B de la valeur de O.

Les deux premiers paragraphes ont l'immense mérite de mettre l'accent sur les conditions mêmes de la prise de parole de A. Ces deux paragraphes correspondent à des prémisses (marquées par l'usage du défini générique ou de l'indéfini : « les » hommes, « une » femme ; ainsi que par celui du présent gnomique :

« sont », « parle »). Ces deux paragraphes expliquent que le choix d'un certain thème discursif interdit à A (femme) d'être crédible aux yeux d'un interlocuteur masculin. La réponse-réplique prévue est ici donnée de façon non verbale, mais tout à fait claire : « œil [...] sceptique », « lèvre boudeuse ou ironique ».

C'est assez dire à quel point la langue est un instrument de pouvoir et pas un simple instrument d'information et de communication (notions trop neutres pour être justes). Ce texte met clairement en scène le fait que A n'a pas seulement à chercher à être comprise de B, mais également et surtout qu'elle doit être crue, obéie et, corollaire incontournable, respectée, distinguée. Ce qui est en jeu ici, c'est **le droit à la parole**, un droit à la parole fondé, selon Pierre Bourdieu, sur une quadruple légitimité [2] : du locuteur (A), du récepteur (B), de la situation et du discours-langage.

- **Énonciateur (A) et co-énonciateur (B) légitimes**. Parmi les présupposés de toute interlocution, il y a les conditions sociales de possibilité de la communication : un certain type d'émetteur (A), autorisé à tenir un discours donné, et un certain type de récepteur (B), prédisposé à reconnaître l'autorité de A et à croire que ce qu'il va dire mérite d'être dit ici et maintenant.
- **Situation discursive légitime**. Cette situation est dépendante de la structure des groupes et des espaces institutionnels à l'intérieur desquels ces groupes fonctionnent. Dans notre exemple, la situation étant intime (relation d'une femme-épouse et d'un homme-mari), les signes institutionnels « d'importance » sont réduits au langage (les structures de l'espace ne sont pas manipulées, du moins le texte n'en parle pas).
- **Langage légitime**. L'adoption d'un langage d'autorité passe aussi bien par des formes phonologiques et morphosyntaxiques que par un lexique adaptés à la situation.

La compétence verbale abstraite des linguistes tient pour résolu ce qui, dans les situations réelles d'interaction discursive, est profondément problématique et conflictuel : les conditions de l'instauration de la communication, le pouvoir d'imposer la réception. Pour parler, il faut que celui ou celle qui parle (A) estime celle ou celui qui écoute (B) digne d'écouter (image que A se fait de B) ; il faut que celui ou celle qui écoute (B) estime celui ou celle qui parle (A) digne de parler (image que B se fait de A). Dans la situation choisie par la publicité, ce qui est précisément mis en scène, c'est le fait que celui qui écoute (B) n'estime pas celle qui parle (A) comme digne de parler d'automobile. En vertu d'une définition implicite et posée ici comme admise, la femme ne possède aucune autorité, aucune légitimité à discourir sur ce thème.

Le troisième paragraphe propose, dans de telles conditions de production, un changement stratégique reposant sur une adaptation de l'interaction à la situation :

---

2. Est *légitime*, dans le vocabulaire technique de la sociologie, « une institution, ou une action, ou un usage qui est dominant et méconnu comme tel, c'est-à-dire tacitement reconnu » (Bourdieu 1984 : 110). Il s'agit bien de cela dans notre exemple : seul un point de vue critique non sexiste pourrait remettre en cause une méconnaissance qui permet au langage de produire l'essentiel de ses effets « en ayant l'air de ne pas être ce qu'il est » (*id.*).

« ne dites surtout pas... » Reconnaissant le discours d'autorité de B sur l'objet, A doit se couler dans ce langage légitime, autorisé et d'autorité. La caractéristique principale de ce langage d'autorité semble être, dans ce texte, la valeur objective du discours technique (représenté par les chiffres). Mais il ne suffit pas d'aligner des chiffres ; encore faut-il convaincre et persuader. La recette stratégique qui est donnée passe par tous les domaines classiques de la rhétorique : l'*inventio* (invention), la *dispositio* (plan-disposition) et même l'*elocutio* (élocution ou mise en mots).

3.2. Divisions rhétoriques du discours

- **Inventio(n)**. Dans la rhétorique antique, l'*inventio* n'est pas la recherche abstraite des idées, mais la détermination du thème du discours et surtout des arguments valables pour l'auditoire qu'il s'agit de convaincre/persuader. Dans notre exemple, ceci passe par le choix d'un contenu connoté et par l'exclusion d'un autre : choix de données techniques chiffrées et non pas esthétiques (« ne dites surtout pas qu'elle est jolie ») ; choix d'un langage descriptif dominé par la synecdoque (énumération des parties et des propriétés) et non par la métaphore (« un vrai bijou »).
- **Dispositio(n)**. La *dispositio*, ou mise en ordre des arguments, est ici soulignée de façon extrêmement classique. Globalement, on trouve successivement : une réflexion sur l'exorde ou introduction à éviter (trois premiers paragraphes) ; des indications sur la composition des parties du discours à tenir : « commencez par », « quant à », « maintenant », « finalement », « il ne vous reste plus qu'à parler de... », et, pour terminer, un ultime paragraphe qui constitue une péroraison ou conclusion exemplaire. Nous allons détailler ces articulations textuelles en raison de leur importance.
- **Elocutio(n)**. Ce dernier domaine de la rhétorique (auquel on ajoute la *memoria* ou technique de mémorisation du discours et l'*actio* ou mise en voix et gestes) apparaît nettement dès le quatrième paragraphe (« Soyez modérée, pratique, rassurante »), qui préconise un ton et un style à suivre.

Revenons sur la disposition de ce texte que son titre présente, après tout, comme un modèle rhétorique (« Comment convaincre... ») :

a. Exorde

Les trois premiers paragraphes, qui insistent sur ce qu'il ne faut pas dire, mettent, en fait, en avant les aspects principaux de l'exorde conventionnel. Quel que soit le genre de discours, la fonction de l'exorde est une fonction de préparation. De Cicéron à Blair, on retrouve exactement les mêmes idées : « Il est toujours important de bien débuter ; de faire dès l'entrée une impression favorable. [...] Je dois aussi ajouter qu'une bonne introduction est souvent d'une exécution très difficile ; et qu'il y a peu de parties dans un discours qui exigent plus de travail, ou qui donnent lieu à des considérations plus délicates » (Blair 1808 : 58). Ceci peut être converti en son contraire : évitez de produire d'entrée une impression défavorable et, de plus, tout à fait prévisible. Le premier rôle de l'exorde est le suivant : « L'introduction est destinée à se concilier la bienveillance des auditeurs » (*ibid.*, 53).

La seconde fin que l'introduction se propose est, selon Blair toujours, « d'exciter l'attention » (*ibid.*, 54) et la troisième est « de rendre les auditeurs dociles, de préparer les voies de la persuasion. Pour cela, il faut commencer par écarter les préventions, qu'ils peuvent avoir conçues contre la cause ou l'opinion dont nous entreprenons la défense » (*ibid.*, 54). Ceci s'applique fort bien à notre exemple, à condition d'ajouter une prévention non envisagée par Blair : la prévention contre l'orateur lui-même (prévention sexiste débouchant ici sur une absence de légitimité). Dans cette situation difficile, nous sommes loin du cas de figure qui seul rend possible la suppression de l'exorde : « Si nous sommes assurés de la bienveillance, de l'attention et de la docilité de l'audience, comme cela peut arriver souvent, il n'y aura aucun inconvénient à supprimer toute introduction régulière » (*ibid.*, 54).

Deux autres aspects fondamentaux de l'exorde transparaissent dans les conseils donnés par notre publicité : sa modestie et son calme. « Tout ce qui annonce la modestie a du charme et donne droit à la faveur. [...] Ce n'est pas seulement dans ses expressions que la modestie doit paraître au début, mais dans toute son action oratoire, dans ses regards, dans ses gestes, dans le ton de sa voix », écrit encore Blair (*ibid.*, 62-63), et, à propos de la passion, il ajoute : « L'introduction doit d'ordinaire être calme. Il est rare que la passion et la véhémence y soient bien placées. L'émotion doit naître à mesure que le discours avance. Il faut que l'esprit des auditeurs ait été préparé d'une manière graduelle, pour que l'orateur puisse hasarder d'exprimer des sentiments violents et passionnés » (*ibid.*, 65). C'est bien ce que suggère notre publicitaire dans sa leçon de persuasion : « si vous avez le coup de foudre [...] ne dites surtout pas qu'elle est jolie [...] un vrai bijou ». Le choix de l'adjectif « jolie », trop marqué axiologiquement, ainsi que la reformulation métaphorique (« un vrai bijou ») sont autant d'indices du coup de foudre et donc de la passion. En remettant l'expression de cette passion à plus tard, on propose à la femme d'opter pour une modestie qui concilie l'attention bienveillante, voire même condescendante, de l'auditeur.

b. Péroraison ou conclusion
La grande règle relative à la conclusion est, d'après les rhétoriciens, de « placer à la fin ce que nous désirons voir servir de base à notre cause » (Blair 1808 : 124). Après avoir argumenté selon les canons de l'auditeur, la leçon d'argumentation propose de finir sur un discours posé comme spécifiquement féminin : langage de la passion (caprice ?) et non plus de la raison, symbolisé par « Elle me plaît ». Cette chute est justifiée par le fait que le pathétique et la passion doivent être plutôt réservés pour la fin. Comme le souligne Blair : « Il faut aussi, autant qu'il est possible, finir d'une manière qui ait quelque grâce et quelque élégance ; non par une phrase molle et languissante, mais avec dignité et avec feu ; afin que les auditeurs se retirent l'âme émue, et emportent une dernière impression favorable à l'orateur et à son sujet » (126). On ne peut mieux dire : la grâce et l'élégance consistent, dans notre texte, à paraître femme aux yeux de l'homme à persuader, à finir en beauté par l'emploi d'une formule choc qui reprend ce qui, dans l'exorde, a été stratégiquement réprimé.

c. Composition des parties du discours
À ce niveau, la publicité *Innocenti* (p. 96) n'explicite pas les catégories rhétoriques concernées : division (ou présentation du plan), narration ou explication, confirmation, digression. La matière ne permet guère la narration ou l'exposition d'un sujet abstrait. Entre la tenue de route (paragraphe 5), l'espace intérieur (paragraphe 6), le prix (paragraphe 10), la consommation (paragraphe 12), les actes à accomplir en essayant la voiture (paragraphes 7 à 9), la composition apparaît comme dirigée par un parcours descriptif de l'objet.

3.3. Argumentation et rhétorique

En fait, dans cette publicité, la description se fait pleinement argumentation et elle respecte le dispositif rhétorique en suivant le choix des arguments (*inventio*), leur disposition (*dispositio*) et la définition d'un ton (*elocutio*) dont il a déjà été question plus haut. L'inventio(n) comme choix des arguments est guidée par l'objet lui-même dans ses parties et ses propriétés spécifiques. Dans la description, on ne peut pas tout dire, il faut donc sélectionner les détails qui auront valeur d'argument pour celui auquel on s'adresse. La dispositio(n) est essentiellement dominée par la règle de gradation. Règle parfaitement respectée ici, puisque l'argumentation se termine par le choix de deux propriétés déterminantes : le prix (« pas un luxe ») et l'économie, elle-même soulignée par un renforcement de l'élocutio(n) : « ne lésinez pas sur les chiffres, les hommes adorent ça ». Ainsi, tout est calculé en fonction de l'auditeur. Dans la mesure où il s'agit de se faire payer-offrir une voiture comme on se fait offrir un bijou, il convient de mettre en avant l'argument financier susceptible de convaincre le mari-acheteur.

On voit à quel point argumentation et rhétorique se rejoignent. Art de persuader-convaincre par le discours, la rhétorique va bien au-delà de la seule vertu du raisonnement et des fioritures du style ! Les parties du discours sont réglées pragmatiquement. L'efficacité argumentative ne se définit pas en soi, mais bien dans la recherche d'un ajustement des représentations, des mots-arguments employés et de la forme même du discours tenu. Ces mots-arguments sont des indices du système de représentations du sujet parlant, de ce qu'on appelle sa « complétude ». Ainsi, le critère esthétique (« elle est jolie ») et la métaphore (« une voiture signée par Bertone est un vrai bijou ») sont présentés ici comme autant de signes des représentations féminines, d'une complétude supposée d'un discours féminin prototypique, complétude décrite comme totalement différente de celle de l'homme [3]. En d'autres termes, les signes utilisés par les sujets parlants les désignent, donnent à connaître qui ils sont dans des formations discursives données. L'élocutio(n), le style, est un marqueur de la cohérence d'un système de valeurs

---

3. Au chapitre 1, pages 43-44, et dans une autre perspective, nous avons eu l'occasion de voir la même image d'une complétude divergente des femmes et des hommes sur l'objet automobile, à propos de la publicité *Citroën-LNA* (51).

propres, d'une représentation du monde. Elle est un des lieux de repérage du discours légitime ou non.

Revenant sur cette complétude, la péroraison-conclusion de (103) suggère, en cas d'insuccès, que la femme reste sur le terrain qui lui est supposé spécifique en assertant un simple : « Elle me plaît », symbole d'un discours non rationnel de la séduction et du caprice. Cette chute met l'accent sur le fait qu'en dépit de la recherche d'un ajustement, l'échec est toujours possible : la place — illégitimité et discours dépourvu d'autorité — assignée d'entrée à la femme sur le thème de l'automobile rend incertaine sa possibilité de convaincre l'homme. Dès lors, la femme ne peut redonner efficacité à son discours qu'en réoccupant sa parole propre, en retrouvant le domaine du charme (par rapport à l'objet et par rapport à l'homme à convaincre), les arguments-raison laissant alors la place à l'argument-passion.

Cette publicité — même si on ne la prend pas au premier degré, comme nous venons de le faire — est idéologiquement révélatrice. La science du discours, dont la théorie de l'argumentation est un domaine essentiel, doit réfléchir sur les lois qui déterminent **qui** peut (en fait et en droit) parler, **à qui** et **comment**. Parmi les censures les plus radicales, les plus sûres et les mieux cachées, comme le dit Pierre Bourdieu, il y a celles qui excluent certains individus de la communication.

La linguistique aurait tort de réduire à une opération intellectuelle de chiffrement (encodage)/déchiffrement (décodage) ce qui est, en réalité, un rapport de force symbolique, une relation d'autorité-croyance. Écouter, c'est croire, dit Pierre Bourdieu. Le langage d'autorité doit une part très importante de ses effets et de ses propriétés au fait qu'il contribue lui-même à sa propre crédibilité (d'où les références multiples des érudits, les statistiques et le jargon spécialisé de ceux qui se présentent de ce fait comme des scientifiques et, dans notre exemple publicitaire, le langage chiffré et technique du discours masculin, etc.). Prendre en compte les rapports de force symboliques qui s'établissent dans un groupe donné, c'est définir qui est hors d'état de parler (par exemple les femmes), qui doit conquérir son auditoire quand d'autres sont en terrain conquis. À ce préalable socio-discursif au déroulement de l'interaction, Perelman et Olbrecht-Tyteca ajoutent une autre condition qu'on peut qualifier de phatique, mise en évidence dans *Alice au pays des merveilles* : « Les êtres de ce pays comprennent à peu près le langage d'Alice. Mais le problème pour elle est d'entrer en contact, d'entamer une discussion, car dans le monde des merveilles, il n'y a aucune raison pour que les discussions commencent » (1988 : 19). Si la publicité *Innocenti* qui nous a occupés présente une procédure *a priori* efficace pour le déclenchement de la discussion entre ses interactants, peut-on dire, en dernier ressort, qu'elle instaure un vrai contact entre ces derniers ?

Quoi qu'il en soit, à un tout autre niveau que celui de la mise en scène interactive représentée et que nous avons retenue pour sa leçon de rhétorique, cette publicité réussit le tour de force de s'adresser indirectement à un double public : aux hommes comme aux femmes. Elle réussit le tour de force de tenir, en même temps, deux discours.

4. Un exemple d'*inventio* : une campagne de promotion du sucre

Ce que nous venons de dire de l'« inventio » comme recherche des arguments adaptés à l'auditoire est parfaitement intégré par les professionnels de la publicité. Nous en voulons pour preuve le document que nous nous contentons de livrer ici. Il s'agit de la présentation d'une campagne (1972-1973) en faveur du sucre, telle qu'elle apparaissait dans la revue spécialisée *Sucrerie française* (novembre 1972 : 504) :

> Après le prix Rizzoli qui a couronné l'affiche « bondissante » de « Quelle énergie dans le sucre ! » il ne fallait surtout pas s'arrêter à ce point de la création publicitaire consacrée au sucre. C'est pourquoi l'équipe chargée de réaliser la nouvelle campagne de publicité a décidé de tout remettre en question.
> Remettre en question, c'était revoir toutes les données disponibles à propos du marché du sucre en France [...] en attendant une étude actualisée et complète sur les attitudes des consommateurs en ce qui concerne le sucre et les produits sucrés.
> Quelques critères principaux pouvaient ainsi être dégagés afin de guider l'élaboration de la campagne :
> — difficulté de « vendre » le sucre en tant que tel sans retomber dans une campagne institutionnelle du genre « Quelle énergie dans le sucre » ;
> — nécessité d'argumenter sur le sucre pur ou le sucre accompagnant les produits sucrés, ou à sucrer, en fonction de l'actualité médicale et pseudo-médicale, mettant en cause les hydrates de carbone, et le sucre en particulier ;
> — préférence donnée à des situations pratiques plutôt qu'à une situation institutionnelle théorique ;
> — nécessité d'atteindre les consommateurs dans leur « intimité consommatrice », ce qui impliquait de renoncer à l'affichage ;
> — obligation de vérifier les thèmes envisagés ainsi que les termes de l'expression publicitaire sur le plan médical et diététique.
> Il était donc convenu de présenter le sucre en fonction de quatre situations bien distinctes, au moyen de quatre annonces différentes, liées entre elles par une mise en page originale mais uniforme.
> Les quatre thèmes finalement retenus sont :
> 1 — Enfants et gaspillage d'énergie.
> 2 — Petits déjeuners copieux et équilibre alimentaire.
> 3 — Pause café et vigilance intellectuelle.
> 4 — Effort physique et besoin énergétique.
> Ces annonces, nous les voulions puissantes mais pas dramatiques, suggestives, mais pas ésotériques, « collant » bien à chacun des problèmes évoqués, mais surtout pas primaires.
> Enfin, nous voulions par-dessus tout que le sucre y garde toute sa noblesse.

> À titre informatif, nous reproduisons ici les annonces relatives aux thèmes 3 et 4 dont les commentaires (mis dans les encadrés et publiés dans le même article de *Sucrerie française*) permettent de mesurer les objectifs explicites et surtout la complémentarité des cibles visées :

> 3. SITUATION BOEING
> Certains métiers, d'ailleurs de plus en plus nombreux, exigent une vigilance de tous les instants. Ainsi le contrôleur de la navigation aérienne...
> Un travail, une concentration ininterrompue sont presque surhumains. Les situations de jeûnes sont génératrices de fatigue, de diminution de l'attention.
> La matière grise elle aussi consomme, et les glucides constituent l'aliment privilégié de la cellule nerveuse.

(104) Une tasse de thé avec deux sucres
n'a jamais fait atterrir un Boeing...

Un officier de la navigation aérienne est responsable d'environ 150 mouvements d'avions par jour. Pensez aux milliers de vies humaines que représentent ces 150 avions qu'il fait atterrir ou décoller.
Cet homme n'a pas le droit de se tromper. Il doit avoir des idées claires, une acuité intellectuelle sans défaillance, des réflexes précis. Quand il prend une tasse de thé pendant son service, il a de bonnes raisons. Il sent que ça l'aide à maintenir son attention. Il est conscient de la recharge d'énergie que lui procure cette boisson chaude bien sucrée.
Évidemment, il ne suffit pas de prendre une tasse de thé avec deux sucres pour faire atterrir un Boeing. Mais, quand on guide des avions toute la journée, ce n'est tout de même pas inutile...

Le sucre c'est de l'énergie. On en a besoin dans la vie.

> 4. SITUATION MONTAGNE
> Cette situation est plus classique, elle est mieux connue du public, et appelle moins de commentaires. Nous l'avons traitée parce qu'il convient de ne pas oublier qu'effectivement, en plus de la force de caractère, le sucre est devenu le compagnon des grands succès de l'être humain.

(105) « La volonté nourrit l'effort. »
Remarquez,
quelques morceaux de sucre, c'est pas mal non plus...

En haute montagne, toute surcharge augmente la difficulté d'une course déjà difficile. Nourrir l'effort pose un problème.
Le même problème se pose quand on fait de l'escalade, du ski, de la marche, de la régate, du vélo... En fait, au cours de n'importe quelle épreuve physique prolongée.
Les alpinistes ont trouvé une solution : ils emportent du sucre. Parce que le sucre, on ne le sent pas peser, pas plus au fond d'une poche que dans l'estomac. Parce qu'encore, il favorise l'effort musculaire. Et aussi qu'il soutient le moral.

> Les alpinistes savent ce qu'ils font : le sucre leur apporte l'énergie qui permet d'atteindre les sommets.

> Le sucre c'est de l'énergie. On en a besoin dans la vie.

5. La composante séductrice de l'argumentation publicitaire

Nous avons souligné dans l'introduction de cet essai combien la rhétorique publicitaire, cherchant à atteindre les sujets dans cette « intimité consommatrice » dont parle le document proposé plus haut, passe plus par les « caprices » des hommes (persuasion) que par leur « raison » (conviction rationnelle). Cette composante séductrice de l'argumentation publicitaire est très clairement mise en évidence par nombre d'exemples déjà cités. Nous la retrouvons privilégiée dans cette publicité *Nissan* :

(106) **La nouvelle Sunny.**
Laissez-vous guider par vos sentiments.

> Cette invitation à un essai routier ressemble plutôt à une déclaration d'amour. Un peu osé, vous ne trouvez pas ?
> Mais si vous craignez une liaison tumultueuse et les affres de la passion, rassurez-vous. Car la nouvelle Sunny est aussi généreuse, aussi facile à vivre et aussi confortable qu'une grande… voiture. Même s'il faut reconnaître que son élégance et son charme discret sont irrésistibles…
> La nouvelle Sunny a donc bien été construite pour vous plaire, pour vous séduire. Ce qui explique qu'au terme de l'essai routier, votre agent Nissan vous remettra une Eau de toilette de luxe. […]

Un comble du glissement est ici atteint : c'est par l'eau de toilette de luxe que la voiture est valorisée. Le texte se poursuit d'ailleurs ainsi :

> Cette Eau de toilette Nina Ricci, vous pourriez peut-être l'offrir à la femme ou à l'homme de votre vie, qu'en pensez-vous ? Mais ne lui dites surtout pas que vous l'avez reçue de votre nouvelle conquête. Niveau jalousie, ça pourrait poser de petits problèmes. En effet, la Sunny a vraiment tout pour vous faire craquer. Ça saute aux yeux.
> Son train de roulement par exemple lui confère un pouvoir de traction optimal et un comportement routier neutre, très agréable. Car quand il s'agit de confort, on ne se contente que de ce qu'il y a de mieux. À l'intérieur, tout est calme et volupté et les sièges sont tendus d'un très beau tissu de toute première qualité. Dans les bras de la nouvelle Sunny, on se sent tellement bien que, souvent, on est plus détendu à l'arrivée qu'au départ.

Il semble qu'il soit difficile de mêler plus systématiquement les isotopies de la relation amoureuse et de l'automobile. C'est pourtant encore davantage le cas dans ces étonnantes publicités *Fiat* et *Honda* parues récemment :

(107) Comment rencontrer l'amour
grâce à la Cinquecento.

La Cinquecento consomme très peu.
Donc vous faites des économies.
Donc vous avez de l'argent.
Donc vous pouvez le jouer.
Donc vous pouvez le perdre.
Donc vous êtes malheureux au jeu.
Donc heureux en amour.
Fiat Cinquecento. La voiture qu'il vous faut, *Donc*.
Cinquecento prix net à partir de 43 800 F,
hors aide gouvernementale.

(108) L'impétueuse Honda Civic Joker :
elle déclenche les passions.
Un essai s'impose.

Au premier regard, vous ne voyez que ses formes excitantes. Votre cœur bat déjà pour elle. Puis vous la touchez du bout des doigts. Elle répond à vos impulsions. Quel sex-appeal ! Vous vous laissez voluptueusement aller contre le dossier du siège, puis démarrez. Cette Civic Joker a vraiment plus d'une flèche à son arc. Une silhouette de rêve pour un tempérament de feu. Vous êtes définitivement conquis ! Son prix ? 17 900 francs suisses net. Époustouflant pour une voiture issue des ateliers du champion du monde de Formule 1.

Ces courts exemples sont intéressants au moins à deux titres :

a. Ils montrent que, malgré son exploitation éculée dans l'histoire de la publicité (notamment par le courant « suggestif »), la sexualisation de l'automobile fait toujours recette. Cependant, à la différence des annonces des années 1960-1970 qui opéraient cette sexualisation selon un registre « sérieux », ces exemples adoptent très nettement un ton décalé et outrancier. Celui-ci est particulièrement perceptible, en (106), dans le commentaire métalinguistique de l'annonceur (« Un peu osé, vous ne trouvez pas ? »), dans les hyperboles lexicales (« liaison tumultueuse », « affres de la passion ») ou dans les gradations intensives (« pour vous plaire, pour vous séduire »). En fait, ces exemples se caractérisent par un traitement ironique (de nombreux clins d'œil au lecteur soulignent la cocasserie des amalgames effectués) et même parodique (cf. les slogans rédigés dans le style des horoscopes sentimentaux ou le « tout est calme et volupté » de la nouvelle *Sunny* qui reprend un vers de « La vie antérieure » de Baudelaire). S'intégrant ainsi dans la publicité ludique, ces annonces doublent le thème classique de la séduction Voiture-Consommateur par une séduction communicative englobante Annonceur-Lecteur, fondée sur la connivence dans la déconstruction du cliché publicitaire de la passion automobile. Connivence qui atténue les velléités contre-argumentatives du lecteur et qui favorise la réussite persuasive de ces annonces.

b. Ces publicités suscitent certes prioritairement une positivation de l'objet du discours par des glissements de valeurs dont nous avons déjà parlé et qui consistent ici à amalgamer l'amour et l'automobile. Cependant, cette stratégie séductrice n'est pas exempte, en surface, des marques du raisonnement, que ce soit par l'articulation de ses étapes en (106) : *Contre-argumentation hypothétique [mais si]* → *Explication [car]* → *Concession apparente [même si]* → *Conclusion [donc]* → *Justification [ce qui explique que]*, ou bien par l'enchaînement formel du processus déductif en (107). Sur ce plan et comme nous le vérifierons au chapitre 8, on peut déjà noter une différence importante entre la séduction *dite* du texte publicitaire et celle *montrée* de l'image. Dépourvue de tout marqueur rationnel ou explicatif, la composante séductrice de cette dernière est beaucoup plus immédiate : elle agit directement sur la sensibilité du lecteur, à travers ses représentations visuelles.

6. De la rhétorique à la pragmatique textuelle

Le texte est, par définition, un objet transdisciplinaire. Il n'est pas plus la propriété de l'herméneutique que de la philologie, de la critique génétique que de la poétique. Le cadre théorique de notre approche de l'argumentation publicitaire est celui d'une linguistique pragmatique et textuelle. En revenant à l'étymologie — en grec, *pragma* signifie « action » —, on peut dire que la pragmatique a vocation à étudier ce que les locuteurs « font » moins avec la langue ou avec les mots qu'avec les énoncés qu'ils produisent. Dès les années 1920, dans *Le Langage et la vie*, le linguiste genevois Charles Bally définissait ainsi le langage :

> Lorsqu'il nous arrive de dire qu'il fait chaud, qu'il fait froid ou qu'il pleut, il ne s'agit presque jamais d'une simple constatation, mais d'une impression affective, ou bien d'un jugement pratique, susceptible de déterminer une action.
> [...] Le langage reflète encore, cela va sans dire, la face positive de la vie, cette aspiration, cette tension, ce besoin perpétuel de réaliser une fin. C'est la raison d'être d'un autre caractère du langage spontané, son caractère actif, c'est-à-dire cette tendance qui pousse la parole à servir l'action. Le langage devient alors une arme de combat : il s'agit d'imposer sa pensée aux autres. (1952 : 17-18)

Les approches pragmatiques remettent en cause la conception instrumentale de la langue développée par la linguistique structurale, elles remettent en cause la linéarité de principe d'une pensée qui serait codée dans une langue, puis transmise et enfin décodée. Dans une perspective pragmatique, on parle d'échanges interactifs entre partenaires ou co-énonciateurs, de stratégies de production et d'interprétation, de calculs du sens.

Dans cet esprit, nous avons largement eu recours, lors des précédents chapitres, à une approche énonciative du discours que l'on peut considérer — avec les travaux qui se sont développés autour de John Langshaw Austin (1962) et de John R. Searle (1969) — comme une partie de l'analyse pragmatique des textes. Cette approche énonciative porte prioritairement sur les relations entre langue et contexte les plus nettement grammaticalisées : *temps verbaux, indices personnels, déictiques en général, verbes performatifs, actes de langage...*

En proposant de passer de la phrase au texte, c'est-à-dire au produit d'une interaction langagière, la linguistique pragmatique et textuelle ne procède pas seulement à une simple extension du domaine linguistique classique, mais à une véritable rupture théorique. L'analyse linguistique « pure » n'est, en effet, plus possible quand sont ainsi franchies les limites morphosyntaxiques de la langue comme système. Les recherches actuelles convergent très sensiblement vers une conception cognitive du langage et envisagent l'activité linguistique comme une compétence multiple qui requiert la collaboration et l'intégration de plusieurs sous-activités : « activation mémorielle, gestion des inférences, résolution des ambiguïtés, etc. » (Jayez 1987 : 85). Production et réception d'un énoncé mettent en œuvre un ensemble complexe de savoirs et d'opérations intellectuelles pour l'analyse et la théorisation desquels la linguistique est mal armée. Le « virage cognitiviste » de la recherche nous amène à porter sur les énoncés un regard différent. Spécialiste de linguistique textuelle, Harald Weinrich a très tôt parlé de linguistique instructionnelle :

> Le signe linguistique est un segment textuel par lequel l'émetteur induit le récepteur à se comporter d'une certaine façon. [...] D'après cette conception, le signe linguistique est un acte d'instruction dans une situation communicative et la linguistique qui correspond à cette théorie peut être appelée pragmatique ou plus exactement instructionnelle. (1979 : 339)

Des arguments en faveur de l'introduction de la notion d'**instructions** dans la théorie linguistique se retrouvent aujourd'hui aussi bien formulés par H. Nølke (1993) que par G. Kleiber (1994). On dira pragmatiquement, avec D. Sperber et D. Wilson (1986) — sans entrer dans le détail de leur théorie de la pertinence —, que toute production verbale est une manifestation ostentatoire d'une « intention de communication ». Comprendre-interpréter un énoncé émis par un locuteur, c'est être capable d'accéder à un ensemble d'hypothèses intentionnelles qui motivent et expliquent l'acte d'émission verbale. Reconstruire la visée d'un texte, c'est effectuer des inférences sur son ou ses intention(s) communicative(s).

Les implications de ces orientations se retrouveront dans les chapitres ultérieurs, ainsi que dans la partie consacrée à l'analyse de l'image publicitaire. Au chapitre 6, nous serons, en particulier, amenés à traiter certaines unités linguistiques (telles que les connecteurs) ou même diverses déviations de la langue comme des instructions essentielles pour l'établissement du sens et la réalisation du but visé par le discours.

Chapitre 5

Mise en texte de l'argumentation publicitaire

1. De la séquence argumentative au texte [1]

1.1. Argumentation et séquence argumentative de base

Il ne faut pas confondre l'unité qui entre dans la composition des textes et que nous désignerons par le terme de **séquence argumentative** avec l'argumentation en général. Par le discours, le sujet parlant fait allusion à un « monde » (réel ou fictif, présenté comme tel ou non), il construit une représentation : c'est la fonction descriptive de la langue. Mais parler, c'est chercher à faire partager à un interlocuteur des opinions ou des représentations relatives à un thème donné, c'est vouloir provoquer ou accroître l'adhésion d'un auditeur ou d'un auditoire plus vaste aux thèses qu'on présente à son assentiment. En d'autres termes, comme nous venons de le voir, la plupart du temps, on prend la parole pour argumenter. Cette finalité est considérée par les uns comme surajoutée à la valeur descriptive-informative de la langue (c'est la position classique de la rhétorique) et par les autres comme première (c'est la thèse de Ducrot et Anscombre 1983).

La notion générale d'argumentation peut être abordée soit au niveau du discours et de l'interaction sociale, soit au niveau de l'organisation pragmatique de la textualité. En revanche, si l'on considère l'argumentation comme une forme de composition élémentaire, si l'on postule l'existence, chez les locuteurs, de représentations relatives à un ou à des schémas argumentatifs, on se situe, cette fois, au niveau de l'organisation séquentielle de la textualité. Dans cette perspective, nous allons voir que certaines suites de propositions peuvent être marquées comme des suites réinterprétables en termes de relation **Argument(s)** → **Conclusion**, ou **Donnée(s)** → **Conclusion** (Toulmin 1958 : 97). Ces variantes rendent toutes compte d'un même phénomène : un discours argumentatif vise à intervenir sur les opinions ou comportements d'un interlocuteur ou d'un auditoire en rendant crédible ou

---

[1]. Cette section reprend partiellement, complète et adapte les thèses développées par Jean-Michel Adam dans *Les Textes : types et prototypes* (1992, chap. 4).

acceptable un énoncé (conclusion) appuyé, selon des modalités diverses, sur un autre (argument/donnée). Par définition, la donnée-argument vise à renforcer ou à réfuter une proposition. On peut dire que ces notions de **donnée** et de **conclusion** sont interdépendantes. Un énoncé isolé n'est pas *a priori* argument-donnée ou conclusion. Si une proposition apparaît comme le préalable d'une conclusion, c'est *a posteriori*, par rapport à cette dernière. La relation **[Donnée → Conclusion]** peut être considérée comme constituant une séquence textuelle de base dans la mesure où une chaîne de propositions s'interrompt et où un effet de clôture est ressenti. Cette idée est soutenue en ces termes par Marie-Jeanne Borel :

> Il n'y a de conclusion que *relativement* à des prémisses, et réciproquement. Et à la différence des prémisses, le propre d'une conclusion est de pouvoir reserver ultérieurement dans le discours, à titre de prémisse par exemple. On a ainsi un type de séquence textuelle qui se différencie d'autres séquences, narratives par exemple. (1991 : 78)

D. Apothéloz et D. Miéville, dans leur réflexion sur la relation d'étayage, à propos d'un corpus oral, repèrent « toutes les situations dans lesquelles un segment de texte appar[aît] comme un argument [segment étayant] en faveur de l'énonciation d'un autre segment [segment étayé] du même texte » (1989 : 248). Par le terme **segment**, ils désignent des unités textuelles « dont la grandeur peut varier entre la proposition ou l'énoncé et une séquence d'énoncés » (*ibid.* 249). Unités que nous considérons, pour notre part, comme des **séquences**.

L'exemple (107) cité en fin de chapitre précédent est conforme à un tel mouvement. On ne passe pas directement de « La Cinquecento consomme très peu » à « Donc (vous êtes) heureux en amour » (base du titre « Comment rencontrer l'amour grâce à la Cinquecento »). Ceci est rendu possible par une chaîne dans laquelle chaque conclusion devient la donnée d'un nouveau mouvement argumentatif :

**La Cinquecento
consomme très peu.**
DONNÉE 1 —> CONCLUSION **Donc [1]**
    vous faites des économies.
    DONNÉE 2 —> CONCLUSION **Donc [2]**
        vous avez de l'argent.
        DONNÉE 3 —> CONCLUSION **Donc [3]**
            vous pouvez le jouer.
            DONNÉE 4 —> CONCLUSION **Donc [4]**
                vous pouvez le perdre.
                DONNÉE 5 —> CONCLUSION **Donc [5]**
                      vous êtes malheureux au jeu.
                      DONNÉE 6 —> CONCLUSION :

                              **Donc [6] (vous êtes)
                              heureux en amour.**

1.2. L'étayage argumentatif des propositions

Un énoncé comme « *Dulcinée a la peau douce, mais je ne l'aime pas* » pourrait être considéré comme une séquence argumentative élémentaire, dans la mesure où le connecteur MAIS fournit des instructions de traitement de la proposition qui le précède et de celle qui le suit. La proposition p **[Dulcinée a la peau douce]** est présentée au lecteur comme une donnée-argument pour une conclusion q **[Je l'aime]** non exprimée. La proposition p répond, en quelque sorte, à une question implicite du type : **pour quelle raison aimes-tu Dulcinée ?** La proposition p énonce la donnée qui justifie la conclusion q. Cependant, comme le souligne le schéma argumentatif imaginé par Toulmin (1958), pour que cette justification soit valable, il faut encore répondre à la question implicite : comment peut-on passer de la donnée p à la conclusion q ? Qu'est-ce qui légitime le passage de la douceur de la peau de Dulcinée à l'amour qui lui est porté ? Ce passage est assuré par ce que l'on appelle, à la suite d'Aristote, un *topos*, à savoir un stéréotype conceptuel, d'ordre logico-discursif et fondé sur l'opinion commune (la *doxa*), qui permet de jeter un pont entre une donnée et une conclusion. À propos de « *Dulcinée a la peau douce, mais je ne l'aime pas* », on peut dire que le topos (a) — extrait d'un texte publicitaire dont nous reparlerons plus loin — sert de fondement à l'inférence et vient étayer le passage de la donnée à la conclusion : (a) *Les hommes aiment les femmes qui ont la peau douce.*

On peut décomposer le mouvement d'inférence sous la forme d'un raisonnement sous-jacent qui aurait la structure d'un syllogisme dans lequel le passage de la classe (les hommes/les femmes) à un membre seulement de la classe (Je/Dulcinée) ne pose pas trop de problèmes :

```
Les hommes aiment les femmes qui ont la peau douce (a)
OR Dulcinée a la peau douce (b)        [DONNÉE]
DONC j'aime Dulcinée                   [CONCLUSION]
```

La donnée qu'exprime (b) ne mène à la conclusion [**J'aime Dulcinée**] que par le biais de l'application d'une règle d'inférence appuyée sur le topos étayant explicité par la prémisse majeure (a).

Ajoutons toutefois qu'une **restriction** doit être introduite qui modalise le passage de la donnée à la conclusion : les inférences peuvent certes être étayées par un certain nombre de justifications de nature topique, mais elles peuvent aussi, dans certaines circonstances, ne pas s'appliquer. En particulier, il doit toujours y avoir une place prévue pour d'éventuelles réfutations ou exceptions. En d'autres termes, même si la donnée-argument entraîne **probablement** ou **vraisemblablement** la conclusion, c'est dans le cadre d'une restriction ou contre-argumentation toujours possible (**à moins que**).

En résumé, le schéma élémentaire de l'argumentation est une mise en relation de **données** avec une **conclusion**. Cette mise en relation peut être implicitement ou explicitement fondée (**étayage topique**) ou contrariée (**réfutation** ou **exception**) :

112 *Le texte publicitaire*

La prise en compte du caractère seulement probable de l'application de la règle d'inférence qui conduit à la conclusion, d'une part, et de la restriction, d'autre part, est tellement utile qu'avec l'énoncé « *Dulcinée a la peau douce, MAIS je ne l'aime pas* », on constate que la seconde proposition, introduite par le connecteur MAIS (ici concessif), vient justement souligner le renversement de la conclusion attendue. Dans ce schéma concessif classique, la règle d'inférence est contredite :

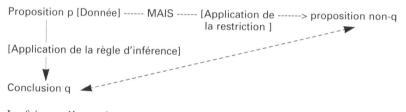

Le fait que l'on puisse remplacer le connecteur MAIS par ET POURTANT [Dulcinée a la peau douce ET POURTANT je ne l'aime pas] ou combiner MAIS avec POURTANT [Dulcinée a la peau douce, MAIS POURTANT je ne l'aime pas] confirme la nature concessive de l'opération argumentative déclenchée par MAIS. Dans ce cas, on peut dire que la règle d'inférence — qui s'applique généralement — ne s'applique pas pour des raisons qu'il faudrait étayer sous la forme d'une restriction : À MOINS QUE Dulcinée ne soit trop sotte, prétentieuse, jeune/vieille, trop intellectuelle/inculte pour moi. Ce qui aurait canoniquement la forme d'un carré argumentatif :

Le modèle de Toulmin que nous venons de reprendre avec des modifications partielles [2] est un véritable schéma du processus d'étayage/réfutation des énoncés caractéristique de la structure de la séquence argumentative élémentaire.

En principe, dans la conduite de l'argumentation, la donnée est l'élément le plus souvent explicite, l'étayage topique étant généralement implicite et les autres

---

2. Ce modèle a également été revu par De Pater 1965, Plantin 1990 et Brassart 1990.

composantes se situant entre ces deux pôles d'explicitation et d'implicitation. Par ailleurs, en interrogeant plus à fond les règles d'inférence (ou de passage), il serait certainement possible de proposer une typologie des formes de l'argumentation ordinaire (Miéville 1992). Laissant cette question en suspens, nous ne nous intéresserons qu'au schéma général susceptible de fournir un modèle de l'unité de base que nous désignons comme séquence argumentative. Ce modèle réduit du mouvement argumentatif est exemplairement réalisé par l'induction [Si p alors q] et par le syllogisme (avec sa variante floue propre au discours usuel : l'enthymème).

1.3. Syllogisme et enthymème : modèles élémentaires de l'argumentation

Dans les *Premiers analytiques* (24b, 18-22) — voir aussi les *Topiques*, Livre I, 100a25-100b26 —, Aristote avance cette définition du syllogisme : « Le syllogisme est un raisonnement dans lequel certaines prémisses étant posées, une proposition nouvelle en résulte nécessairement par le seul fait de ces données. » On retrouve la base du schéma examiné plus haut : les prémisses sont ici définies comme des données dont résulte nécessairement « une proposition nouvelle » qui est proprement une conclusion. Le syllogisme strict a pour particularité d'amener la conclusion sans recours extérieur. C'est dire qu'il ne nécessite ni étayage supplémentaire, ni restriction et que la règle d'inférence est la simple application d'un schéma abstrait. Retenons seulement que la structure du syllogisme correspond au schéma de base : [données (prémisses majeure et mineure) → conclusion].

On trouve généralement sur les pots de miel des formules comme « MIEL DE SAPIN », « MIEL D'ACACIA », plus souvent « MIEL DE TOUTES FLEURS », plus subtilement et métaphoriquement « LUNE DE MIEL », mais très rarement des énoncés aussi longs que les suivants :

**(109) Toutes les fleurs sont dans le miel, tous les miels sont dans les fleurs.
    Miel suisse.**

**(110) Toutes les vertus sont dans les fleurs
    Toutes les fleurs sont dans le miel
    Le miel Trubert.**

Si (109) frappe par sa complétude (il semble, en effet, que rien ne doive ni ne puisse lui être ajouté), (110) paraît, en revanche, incomplet et inachevé, fournissant un bel exemple d'enthymème, comme nous allons le voir.

a. Syllogisme et enthymème
La figure rhétorique du chiasme, renforcée par le parallélisme syntaxique des deux propositions, referme la présentation de (109) sur elle-même. Centré sur la contiguïté sémantico-référentielle qui unit « miel » et « fleurs » dans une même isotopie, cet énoncé apparaît comme très peu informatif. Il manipule une proposition admise sans viser la moindre conclusion, c'est-à-dire sans orientation argumentative et, par là même, sans progression. Du TEXTE, (109) ne possède qu'un trait

constitutif : la continuité-répétition. La cohésion l'emporte sur l'autre dimension de la textualité : la progression. Ces deux aspects de la textualité — cohésion et progression — sont à la fois contradictoires et également indispensables. Chaque texte instaure, en fait, une gestion spécifique de cette tension constitutive. Tout texte peut être défini comme une séquence de propositions liées progressant vers une fin. L'absence d'une telle orientation dynamique produit, en (109), un effet d'aphorisme à la limite de la fermeture tautologique.

L'exemple (110), lui, introduit, de proposition en proposition, des éléments nouveaux :

proposition 1 : Toutes les A   sont dans les B
proposition 2 : Toutes les B   sont dans le C
                                    Le C
                                    Trubert

En postulant une complétude de (110), le syntagme nominal qui suit la proposition 2 pourrait être interprété grammaticalement comme un multi-remplissage de la même place syntaxique par une reprise-répétition : « Toutes les fleurs [B] sont dans le miel [C], le miel [C] Trubert. » Mais ce serait oublier la force du moule du syllogisme sur l'interprétation d'un énoncé qui apparaît comme incomplet.

D'un point de vue référentiel, on a, selon la définition classique de la généricité, affaire à un certain état de choses, général, habituel ou courant. Les deux premières propositions ont une valeur de prémisses que la généricité leur confère : un caractère non accidentel, non contingent. Il est linguistiquement intéressant de relier la structure argumentative des prémisses et leur nature référentielle de phrases génériques. Ce caractère générique de (110) correspond parfaitement à la définition aristotélicienne du syllogisme. Le syllogisme idéal ne saurait, en effet, porter sur le particulier.

En appliquant successivement la *loi d'effacement* du moyen terme (B) et la *loi d'abaissement* des substantifs en position de sujet (A pour la prémisse majeure) et de prédicat (C pour la prémisse mineure), nous pouvons restituer la conclusion avec sa structure de phrase aussi générique que les prémisses : « Toutes les vertus (A) sont dans le miel (C). » Soit le syllogisme complet suivant :

Toutes les vertus sont dans les fleurs
(or) Toutes les fleurs sont dans le miel
[(donc) Toutes les vertus sont dans le miel]

En bonne logique et pour suivre la voie de la complétude de (109), il faudrait que (110) soit ainsi libellé. Mais, précisément, ce qui est ici intéressant, c'est que le syllogisme est effacé et qu'un autre énoncé (« Le miel Trubert ») apparaît en lieu et place de la conclusion attendue. Le mouvement qui va de la généricité à une assertion conclusive portant sur un objet particulier (le miel *Trubert*), et non plus sur la classe générique (miel), nous sort, en fait, du syllogisme logique et nous fait tout simplement entrer dans le discours argumentatif et dans le domaine de l'enthymème. L'application pure et simple du schéma du syllogisme ne donnerait qu'un texte redondant aux allures d'aussi mauvais rabâchage que (109) et interdirait d'introduire « le miel Trubert », objet visé par les assertions génériques.

L'effacement et l'implicite, le travail sur et avec les inférences possibles représentent, en fait, la règle des textes, la complétude constituant une norme-limite et même illusoire en ce domaine. Ceci a des conséquences sur l'interprétation : les propositions effacées peuvent jouer un rôle dans celle-ci, mais ce qui devient pertinent et qu'il va falloir expliquer, c'est l'opération d'effacement qui confère une importance particulière au texte de « surface », à la matérialité de l'énoncé réalisé.

Selon Aristote, les propositions de l'enthymème :

> [...] sont peu nombreuses, souvent moins nombreuses que celles d'où se tire le syllogisme de la première figure ; en effet, si l'une des prémisses est connue, il n'est même pas besoin de l'énoncer, l'auditeur la supplée. (*Rhétorique* I, 1357a)
>
> Il ne faut ni prendre le raisonnement de loin ni passer par tous les échelons pour conclure ; le premier procédé manque de clarté par suite de la longueur ; l'autre est bavardage, parce qu'il énonce des choses évidentes. (*Rhétorique* II, 1395b 22)

Selon ces citations, l'enthymème est donc un syllogisme incomplet, acception qui sera retenue par la plupart des rhétoriciens ultérieurs. On relève également dans la *Rhétorique* d'Aristote une approche complémentaire de l'enthymème, vu comme un syllogisme dont les « déductions [sont] tirées de vraisemblances et d'indices » (I, 1357a) et dont les prémisses s'appuient sur des topoï (ou lieux [communs]), c'est-à-dire sur des préconstruits argumentatifs formés à partir de l'opinion publique (II, 1396a à 1400b). Ces deux acceptions se rejoignent dans la définition générique de l'enthymème comme « syllogisme de la rhétorique » (I, 1356b), reformulé en « syllogisme mou » par Reboul (1984 : 21) et fondé sur le flou ou le conjoncturel.

b. L'enthymème publicitaire

La publicité abonde en enthymèmes. On peut du reste se demander dans quelle mesure le syllogisme strict serait réalisable dans ce type de discours caractérisé par la « logique molle » ou la « quasi-logique ». Au degré faible, l'enthymème publicitaire adopte l'apparence logique du syllogisme strict, tout en dénaturant ses enchaînements. Le possible factuel remplace alors le nécessaire rationnel :

(111) **J'aime ma femme, j'aime [A] ma Kronenbourg [B].** = majeure
Ma femme [C] achète la Kronenbourg [B] par 6, = mineure
c'est fou ce que j'aime [A] ma femme [C]. = conclusion

On peut certes reconstituer derrière un tel slogan le canevas formel du raisonnement syllogistique : structure ternaire, progression globale par emboîtement de termes (AB – CB – AC)... Mais la rigueur déductive qu'on attendrait d'un syllogisme est sérieusement perturbée sur au moins deux plans :
• Cet énoncé, qui ne s'appuie sur aucune règle générale, se contente d'articuler trois cas particuliers. Soit un bel exemple de paralogisme, d'après les critères de la logique classique. À la limite, on pourrait dire que ce slogan construit progressivement sa propre règle, précaire et conjoncturelle, selon un principe graduel dont

nous reparlerons plus loin : *Plus ma femme achète la Kronenbourg* (mineure), *plus j'aime ma femme* (conclusion).
• La majeure pose de gros problèmes, soit que l'on voie en elle la juxtaposition de deux isotopies (sentimentale et alimentaire), soit que l'on interprète sa première proposition « J'aime ma femme » comme une anticipation de la conclusion (mais on peut tout aussi bien considérer la conclusion comme une reformulation renchérissante de cette première partie de la majeure). Quoi qu'il en soit, la progressivité déductive du texte se ferme en circularité, ce qui est évidemment contraire aux principes de la figure du syllogisme.

Par ailleurs, ce slogan se développe selon un amalgame forcé, favorisé par la polysémie du verbe *aimer*, entre les deux isotopies — sentimentale et alimentaire — produites : il n'est pas légitime, logiquement parlant, de passer de la bière à un renforcement de l'amour conjugal. En fait, par-delà sa mise en scène syllogistique, ce slogan présente une argumentation floue, caractéristique de l'enthymème. Celle-ci consiste en gros à contaminer la valeur alimentaire plus faible par la force de la valeur sentimentale qui lui est associée : l'amour conjugal bonifie qualitativement l'amour de la Kronenbourg. Mais inversement, au niveau de la conclusion, l'amour conjugal se trouve lui-même exalté (« c'est fou ») par sa contribution à l'amour de la Kronenbourg, la valorisation du produit devenant ainsi plus forte que la valorisation sentimentale. Le caractère ouvertement sexiste (sans doute non dénué d'ironie provocatrice) de ce slogan explique que les publicitaires eux-mêmes l'aient considéré comme une des pires réalisations possibles.

Au degré fort, qui constitue la majorité des cas et qui nous intéresse directement dans cette section, l'enthymème publicitaire sous-entend une ou deux propositions du syllogisme. Soit les slogans suivants :

(112) Il n'y a pas de bulles dans les fruits
Alors il n'y a pas de bulles dans Banga.

(113) Moi j'aime le naturel et mon visage aime Monsavon.

L'exemple (112) repose sur un schéma inférentiel argumentatif de type : [**SI p, ALORS q**] et nous sommes très proches des énoncés argumentatifs classiques dont nous reparlerons au chapitre suivant. L'enchaînement linéaire **Donnée → Conclusion** n'est, en fait, acceptable que si l'on passe par une explication de type : « *PARCE QUE/CAR* il n'y a que des fruits dans Banga ». Le passage de la prémisse majeure « Il n'y a pas de bulles (A) dans les fruits (B) » à la conclusion « Alors il n'y a pas de bulles (A) dans Banga (C) » est rendu possible par l'intermédiaire de la prémisse mineure effacée : « *CAR il n'y a que des fruits (B) dans Banga (C)* ». Reste la question du pourquoi du choix de l'enthymème au détriment du syllogisme. Il semble que l'explication de cette ellipse est triple. On peut avancer un argument pragmatique : l'enthymème oblige l'interprétant-consommateur potentiel à suppléer lui-même l'ellipse en restituant la proposition (positive) la plus importante, celle qui constitue l'argument de vente de Banga en l'opposant aux autres boissons (gazeuses). On peut également avancer un argument juridique : énoncer la prémisse manquante reviendrait, en effet, à affirmer une proposition dont la vérité est loin d'être certaine ; l'ellipse de la prémisse mineure rend ainsi le slogan juridiquement intouchable : cette publicité ne peut être dite mensongère. Enfin, ce choix de l'enthymème peut s'expliquer par des raisons purement ludiques. Comme le rappelle Barthes : « L'enthymème n'est pas un syllogisme tronqué par carence, dégradation, mais parce qu'il faut laisser à l'auditeur le plaisir de tout faire dans la construction de l'argument : c'est un peu le plaisir qu'il y a à compléter soi-même une grille donnée » (1970 : 203).

L'exemple (113) permet d'aboutir, selon un enchaînement comparable, de la prémisse majeure « Moi j'aime le naturel » à la conclusion « [DONC] mon visage aime Monsavon » en passant par une prémisse mineure de type *« OR Monsavon est naturel »*. Le passage de la totalité du sujet (moi, je) à son seul visage ne perturbe pas l'interprétation (relation tout-partie sous-jacente).

L'enthymème publicitaire nécessite souvent un important travail interprétatif de la part du lecteur, comme dans ce célèbre slogan :

(114) La femme est une île,
   Fidji est son parfum.

Un tel exemple confirme une idée d'Umberto Eco sur la publicité : « Les champs enthymématiques sont parfois tellement complexes qu'il est inconcevable qu'ils soient, chaque fois, compris par le destinataire » (1972 : 256). Ce que nous nuancerons en mettant seulement en doute le fait que le lecteur-interprétant puisse parcourir l'ensemble du raisonnement sous-jacent, c'est-à-dire, par exemple, qu'il interprète la première proposition métaphorique de (114), qu'il décode le jeu homonymique sur le nom propre géographique (où *Fidji est une île*) et de la marque (où *Fidji est un parfum*) pour aboutir à la conclusion générique ou particularisante : *Fidji est le parfum de la (des) femme(s), son parfum.*

c. Fonctions de l'ellipse et du sous-entendu
Face à l'enthymème, on a vu plus haut comment Aristote définissait le syllogisme logique. Cette définition permet de comprendre le caractère formel de celui-ci : rien, en dehors des prémisses et des termes mis en jeu par elles, n'est requis pour inférer la conclusion. Seule la relation qui lie des termes univoques, formalisables par des lettres A, B et C, suffit à produire une proposition de conclusion. Soit la formule logique classique : A = B, (OR) B = C où l'effacement du moyen terme (B) et l'application de la loi d'abaissement fournissent la conclusion du raisonnement formel : (DONC) A = C. Autrement dit, le prédicat de la majeure (B) étant le sujet de la mineure, la proposition qui forme la conclusion a pour sujet celui de la majeure (A) et pour prédicat celui de la mineure (C) : [A] est vrai de tout [B], OR [B] est vrai de tout [C], DONC [A] est vrai de tout [C]. Ce modèle du syllogisme de la première figure exclut, bien sûr, la conclusion particulière inférée par (110) : « Toutes les vertus sont dans le miel Trubert. »

Abandonnant radicalement cet idéal de complétude de la déduction logique, disons que (110) est un texte aussi « complet » que possible et en tout cas représentatif des énoncés publicitaires. La suppression de la conclusion est une des caractéristiques des pratiques discursives : l'ellipse et le sous-entendu ne sont pas des déviances ou des manques, mais ils constituent l'usage dans les textes en langue naturelle qui se moquent des formes idéales et closes des logiciens.

Du reste, le rétablissement de la conclusion du syllogisme ne ferait pas vraiment progresser l'information textuelle : la nouvelle proposition ne serait, en effet, qu'un agencement nouveau des termes mis en jeu dans les prémisses, conformément à la définition d'Aristote donnée plus haut, et elle exclurait l'introduction du nom propre. En substituant LE MIEL TRUBERT à la conclusion attendue, ce texte conserve une structure progressive et dynamique. La présence du nom propre en fin de texte vient modifier la référence du déterminant défini « le » et aboutit à une construction exemplaire : le texte progresse vers le nom propre comme fin de son processus d'élaboration du sens. Ce texte réel substitue le spécifique « le miel Trubert » au générique « le miel » de la conclusion d'un syllogisme. Le syllogisme est dépassé et effacé, le raisonnement logique emporté. Ce texte est informatif et « pertinent », dans la mesure où il véhicule plus d'information que son interprétant n'en possédait au terme de sa lecture des prémisses.

Une question demeure : l'interprétant doit-il s'appuyer sur la structure argumentative de l'enthymème et nécessairement passer par le rétablissement de la conclusion implicite pour opérer ensuite le glissement du générique à l'actualisation particularisante ? En d'autres termes, ce texte est-il lisible sans le recouvrement de l'ellipse ? L'argumentation publicitaire emprunte-t-elle d'autres voies ?

En y regardant de près, ce texte comporte à la fois une structure séquentielle argumentative prototypique (la structure minimale du syllogisme) et une structure d'un autre ordre qui déplace le mouvement de lecture par l'enthymème. Cette structure qui vient s'appliquer sur la précédente pour instaurer un autre régime du sens peut être définie comme une structure « poétique » — ce qui nous rapproche des observations de Leo Spitzer longuement citées au chapitre précédent. Cette structure peut, de plus, être considérée comme une structure « subliminale », pour reprendre une expression de Roman Jakobson qui, étudiant poèmes, devinettes, proverbes, dictons et chansons populaires, arrive à cette conclusion :

> Le folklore nous fournit des exemples particulièrement éloquents de structures verbales lourdement chargées et hautement efficaces, en dépit de son indépendance habituelle de tout contrôle de la part du raisonnement abstrait. (1973 : 284)

Voyons rapidement si notre texte, qui n'a pas été choisi parmi des formes brèves du folklore mais dans le discours publicitaire contemporain, présente, lui aussi, « des figures phoniques et grammaticales serrées, étroitement unies à une méthode de structuration décidément subliminale » (1973 : 285).

L'attention aux seuls parallélismes superficiels engendrés par le principe d'équivalence suffira : les groupes grammaticaux (de deux syllabes) « toutes les » et « sont dans » sont repris en parallèles, « les fleurs » et « le miel » aussi. Ce qui aboutit à un reste (également de deux syllabes) intéressant : /vertus/ + /Trubert/ qui réunit les premier et dernier mots. Par-delà la syntaxe, le parallélisme phonique produit une fusion des deux signes restants. En effet, si nous tenons compte des phonèmes virtuels [3], nous constatons de surprenants rapports paronomastiques :

vɛRty//tRybɛR

Les consonnes restantes /v/ et /b/ sont phonétiquement assez proches (labiales sonores toutes deux, labio-dentale fricative pour /v/ et bi-labiale occlusive pour /b/, c'est-à-dire distinguées par un seul trait) pour que l'on considère le nom propre « TRUBERT » comme le paragramme (sinon l'anagramme [4]) phonique de « VERTUS ». L'ellipse de l'enthymème est la condition même de la réalisation de cette structure « poétique ». Le rétablissement des éléments effacés rendrait impossible l'élaboration des couplages et donc le mode singulier de « compréhension poétique » et subliminale de ce texte.

L'exemple (112) subit un traitement analogue : le parallélisme issu de la segmentation en deux lignes crée une corrélation simple entre les mots placés en position finale : « fruits » et « Banga ».

Tout concourt, dans les deux cas, à résoudre un problème majeur en publicité : le manque de sens connotatif du nom propre. La dynamique communicative qui oriente l'ensemble du texte vers le nom propre « Trubert », de même que les parallélismes et paronomases qui rapprochent « vertus » et « Trubert » — et moins fermement « fruits » et « Banga », « naturel » et « Monsavon » — produisent co(n)textuellement le sens du nom propre (dont nous avons déjà été amenés à parler).

Ces exemples doivent ainsi être considérés dans le cadre de l'espace de régularité de l'interdiscours publicitaire. Espace de régularité fondé sur l'établissement d'un processus de positivation autour du nom propre de la marque (*Trubert, Banga, Monsavon*). Dans l'exemple (110), le fait que « Le miel Trubert » soit typographiquement donné en gros caractères rouges assure le repérage immédiat de l'objet du discours. Le reste du texte (en plus petits caractères noirs) assure l'apport d'au moins une propriété valorisante, renforcée par le quantificateur universel : « toutes les vertus ».

Énonciativement, ce texte est ancré dans une généricité, une sorte d'absolu intemporel et l'absence de prise en charge énonciative garantit la validité universelle de ce qui est prédiqué. Ce texte peut être rapproché des dictons, proverbes et autres maximes non seulement en raison de sa structure séquentielle « poétique », mais également en raison de la nature gnomique de son fonctionnement référentiel.

La valeur descriptive de la (macro)proposition sous-jacente « Toutes les vertus sont dans le miel Trubert » amène l'interprétant, à partir du contexte publicitaire, à calculer les raisons présumées de la prédication. Faire croire à l'excellence

---

3. Au sens où cet énoncé n'est pas destiné à l'oralisation, mais comporte des traces graphiques qui correspondent à des phonèmes de l'oral.

4. On peut parler — sur le modèle AIMER/MARIE — d'anagramme dans le cas de cette publicité *Nikon* : « La magie de l'image ».

du produit (énoncé explicitement constatif-descriptif) a pour but de faire acheter (énoncé implicitement directif) le pot de miel en question. Sur ce point, nous sommes assurément fort loin de la « poésie » proprement dite et le processus de positivation dont nous avons parlé est bien fonctionnel.

1.4. De la séquence au texte

De ce qui précède, il ressort que l'on peut admettre l'idée d'un mode particulier de composition des énoncés liant des propositions selon deux types d'ordres :
— ordre progressif : **données** → [**inférence**] → **conclusion**
— ordre régressif : **conclusion** ← [**inférence/justification**] ← **données**

Dans l'ordre *progressif* [p → DONC → q], l'énoncé linguistique est parallèle au mouvement du raisonnement : « On *tire* ou fait *s'ensuivre* une conséquence de ce qui la précède à la fois textuellement et argumentativement » (Borel 1991 : 78). Dans l'ordre *régressif* [p ← CAR ← q], la linéarité de l'énoncé linguistique renverse le mouvement : « On *justifie* une affirmation qui précède textuellement, mais qui suit argumentativement » (*ibid.*). Tandis que l'ordre progressif vise à conclure, l'ordre régressif est plutôt celui de la preuve et de l'explication.

Le mouvement qui mène de la macroproposition **donnée(s)** à la macroproposition **conclusion** mérite une attention toute particulière. Perelman conçoit ce mouvement comme un transfert d'adhésion :

> L'argumentation ne transfère pas des prémisses vers une conclusion une propriété objective, telle que la vérité — ce qui est le cas dans la démonstration — mais s'efforce de faire passer vers la conclusion l'*adhésion* accordée aux prémisses. Cette adhésion est toujours relative à un auditoire, elle peut être plus ou moins intense, selon les interlocuteurs. (1983 : 173)

Si l'idée de transfert d'adhésion est capitale dans le domaine publicitaire, la distinction entre argumentation et démonstration n'est peut être pas aussi évidente que Perelman le pense.

Il faut insister sur le choix des données et des prémisses d'une argumentation. Le fait qu'une argumentation vise toujours un auditeur ou un public spécifique explique l'importance de ce choix : « Il est nécessaire que [le locuteur] se fasse, parmi d'autres, une représentation de son auditeur. Non seulement des connaissances qu'il a, mais des valeurs auxquelles il adhère » (Grize 1981 : 30).

À ce propos, Aristote développe le raisonnement suivant : pour convaincre un interlocuteur, il faut mettre celui-ci en position telle qu'il se trouve dans l'impossibilité de refuser les propositions avancées. Pour aller dans le sens d'une telle impossibilité, il faut que ces propositions soient aussi proches que possible de quelque opinion générale qui revêt le plus souvent la forme consensuelle d'un topos. Pour se faire une idée de la complexité de la collecte de telles prémisses communes, il suffit de voir comment Aristote décrit leur récolte : « On peut retenir les opinions qui sont celles de tous les hommes, ou de presque tous, ou de ceux qui représentent l'opinion éclairée, et parmi ceux-ci, celles de tous, ou de presque tous, ou des plus connus, exception faite de celles qui contredisent les évidences communes » (*Topiques* I, 14).

Pour passer du schéma procédural élémentaire dont il a été question au début de ce chapitre à l'essai de définition de la séquence argumentative prototypique, partons de ces considérations dues à Oswald Ducrot :

> Un grand nombre de textes littéraires, surtout aux XVIIe et XVIIIe siècles, se présentent comme des raisonnements. Leur objet est soit de démontrer, soit de réfuter une thèse. Pour ce faire, ils partent de prémisses, pas toujours explicites d'ailleurs, censées incontestables, et ils essaient de montrer qu'on ne saurait admettre ces prémisses sans admettre aussi telle ou telle conclusion — la conclusion étant soit la thèse à démontrer, soit la négation de la thèse de leurs adversaires. Et, pour passer des prémisses aux conclusions, ils utilisent diverses démarches argumentatives dont ils pensent qu'aucun homme sensé ne peut refuser de les accomplir. (1980 : 81)

Bien qu'elle s'appuie sur des formes très élaborées (littéraires) de discours argumentatifs, cette analyse rejoint le modèle mis en évidence plus haut. Ducrot parle d'abord de deux mouvements argumentatifs : démontrer et réfuter une thèse. Dans les deux cas, le mouvement est le même puisqu'il s'agit de partir de prémisses (données) qu'on ne saurait admettre sans admettre aussi telle ou telle conclusion. Entre les deux, le passage est assuré par des « démarches argumentatives » qui prennent l'allure d'enchaînements d'arguments-preuves correspondant soit aux supports d'une règle d'inférence, soit à des micro-chaînes d'arguments ou à des mouvements argumentatifs enchâssés. Cette analyse va dans le sens du schéma de base vu en 1.2 et n'exclut pas les restrictions qu'il prévoit. Surtout, notre schéma de base doit être complété à la lumière du principe dialogique : « Un discours argumentatif [...] se place toujours par rapport à un contre-discours effectif ou virtuel. [...] Défendre une thèse ou une conclusion revient toujours à la défendre contre d'autres thèses ou conclusions » (Moeschler 1985 : 47). On aboutit finalement à la séquence argumentative prototypique suivante :

```
                                                donc
THÈSE        +  DONNÉES ──── Étayage ──────────────────→ CONCLUSION
ANTÉRIEURE      (Prémisses)  des inférences  probablement  (Nouvelle) Thèse
P. arg 0        P. arg 1     P. arg 2          ↑           P. arg 3
                                            à moins que
                                            RESTRICTION
                                              P. arg 4
```

Ce modèle à quatre macropropositions (P. arg 1, 2, 3 et 4) prend explicitement appui sur P. arg 0 (thèse antérieure) dans le cas particulier de la réfutation. Par ailleurs, ce modèle n'est pas d'un ordre linéaire immuable : la (nouvelle) thèse (P. arg 3) peut être formulée d'entrée et reprise ou non par une conclusion qui la redouble en fin de séquence, la thèse antérieure (P. arg 0) peut être sous-entendue. Cette séquence argumentative prototypique fonctionne comme matrice structurant des ensembles textuels plus vastes qui peuvent recouvrir une multitude de formes dans le discours publicitaire et dont nous allons voir un exemple. Jean-Michel Adam a présenté ailleurs (1992 : 122-124) ce petit texte qui accompagnait un produit de vaisselle comme un modèle de texte argumentatif (nous respectons autant que possible la disposition typographique du document original et désignons les propositions de surface par une lettre, pour la commodité d'une analyse que nous résumons) :

(115) [a] **Les hommes aiment les femmes**
   [b] **qui ont les mains douces.**
   [c] **Vous le savez.**
   [d] **Mais vous savez aussi** [e] **que vous faites la vaisselle.**
   [f] **Alors ne renoncez pas pour autant à votre charme,** [g] **utilisez Mir Rose.** [h] **Votre vaisselle sera propre et brillante.**
   [i] **Et vos mains, grâce à l'extrait de pétale de rose contenu dans Mir Rose, seront plus douces et plus belles.**
   [j] **Elles ne pourront que vous dire merci.** [k] **Votre mari aussi.**

Examinons les mouvements argumentatifs de ce texte, en insistant sur ses principaux appuis inférentiels. Le connecteur argumentatif MAIS, qui ouvre [d], articule entre elles deux prémisses qui ont une valeur de données pour deux conclusions opposées. Les propositions [c] (« Vous le savez ») et [d] (« vous savez aussi ») insistent sur le fait que l'interprétant-lecteur (« vous ») peut effectuer certaines inférences. Cela étant, on distingue une première séquence argumentative :

Données D1 [a]-[b] — Inférences [c] — donc probablement ——> Conclusion C1

La proposition relative [b] introduit une propriété qui est presque une restriction de [a] : *seules les femmes qui ont les mains douces peuvent être aimées des hommes*. On peut, en outre, tirer une conclusion C1 appuyée sur [c] : *Vous savez que si vous avez les mains douces, les hommes vous aimeront probablement*. Il faut ajouter encore l'appui des inférences sur un savoir partagé qui s'intègre dans le topos de la qualité de la tradition rhétorique (Reboul 1984 : 88) : « Les mains douces, c'est bon pour les caresses. »

Le connecteur argumentatif MAIS introduit une restriction susceptible de bloquer la conclusion inférentielle C1. Cette restriction est, en fait, comme c'est souvent le cas dans un mouvement argumentatif un peu complexe, constituée par une deuxième séquence argumentative enchâssée dans la première :

Mise en texte de l'argumentation publicitaire 123

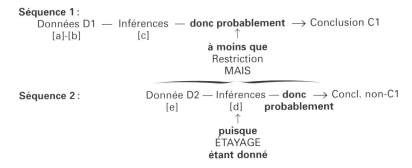

La donnée D2 (« vous faites la vaisselle ») entraîne l'application d'un processus inférentiel : [donc probablement non-C1] : *Les hommes ne vous aimeront vraisemblablement pas*. Cette conclusion non-C1 s'appuie sur une règle d'inférence garantie par deux topoï ou stéréotypes argumentatifs, le second — plus général — correspondant au « backing » de Toulmin (1958 : 103) :
- *puisque faire la vaisselle abîme les mains*,
- *étant donné que la vaisselle se fait avec les mains*.

Ce dernier mouvement argumentatif est lui-même susceptible d'être interrompu dans son déroulement par une troisième séquence :

```
Séquence 1 :     D1 ——— Inférences [c] ———> C1
                 [a]-[b]        ↑
                          à moins que
                          Restriction 1
                             MAIS
Séquence 2 :     D2 [e] — Inférences [d] — ALORS → Conclusion non-C1
                                   probablement
                                        ↑
                                   Réfutation
Séquence 3 :              non-(non-C1) POUR AUTANT
                                Restriction 2 [f]
                                   à moins que
                          Donnée D3 [g] — Inférences → Conclusions
                                                        C2-[h]
                                                        C3-[i]     = C1
                                                        C4-[j]-[k]
```

La proposition [f] (« Alors ne renoncez pas pour autant à votre charme ») laisse entendre que le mouvement argumentatif des deux premières séquences menait à une conclusion du type : *renoncer à plaire*. Cette conclusion non-C1 est implicitement amenée par la donnée D2 introduite par MAIS.

Ce mouvement des deux premières séquences ne peut être bloqué que par une raison susceptible d'interrompre un tel enchaînement : pour que non-(non-C1) — ne pas (renoncer à plaire) — soit possible, il faut réfuter les inférences précédentes. Le rôle du connecteur POUR AUTANT est ici important. Ce connecteur souligne la consécution [D2 → conclusion non-C1], c'est-à-dire une conclusion non-C1 (*ne pas pouvoir plaire aux hommes*) qui implique bien un renoncement au charme. POUR AUTANT signale que cette conclusion peut être rejetée, qu'elle émane d'un point de vue qui n'est pas celui du locuteur. Cette analyse polyphonique vient en quelque sorte expliquer le changement de modalité syntaxique. Le passage à l'impératif dans les propositions [f] et [g] prouve que les énoncés qui suivent ALORS sont nettement pris en charge par le locuteur : celui-ci pose, en fait, le savoir (propositions [c] et [d]) de son lecteur-interprétant comme un point de vue dont il propose la réfutation. L'ensemble du mouvement précédent est, par la négation (« ne renoncez pas... »), attribué à un point de vue déclaré inadmissible et que le locuteur implicite rejette impérativement.

Le moyen de ce rejet (restriction À MOINS QUE) tient tout entier dans l'utilisation du produit de vaisselle *Mir Rose* (proposition [g]). Soulignons encore que le futur des propositions [h], [i] et [j] introduit une prédiction des conclusions liées à cette nouvelle donnée : Si vous utilisez *Mir Rose*, ALORS votre vaisselle sera... vos mains seront... etc. La conclusion C3 (« vos mains... seront plus douces et plus belles ») renvoie directement aux inférences de la première séquence (D1 → C1). C'est dire que la seconde restriction (réfutation D3-[g]) vient tout simplement compenser la première (MAIS D2-[e]).

Les effets énonciatifs de surface liés aux changements des temps des verbes (présent, puis impératif, puis futur qui fait apparaître les propositions [h], [i], [j] et [k] comme une conséquence de [g]) sont surtout des changements modaux. Aux propositions non prises en charge par le locuteur (prémisses au présent de vérité générale) succèdent des propositions très directement assumées par lui (impératif et futur à valeur prédictive). Ces aspects énonciatifs participent du mouvement argumentatif comme volonté d'influencer autrui (« vous »).

Plus largement, la compréhension de ce texte repose sur une recomposition du mouvement argumentatif correspondant au modèle réduit de l'induction dont nous avons parlé plus haut :

SI vous voulez QUE [propositions h à k]
ALORS [Utilisez *Mir rose*] (g)

L'acte illocutoire directif final — situé entre la recommandation et l'ordre et présupposant le passage par l'achat du produit — s'appuie sur le désir que les propositions [h] à [k] ont mis en scène. Cette dernière déconstruction de la linéarité progressive du texte confirme le fait que l'interprétation est une opération libérée des formes linguistiques de surface [5].

2. Argumenter en décrivant

Le glissement de l'argumentation à la description est parfaitement mis en scène dans cette longue publicité *Peugeot* :

---

[5] Pour un corpus plus complet sur d'autres annonces *Mir Rose* de la même campagne, nous renvoyons aux pages 66-74 d'un article déjà ancien de J.-M. Adam : « Enjeux d'une approche du discours publicitaire : notes pour un travail de recherche » (*Pratiques*, n° 7/8, 1975).

(116) Après une lecture attentive de la documentation,
le choix de mon père s'est fixé sur la 806.

> Il faut dire qu'il y a trouvé plusieurs raisons d'être séduit par cette toute nouvelle voiture. L'une d'elles est la caisse tout acier. C'est une notion fondamentale pour un monoplace. La caisse tout acier de la 806 est construite selon une architecture qui donne une rigidité maximale à l'habitacle. Le plancher plat est continu, il est soutenu par plusieurs traverses et quatre longerons longitudinaux. Le pavillon est renforcé par deux arceaux. Au final la voiture est composée de seulement 345 éléments soudés en 4 227 points. Si la structure monocoque de la 806 est faite pour résister aux chocs, elle est aussi conçue pour en diminuer la brutalité par absorption d'énergie. D'autres mesures promettent également une sécurité accrue aux occupants de la 806. En cas de choc, les intrusions et les déformations dans l'habitacle sont limitées, par exemple la remontée de la colonne de direction est de 137 mm. Pour le conducteur, un sac gonflable équipe la 806 en option. Les sièges avant ont des ceintures à rétraction pyrotechnique, les ceintures latérales de la deuxième rangée sont équipées d'un bloqueur de sangle. On notera aussi que le réservoir est abrité en zone centrale sous le plancher et qu'un dispositif inertiel de sécurité interrompt en cas de fort impact l'alimentation en carburant. Je souris parce que je pense à l'instant que, en fait, le papa de Luc n'a pas de 806 et que, s'il lit ça, il aura sans doute envie d'en acheter une.

Les « raisons d'être séduit » sont, en fait, de simples données descriptives soigneusement sélectionnées et énumérées à la suite les unes des autres. On assiste ici à une description orientée par la mise en avant des propriétés de l'objet décrit relatives à la sécurité. Formulée par un enfant fictif (« JE » du texte) qui est supposé s'adresser à des « pères » et rejoignant le processus de « schématisation » exposé au chapitre 1, cette publicité se fait prioritairement argumentative par un jeu de filtrage des traits descriptifs de la voiture proposée.

La **fonction représentative** ou **diégétique** de la description — qui consiste à mettre un « monde » ou « univers » debout : décrire la voiture *Peugeot 806* en (116) — se double d'une **fonction expressive** : signaler le point de vue d'un sujet (narrateur ou personnage-descripteur : l'enfant de (116), mais aussi destinataire de la description : le père). On utilisera la notion d'**univers diégétique** pour désigner les mondes singuliers construits par le discours publicitaire. Soumis à ses propres lois, un univers diégétique est peuplé d'individus (personnages, animaux et objets) possédant des propriétés qui sont plus ou moins proches de celles des individus similaires de notre univers de référence. Dans les développements fictionnels — dont nous reparlerons au chapitre 6, à propos des publicités fondées sur des hypothétiques —, les poissons peuvent parler et les chats faire les courses. Tout univers diégétique est interprétativement construit par le lecteur/auditeur à partir de ce qui est dit, mais aussi de ce qui est implicitement présupposé par le texte. C'est en ce sens qu'Umberto Eco parle, dans *Lector in fabula*, d'une « coopération interprétative » destinée à remplir les vides, blancs, ellipses de tout énoncé.

2.1. Les procédures descriptives

Que la description prenne des formes étendues ou brèves, un répertoire de sept opérations semble commun à toutes les procédures descriptives :

- Opération d'**ancrage-affectation** :

    <a> Dénomination de l'objet de la description (tout).

- Opérations d'**aspectualisation** :

    <b> Fragmentation du tout <a> en parties <b>.
    <c> Mise en évidence de qualités ou propriétés du tout <a> ou des parties envisagées en <b>.

- Opérations de **mise en relation** :

    <d> Mise en situation temporelle (situation de <a> dans un temps historique ou individuel).
    <e> Mise en situation spatiale (relations de contiguïté entre <a> et d'autres entités susceptibles de devenir à leur tour l'objet d'une procédure descriptive, ou entre les différentes parties <b>).
    <f> Assimilation comparative ou métaphorique qui permet de décrire le tout <a> ou ses parties <b> en les mettant en relation analogique avec d'autres entités.

- Opération de **reformulation** :

    <g> Le tout <a> ou ses parties <b> peuvent être renommés en cours ou en fin de description.

Les descripteurs sont libres d'appliquer ou non telle ou telle de ces opérations et ils peuvent procéder selon un ordre de leur choix. Cet arbitraire de l'ordre de la description transparaît dans l'énumération additive si fréquente dans la publicité : les éléments d'une liste peuvent être donnés à la suite sans que l'on puisse prévoir à quel moment l'énumération touchera à sa fin. Ainsi dans ces deux exemples :

(117) **Elle centre. Elle aligne.**
    Elle justifie.
    Elle paragraphe.
    Elle tabule.
    Elle mémorise.
    Elle supprime.
    Elle corrige.
    Elle déplace.
    Elle remplace.
    Elle gère. Elle traite.
    Elle affiche.
    Elle enregistre.
    Elle archive.

Elle tableaute. Et tout
ça sur grand écran.
Ciao la dactylo !

Olivetti
Les plaisirs de la télécriture.

(118) [...] Elle est pleine d'idées, la nouvelle Mazda 626. Des idées qui montrent que ceux qui l'ont conçue et construite savent que chaque détail compte pour vous rendre la route plus agréable. AINSI, le siège du conducteur à 9 positions de réglage dont un bouton-mémoire permet de retrouver instantanément votre réglage personnel. OU les sièges arrière rabattables séparément. OU le volant réglable en hauteur pour que chacun choisisse sa meilleure position de conduite. SANS OUBLIER le radio-cassette stéréo à 3 longueurs d'ondes ET les lève-glaces électriques. ON POURRAIT CONTINUER AINSI ET ÉCRIRE UN LIVRE GROS COMME ÇA. Mais notre best-seller est déjà là : c'est la nouvelle 626.
[nous soulignons]

À la différence de la pure énumération linéaire et aléatoire de (117), en (118) la séquence est ouverte par un connecteur illustratif (AINSI). Ce connecteur marque le début d'une énumération de parties <b> énonciativement permutables et équivalentes :
— « le siège du conducteur » (partie 1)
— « OU les sièges arrière » (partie 2)
— « OU le volant réglable » (partie 3)

Cette énumération s'achève partiellement par « SANS OUBLIER le radio-cassette [...] ET les lève-glaces électriques » (parties 4 et 5). Le dernier énoncé : « ON POURRAIT CONTINUER AINSI ET ÉCRIRE UN LIVRE GROS COMME ÇA » est l'équivalent d'un ETC. La clôture de la liste est posée comme toute provisoire et dépendante des limites matérielles de l'opération descriptive elle-même.

Le tout <a> peut n'être nommé qu'en fin de description (affectation), venant ainsi résoudre une énigme référentielle : « De qui/quoi était-il question ? » La détermination des propriétés <c> peut également se greffer sur une comparaison ou sur une métaphore <f>. Des parties de parties <b> peuvent être prises en considération selon une procédure qui peut librement être interrompue ou prolongée en formant ainsi une séquence descriptive de plus ou moins grande étendue.

L'exemple (102), de l'île de Chypre, offre un cas exemplaire de développement essentiellement métonymique, dominé par les opérations <d> et <e>.

Dans l'exemple suivant, l'opération de thématisation comparative <f> sur les trois propriétés <c> énumérées dès le titre est à la fois exemplaire et systématique (nous soulignons) :

(119) Hôtels Méridien Caraïbes <a>
Bleu, blanc, frais <c>

Bleu <c> <u>comme</u> la mer <f>, parfois verte <c> ou turquoise <c>, ou mauve <c> selon les heures <d>. Blanc <c> <u>comme</u> le sable <f>, ou le soleil <f> à midi <d>.

128 Le texte publicitaire

Bleu <c>, blanc <c>, frais <c> <u>comme</u> les rafraîchissements <f> au bord de la piscine <e>. Les hôtels Méridien Caraïbes <a> sont des cocktails de plaisir <g>.

2.2. Choix des procédures et effets de sens

Le recours à l'une ou l'autre des sept opérations de base est entièrement soumis aux besoins des effets de sens à produire. Les deux premières opérations, comme on l'a vu, introduisent une tension entre un mouvement de fragmentation de l'objet décrit <b> et un mouvement de totalisation et d'unité <a>. Le choix des propriétés <c>, des reformulations <g> et des assimilations comparatives et métaphoriques <f> n'est jamais fortuit.

Parmi les opérations décrites plus haut, la sélection des propriétés <c> constitue un premier lieu sensible : la sémantisation de la représentation descriptive passe par le choix d'adjectifs plus ou moins chargés d'une valeur évaluative. Les comparaisons et les métaphores <f> permettent également d'orienter l'interprétation. La sélection des pivots lexicaux (parties <b>) n'est pas neutre non plus, elle influence elle aussi la reconstruction des réseaux de sens ou des isotopies descriptives chez le lecteur.

Ainsi, dans les exemples publicitaires cités plus haut, une isotopie euphorique est lisible chaque fois. En (118), à propos de la « nouvelle Mazda 626 », il est question de « route plus agréable », de « meilleure position de conduite » et l'ensemble du dispositif technologique (bouton-mémoire, volant réglable, etc.) vient appuyer l'adjectif « nouvelle » répété à plusieurs reprises. Caractériser l'île de Chypre comme « fabuleuse » (102), c'est entreprendre une description minimale : énoncer une propriété <c> qui joue sur le double sens du mot. Le sens que l'on peut qualifier de littéraire : « Qui appartient à la fable, au merveilleux antique », comme le dit le dictionnaire *Le Robert*. À ce sens visiblement pleinement exploité par cette publicité s'ajoute, dans le contexte propre à la réception du discours publicitaire, l'usage courant moderne : « Invraisemblable quoique réel » (*Le Robert*), synonyme intensif de prodigieux ou extraordinaire.

De même, lorsque le slogan (101) prend cette forme :

**(101) La Manta.
De l'allure. Et du tempérament !**

on peut dire qu'il se présente comme un énoncé descriptif. En effet, de la Manta, thème-objet du discours, le locuteur choisit de relever deux propriétés <c> positives, en les modalisant par le ton exclamatif. Ces deux propriétés ont la particularité de dessiner une ligne métaphorique (elles parlent de l'inanimé objectal en termes propres aux individus animés, humains ou animaux) que le texte exploite ensuite. En fait, très classiquement, cette publicité automobile se développe dans deux directions complémentaires : une ligne que l'on peut dire « réaliste » (usant de la synecdoque <b> et de la métonymie <e> de façon privilégiée) et une ligne métaphorique <f>, génératrice des connotations et d'un investissement imaginaire.

Ce paragraphe, par exemple, correspond à la première direction en détaillant de façon énumérative les parties du tout (la voiture Manta) et en leur conférant certaines propriétés :

> Ajoutez à cela un châssis <b> sport <c> surbaissé <c>, des jantes <b> larges <c> en métal léger <c>, des freins à disque <b> ventilés <c> à l'avant <e>, des amortisseurs <b> à pression de gaz <e> Bilstein <g> et un équipement <b> sport <c> complet <c>. En plus, pour le modèle Dakar <a> + <g>, des ailes <b> élargies <c>, des coupe-vent <b>, un différentiel <b> autobloquant <c> ZF <g>, etc.

En revanche, parler de « ligne racée », d'un « fougueux » moteur à injection et de « tempérament » revient à conférer des caractéristiques propres aux êtres animés (femme ou cheval de course ?) selon une opération d'assimilation métaphorique <f>.

2.3. Un cas particulier de description masquée

Ce prospectus publicitaire — analysé plus complètement ailleurs par Jean-Michel Adam (1990) — présente une forme descriptive particulièrement intéressante, dans la mesure où il commence comme un récit :

(120) [§I] **Il était une fois...**
    ...un charmant petit pays.
    [§II] **Avec beaucoup de châteaux. Des collines verdoyantes, des forêts millénaires, des ruisseaux enchanteurs. Avec des habitants accueillants, joyeux et gourmets.**
    [§III] Ils sont là, au cœur de l'Europe ; si près de chez vous. Car le plus beau de l'histoire, ce pays existe vraiment !

    Le grand-duché de Luxembourg

Ce texte publicitaire — dont l'importante part iconique est constituée par une métonymie du pouvoir : la représentation d'une chaise ducale — comporte trois paragraphes et une suite de phrases typographiquement marquées. Observons tout d'abord comment cette publicité masque sa structure descriptive sous une apparence de récit.

Le premier paragraphe, en dépit des points de suspension et de l'alinéa qui le scinde en deux, ancre énonciativement, référentiellement et séquentiellement le discours :

• **Énonciativement**, le « Il était une fois... » des contes met en place un repérage non actualisé des événements (l'énonciation « historique » de Benveniste) : les événements à venir devront être repérés — à partir du point origine fictif — les uns par rapport aux autres et non en référence à l'ici-maintenant de l'énonciation.
• **Référentiellement**, « Il était une fois... » est un opérateur de construction de monde. Il agit comme un marqueur de fictionalité qui suspend les conditions habituelles de validité des propositions et ouvre sur un monde ayant sa logique propre.

• **Séquentiellement**, « Il était une fois... » signale une suite narrative et un genre : le conte.

Ces diverses instructions agissent comme autant d'opérateurs de contrôle de l'interprétation du texte à venir. Les instructions initiales aident le lecteur à prédire l'orientation des séquences ultérieures et, dès lors, elles en facilitent tout simplement le traitement. Par exemple, elles permettent ici de calculer qu'ayant affaire au début d'un conte, il va être question des circonstances (temps et lieu) et des acteurs du récit (avec leurs qualifications propres). Le lecteur prévoit que la suite répondra aux questions initiales classiques (qui ?, où ?, quand ? et quoi ?), qu'elle sera avant tout descriptive, posant les éléments de base pour un récit à venir.

Le second paragraphe donne à lire des propositions descriptives qui énumèrent, après ses propriétés (« charmant » et « petit »), les composantes du pays. La structure parataxique met le lecteur dans l'obligation de lier cette suite de phrases nominales sur d'autres bases que les rapports syntaxiques habituels :

    (I) AVEC beaucoup \<c\> de <u>châteaux</u> \<b\>.   P2

    (II) (1') Des <u>collines</u> \<b\> verdoyantes \<c\>,
        (2') des <u>forêts</u> \<b\> millénaires \<c\>,   P3
        (3') des <u>ruisseaux</u> \<b\> enchanteurs \<c\>.

    (III) AVEC des <u>habitants</u> \<b\>   (1") accueillants \<c\>,
                                      (2") joyeux \<c\>,   P4
                                      (3") et gourmets \<c\>.

En quelques propositions descriptives élémentaires, divers objets (soulignés) sont successivement sélectionnés \<b\> et leurs propriétés énumérées \<c\>. Cette structure hiérarchique est stylistiquement ordonnée (*elocutio*) par un rythme périodique ternaire : les trois phrases, qui correspondent chacune à une catégorie (monde objectal-construit, nature et monde humain), fixent une mesure ternaire initiale, P3 comporte trois propositions descriptives et enfin, P4 développe trois propriétés des « habitants »[6].

Avec la phrase suivante (P5) et le troisième paragraphe, on assiste à une ellipse du récit attendu et nous passons sans transition du début d'un conte à ce qui pourrait être sa morale :

a. Rupture de l'ancrage énonciatif d'abord : même si « là » est un adverbe anaphorique et si « ils » réfère à ce qui précède sans préciser toutefois s'il s'agit des habitants seulement ou de l'ensemble des éléments nominaux du second paragraphe, le présent n'est pas un présent de narration et la deuxième personne du pluriel introduit une irruption de l'univers de « réalité » (R) du locuteur et du lecteur.

b. Double rupture référentielle ensuite, malgré l'anaphore pronominale vague déjà signalée (« ils ») :

---

6. Pour le détail de cette hiérarchie séquentielle, voir Adam 1992, et Adam et Petitjean 1989.

— rupture temporelle et sémantique : les événements ne sont plus repérés dans le temps du conte, les uns par rapport aux autres, mais dans le présent de l'ici-maintenant de l'énonciation, par rapport au VOUS du lecteur ;
— rupture spatiale : il ne s'agit plus, à présent, de l'univers du conte, mais de l'univers R du locuteur, univers (« l'Europe ») repéré par rapport au lecteur (« près de chez vous »).

La dernière phrase (P6) comporte une anaphore : « CE pays » renvoie à « UN pays », mais cette marque de cohésion textuelle est emportée par la rupture de la logique de la représentation initiale. Deux représentations s'affrontent : celle de l'univers fictif du « il était une fois » et celle de l'univers actuel du « existe vraiment ! ».

Enfin, le commentaire métadiscursif : « le plus beau de l'histoire » (qui n'a pas été racontée) reconnaît bien la catégorie textuelle initialement introduite et finalement avortée.

Dans l'analyse du dernier paragraphe, il faut insister sur le rôle du connecteur CAR chargé de lier P5 (proposition p) et P6 (proposition q). La présence de CAR s'explique par le fait que l'énonciation de la proposition p (P5) est rendue incongrue en l'absence du récit attendu. La proposition q vient justifier cette énonciation. P6 se divise, en fait, en une proposition évaluative (« le plus beau de l'histoire ») et en une proposition argumentative (q) : « ce pays existe vraiment ! ». Cet argument q est présenté en faveur de l'assertion de p. En effet, les conditions de validité posées en q rendent possible l'ancrage déictique de p : « Ce qu'exige CAR, c'est que le locuteur s'investisse dans l'assertion q, c'est-à-dire qu'il l'accomplisse (ou la ré-accomplisse) dans le mouvement même de sa parole » (Ducrot 1983 : 179) [7]. En d'autres termes, cette assertion permet de légitimer, en toute fin de texte, une rupture difficilement acceptable en raison de l'ellipse du conte.

Venons-en au dernier mouvement de ce texte publicitaire, à savoir le glissement d'« un pays » à « ce pays », puis « Le grand-duché de Luxembourg ». En passant de la fiction (M) à la réalité (R), il faut bien voir que le « pays » garde ses parties <b> et ses propriétés <c> initiales euphoriques. Mais à celles-ci s'ajoute la fiction qui acquiert une propriété <c> supplémentaire : Le grand-duché de Luxembourg, c'est une fiction devenue réalité et si le conte amorcé a été interrompu, c'est parce que la réalité est ce conte. L'univers R est l'univers M. C'est dans R, en quelque sorte, que le lecteur est invité à prolonger M.

La description initiale du « charmant petit pays » devient, par affectation d'un nouveau Thème-titre <a> (nom propre), celle du Grand-Duché. Le schéma de la structure séquentielle de la description du « charmant petit pays » devient donc celle du grand-duché de Luxembourg.

---

7. Soulignons que l'étymologie confirme cette description sémantique du connecteur CAR : on peut parler, avec O. Ducrot, d'un ablatif du pronom interrogatif : *qua re* = « à cause de quelle chose ? » : « A l'origine de p CAR q, on aurait ainsi une sorte de dialogue cristallisé en monologue. L'emploi de CAR aurait donc à sa base un procédé rhétorique courant qui consiste à faire comme si quelqu'un vous posait les questions auxquelles on a envie de répondre » (1983, p. 177).

132 *Le texte publicitaire*

La dernière phrase (P6) établit à la fois l'orientation argumentative et la macro-structure sémantique du texte en insistant sur le processus de positivation : le fait qu'un tel pays existe vraiment ne peut être interprété que comme une recommandation implicite à aller le visiter. Ceci est, bien sûr, confirmé par le coupon-réponse situé en bas, à droite, du document et par l'indication du producteur du message.

On voit que ce texte n'est pas une structure statique, mais qu'il porte trace d'une orientation argumentative qui impose de soumettre la séquence descriptive à un ajustement global déterminé, en dernière instance, par l'interaction. Celle-ci est marquée de façon privilégiée dans l'acte de recommandation à dériver. Ce document présente l'intérêt de lier TEXTE et ACTION à travers le coupon à découper et à envoyer, si l'on envisage de se rendre dans le Grand-Duché [8].

3. Argumenter en racontant

Si la mise en contexte de l'objet publicitaire passe classiquement par la construction d'un univers diégétique, il arrive souvent que cet univers soit de nature narrative. Le recours au récit prend, dans la publicité, des formes extrêmement variées : tous les genres du récit sont mis à contribution, de la relation de quelques actions et/ou événements jusqu'à de plus rares formes narratives très élaborées.

3.1. Usages publicitaires de la narration

Le cas le plus fréquent est celui de la simple création d'un contexte narratif dans lequel l'objet se trouve en quelque sorte mis en situation. Le texte prend alors généralement la forme d'un court moment narratif, de nature épisodique :

(121)   **Mardi 23 août, 6 h du matin, vent nul, – 11°**
          Aucune femme ne reste de glace

   Je venais de décider une petite pause pour recharger les batteries et admirer ce magnifique lever du jour. Aurélie était montée d'un bon rythme et, bien emmitouflée dans son ANNAPURNA, elle profitait d'une barre de chocolat. En tant que professionnelle de la montagne, j'avais conseillé à Aurélie pour sa première grande course de prendre des vêtements SCHÖFFEL pour leur coupe, leur résistance et surtout leur technicité.
   Décidément, vive la technique au féminin. SYLVIANE TAVERNIER, guide de haute-montagne à Chamonix.

   Schöffel

Dans un tout autre genre de contextualisation narrative, c'est cette fois le style du roman policier noir ou du roman d'espionnage qu'utilise cette publicité *Tuborg*

---

[8]. Dans d'autres publicités, la description peut adopter une structure très proche de l'explication. Voir à ce propos le chapitre 5 de *Les Textes : types et prototypes* (J.-M. Adam, 1992).

qui, elle, ne profite pas de la narration pour décrire l'objet, mais qui a la particularité de jouer sur la complémentarité du texte (page de gauche dépourvue d'allusion au produit et portant en guise de titre une indication horaire : 12 h 11 m) et de l'image (page de droite reproduisant, sous une autre indication horaire 12 h 32 m, en très gros plan, de couleur jaune, le contenu d'un verre identifié comme un verre de bière en raison de la présence de la marque « Tuborg Beer » en bas à droite) :

(122) 12 h 11 m

Bernie sortit de l'hôtel Excelsior de l'Avenida Allende. Il eut l'impression d'entrer dans un four. En moins de trente secondes, la chemise qu'il venait d'enfiler était à tordre. Et lui avec. Il monta dans la vieille Buick qui avait dû être verte quelque vingt ans auparavant. Sans y croire, il appuya sur le bouton de la climatisation. Rien ne se passa et Bernie jura effroyablement. Il démarra en trombe et fit hurler ses pneus en effectuant un demi-tour pas très catholique en plein carrefour. Il roula pied au plancher vers le quartier Est de la ville. Instinctivement, il regarda dans son rétroviseur. La voiture noire était là, juste derrière lui. Il respira profondément et essaya de concentrer son esprit sur autre chose.

Le récit peut prendre l'allure de la biographie avec cet exemple qui narrativise la genèse du produit à travers la vie de son créateur :

(123) Sir Thomas Lipton
Le gentleman du thé.

Sir Thomas Lipton poussa l'originalité jusqu'à naître en Écosse, à Glasgow, le 10 mai 1850. Il avait la passion du thé et en tira gloire et fortune selon un principe simple : offrir des thés directement du producteur au consommateur. L'idée fit son chemin et Sir Lipton aussi.
En 1890, il part pour Ceylan. Il achète de vastes terrains et y fait planter des théiers. Il peut ainsi offrir à l'Angleterre des thés sélectionnés venant directement de ses plantations. Pour en préserver toute la saveur, il est même le premier à livrer ses thés en petits paquets portant son nom : Lipton, et sa devise : « Direct from the tea garden to the tea pot », une vraie révolution pour l'époque, qui fit de Sir Thomas le grand gentleman du thé.
En connaisseurs, les Anglais appréciaient de plus en plus les thés Lipton, à croire que Sir Thomas transmettait à ses thés toutes les qualités dont il faisait preuve dans la vie : son goût, son charme, et son fair play légendaire. Même la Reine Victoria se mit à avoir un faible pour les thés Lipton et en 1896 Sir Thomas devint fournisseur de Sa Majesté et grand ami du Prince de Galles. C'est avec lui qu'il se lança peu après dans la folle aventure de l'America Cup. Mais c'est une autre « cup of tea », n'est-ce pas Sir Thomas ?
Aujourd'hui, Lipton of London maintient la tradition de sélection et de qualité de Sir Thomas et perpétue sa devise : « Direct from the tea garden to the tea pot », pour le plus grand plaisir des amateurs de thés. Thank you Sir.

Lipton of London.
Dans la tradition de Sir Thomas Lipton.

134 *Le texte publicitaire*

On peut se rapprocher d'une forme plus complète (comportant un début et une fin) de récit avec cette publicité assez représentative d'une tendance actuelle reposant sur la juxtaposition de la relation d'un exploit sportif et de la description de l'objet :

(124) Shaun Baker. Dans la fureur des flots.

> Le torrent explose en une gerbe d'écume. Seul, emporté par des éléments déchaînés, Shaun Baker lutte à bras-le-corps avec les rapides. Il s'appuie sur la force du courant pour conserver son cap.
> Soudain, devant lui le torrent se dérobe. De l'abîme monte — comme une ultime recommandation — un assourdissant vacarme. Mais Shaun Baker n'en a cure. Il est venu pour ça, pour ce plongeon dans le vide. La frêle embarcation est rudement ébranlée par la violence des flots, elle heurte les flancs du rocher... Sur une colonne d'eau glacée, secoué, balancé, Shaun Baker dévale un toboggan de plus de 30 mètres et se réceptionne dans moins d'un mètre d'eau.
> Au poignet de Shaun Baker un chronomètre de haute précision : le Sector ADV 4500 Chrono. Shaun l'a choisi pour sa résistance dans les conditions les plus extrêmes. Ses caractéristiques : boîtier en acier inoxydable, étanche jusqu'à 100 mètres (10 atm.), lunette tournante unidirectionnelle, mesure des temps partiels et totaux au 1/50 de seconde.
> Sector et Shaun Baker : ensemble, au-delà des limites.
>
> **Sector Sport Watches**
> **Junod**
> **Maison fondée en 1867**

Par contre, que leur narration soit très elliptique (125) ou détaillée (126), (127), (128), les textes qui suivent peuvent être considérés comme des modèles prototypiques du récit complet, dans la mesure où ils développent une structure d'intrigue. Nous codons cette structure de la façon suivante : <1> Situation initiale, <2> Nœud-déclencheur du récit, <3> (Ré)action ou Évaluation centrale, <4> Dénouement-fermeture du récit, <5> Situation finale, <M> Morale ou évaluation finale [9] :

(125) (<1>) « Pas de liquide — pas de Flûte enchantée », ricana le jeune homme devant l'Opéra, les deux derniers billets à la main <2>. Déçue, Anna me demanda : « Et maintenant, comment allons-nous obtenir nos billets ? » <3> — « Automatiquement », répondis-je. <4> (<5>)

« Des distributeurs automatiques d'argent liquide dans le monde entier », un privilège réservé aux membres d'American Express.
Être membre a ses privilèges. <M>

---

9. Sur ces notions, nous renvoyons aux travaux de J.-M. Adam : *Le Récit* (PUF, 1984) et *Le Texte narratif* (Nathan, 1994).

(126) **Kanterbräu est si bonne
qu'on ne peut s'en passer** <M>

Chapitre III. Le pont détruit.

Un matin, les gens du village
Après toute une nuit d'orage,
Virent avec consternation
Que le courant furieux avait brisé le pont <1>.
Voilà les pauvres gens soudain bien désolés,
Se lamentant déjà, de peur d'être assoiffés <2> :
« Comment traverser la rivière
« Pour aller chez Maître Kanter ?
« La bière va bientôt manquer…
« Sans pont, comment s'en procurer ? » <3>
O joie ! Maître Kanter arriva en bateau,
Apportant tonnes et tonneaux <4> :
« Buvons, mes bons amis, car vous l'avez prouvé <5>,
« Kanterbräu est si bonne
« Qu'on ne peut s'en passer. » <M>

(127) **L'histoire du prince qui ne voulait pas manger.**

Il était une fois un roi qui avait un fils ; celui-ci faisait toute la fierté de son père. Le jeune prince était un élève appliqué, un cavalier rapide comme l'éclair et un escrimeur surpassant les meilleurs guerriers <1>. Cependant, le bonheur du roi se trouva soudain troublé. En effet, brusquement, le prince ne put plus prendre la moindre nourriture ; il devint de jour en jour plus blême et plus maigre, à la grande désolation du roi <2>.
Les cuisiniers de la cour présentaient au jeune prince les mets les plus fins : des chapons rôtis, des cochons de lait parfumés au romarin, des carpes bien en chair pêchées dans l'étang du château, des langoustes grillées provenant des mers lointaines, des fruits exotiques et mille friandises. Le pauvre prince se contentait de hocher la tête, puis se détournait.
C'est alors que le roi fit venir au chevet de son fils les médecins et les savants les plus brillants de la planète. Ils s'engagèrent dans d'interminables délibérations, inclinant la tête de-ci de-là ; mais, en fin de compte, ils ne purent apporter aucune aide au prince.
Par une nuit où la tempête faisait rage, le roi désespéré était assis au chevet de son fils, ne sachant plus que faire. Tout à coup, on frappa à la porte du château ; les chiens se mirent à aboyer et les gardes se réveillèrent en sursaut. « Qui est là ? » cria le capitaine, brandissant sa hallebarde. « Je ne suis que le compagnon boulanger » répondit une voix claire. « Va-t'en, sinon… » menaça le capitaine de la garde royale. Mais, à cet instant, le roi arriva en toute hâte et donna l'ordre d'ouvrir la porte. <3>
« Le prince retrouvera santé et bonne humeur s'il en mange » dit en riant le compagnon boulanger qui montrait au roi surpris un pain léger et doré. Lorsque le prince en eut mangé à satiété, il se sentit effectivement mieux <4>. Des messagers répandirent la bonne nouvelle dans tout le royaume. Le peuple

manifestait sa joie <5> et pensait : le pain est un aliment riche et sain dont les vertus sont bien souvent méconnues <M>.

Le pain est le sel de la vie. <M>
Jowa SA — la boulangerie Migros a un choix fabuleux

Le produit peut, exceptionnellement, être absent de la diégèse et seulement donné par l'image et l'indication du nom de la marque, comme dans l'exemple suivant :

(128) **Pourquoi et comment 25 livres de ferrailles firent d'Ernest Lichière l'homme le plus léger des Caraïbes.**

Au km 24 au Sud de Santa Lucia, sous le soleil, un bar, le Bar du Salut. Un gros ventilateur brasse mollement l'atmosphère tropicale. Quelques flaques de lumière percent entre les lattes de bois délavé. Un vieux frigo, quelques tabourets, et posé, là, sur le comptoir, un boulet. Authentique, de Cayenne. <0>
Voilà 50 ans, Ernest Lichière était envoyé au bagne, condamné à perpétuité pour avoir tenté de tuer sa femme. Condamné pour avoir voulu s'évader à tout prix d'un enfer conjugal dont il était le prisonnier.
5 ans de réclusion ont passé. Nous sommes en 1938. Ernest le forçat, bien à l'abri de ses barreaux, bien loin des affres de l'amour, a trouvé une paix relative <1>. Hélas, dans le même temps, sa femme, qui a retrouvé tous ses esprits, n'est pas mieux disposée qu'hier et décide de reprendre vie commune coûte que coûte. Ni une, ni deux, elle enlève Ernest malgré lui <2>. Évasion en chaloupe, océan en furie. Les courants filent entre les récifs au large de l'île du Diable <3>. Soudain, une lame plus vengeresse que les autres emporte Dame Lichière et la fait disparaître à jamais. Ernest, solidement amarré au boulet, évite le naufrage <4>. Évadé malgré lui, le voilà libre du bagne et libéré de sa femme.
Depuis lors, Ernest ne s'est plus séparé de son boulet, le boulet qui lui sauva la vie, ce boulet qui le délivra par deux fois <5>.
Et si vous passez du côté de Santa Lucia, vous verrez, derrière le comptoir du Bar du Salut, un visage boucané par les ans. Ernest Lichière. C'est encore, pour quelque temps, une légende vivante <M>.

Malibu.
La légende des Tropiques

3.2. Les constituants du récit

a. Pour qu'il y ait récit, il faut au moins une **succession minimale d'événements** survenant en un temps <t>, puis <t + n>. Ce critère de temporalité n'est toutefois pas un critère définitif : de nombreuses autres sortes de textes (recettes et chroniques, par exemple) comportent une dimension temporelle qui ne les transforme pas en récits pour autant. Pour qu'il y ait récit, il faut que cette temporalité de base soit emportée par une tension : la détermination rétrograde qui fait qu'**un récit est tendu vers sa fin** <t + n>, organisé en fonction de cette situation finale.

Ce premier constituant permet déjà de très nettement opposer la catégorie « récit » à la description d'état. Ainsi dans la publicité relative au grand-duché du Luxembourg (120), en dépit de la présence du même marqueur du genre narratif du conte merveilleux (« Il était une fois... ») que dans l'exemple (127) et en dépit de l'opposition temporelle entre passé et présent, la description d'état l'emporte et aucune mise en intrigue ne permet à un récit de se constituer.

Notons qu'une description d'actions [10] n'est pas, sur la base de ce premier critère, susceptible d'être distinguée d'un récit strict. Ainsi, les exemples (121) à (124) comportent des suites d'événements-actions qui, sur la base de ce premier critère, ne les distinguent pas des exemples (125) à (128).

b. La présence d'au moins un acteur — individuel ou collectif, sujet d'état (patient) et/ou sujet opérateur (agent de la transformation dont il va être question plus loin) — semble être un facteur d'unité de l'action. Cette question est discutée par Aristote qui, au chapitre 8 de sa *Poétique,* souligne le fait que l'unicité de l'acteur (principal) ne garantit pas l'unité de l'action. La présence d'(au moins) un acteur est indispensable, mais ce critère ne devient pertinent que mis en rapport avec les autres composantes : avec la succession temporelle (1er constituant mentionné précédemment) et surtout avec des prédicats caractérisant ce sujet (3e constituant que nous allons voir).

Sur la base de ces deux premiers critères, les textes (121) à (124) ne sont pas encore nettement distincts des plus narratives publicités *Kanterbräu* (126) et *American Express* (125). Dans (126), l'établissement du héros constant est lié à la différence entre le statut d'un sujet d'état collectif (les gens) et d'un sujet de faire (Maître Kanter). Dans (125), trois acteurs se détachent : A1-Jacqueline Legrand (nom indiqué sur une carte bancaire reproduite au bas de la page), A2-Anna, A3-le jeune homme qui refuse de leur donner leur billet d'entrée à l'Opéra. Le texte institue A3 en opposant d'une dynamique narrative qu'il faudra préciser.

À la fin du chapitre 7 de la *Poétique*, Aristote écrit : « Pour fixer grossièrement une limite, disons que l'étendue qui permet le passage du malheur au bonheur ou du bonheur au malheur à travers une série d'événements enchaînés selon la vraisemblance ou la nécessité fournit une délimitation satisfaisante de la longueur » (51a6). Cet exemple choisi par Aristote correspond à la notion d'inversion des contenus qui constitue la clé de la définition du récit par la sémiotique narrative de Greimas. Cette opposition entre *contenu inversé* (un sujet d'état [S-Ernest Lichière] est disjoint d'un certain objet de valeur : O-bonheur) et *contenu posé* (le sujet d'état est, à la fin du récit, conjoint à l'objet qu'il convoitait) débouche sur la définition sémiotique du récit achevé comme transformation d'un état donné en son contraire. En va-t-il toujours ainsi ? C'est certes le cas en (128) et dans la publicité *Kanterbräu* (126) où l'on observe que le sujet d'état collectif passe d'une dysphorie liée au manque de son objet de valeur (la bière) à une euphorie soulignée par « Ô joie ! » et « Buvons ». De façon plus elliptique, il faudrait considérer

---

[10]. Pour une définition de cette notion, nous renvoyons aux pages 95-97 de *Les Textes : types et prototypes* (Adam 1992) et 152-176 de *La Description* (Adam et Petitjean 1989).

l'image de la publicité *American Express* (125) pour identifier une situation finale euphorique des acteurs A1 et A2 qui s'oppose (?) à la situation initiale implicite déductible du début du texte.

c. On peut simplement se contenter, comme troisième critère du récit strict, de l'idée de **prédicats d'être, d'avoir ou de faire définissant le sujet d'état** (Ernest Lichière [128], profondément malheureux, par exemple) en l'instant <t>, borne initiale ou début de la séquence — puis en l'instant <t + n>, borne finale ou terme de la séquence (Ernest Lichière enfin heureux). On aboutit ainsi à une formule des situations initiale et finale qui réunit les trois premiers critères du récit en soulignant leurs relations et sans impliquer nécessairement l'inversion des contenus postulée trop grossièrement par la sémiotique narrative :

Situation initiale : [S est/fait/a ou n'a pas X, X', etc., en <t>]
Situation finale : [S est/fait/a ou n'a pas Y, Y', etc., en <t + n>].

Avec (127), on trouve l'autre cas de figure : un début et une fin également euphoriques. Dans ce cas, c'est <2> qui introduit l'élément de tension déclencheur du récit et que la transformation narrative devra éliminer.

L'idée d'**unité de l'action** est mise en avant par Aristote en plusieurs points de la *Poétique* et c'est en son nom qu'il ne se satisfait pas de l'unicité du héros. Cette notion d'action une et qui forme un tout est envisagée, depuis Aristote, comme une triade :
1. « début » ou « exposition »,
2. « nœud » ou « développement »,
3. « conclusion » ou « dénouement ».

Ceci permet à Aristote de distinguer le récit de la chronique ou des annales :

[…] Les histoires doivent être agencées en forme de drame, autour d'une action une, formant un tout et menée jusqu'à son terme, avec un commencement, un milieu et une fin, pour que, semblables à un être vivant un et qui forme un tout, elles procurent le plaisir qui leur est propre ; leur structure ne doit pas être semblable à celle des chroniques qui sont nécessairement l'exposé, non d'une action une, mais d'une période unique avec tous les événements qui se sont alors produits, affectant un seul ou plusieurs hommes et entretenant les uns avec les autres des relations fortuites ; car c'est dans la même période qu'eurent lieu la bataille navale de Salamine et la bataille des Carthaginois en Sicile, qui ne tendaient en rien vers le même terme ; et il se peut de même que dans des périodes consécutives se produisent l'un après l'autre deux événements qui n'aboutissent en rien à un terme un. (59a17-21)

Formulant ceci autrement, nous dirons que, pour qu'il y ait récit, il faut une **transformation des prédicats** (3e constituant) au cours d'un procès. La notion de procès permet de préciser la composante temporelle (1er constituant) en abandonnant l'idée de simple succession chronologique d'événements. La conception aristotélicienne d'action une, formant un tout, n'est pas autre chose qu'un procès transformationnel dominé par la tension dont nous parlions plus haut :

Situation initiale	Transformation (agie ou subie)	Situation finale
AVANT « commencement »	PROCÈS « milieu »	APRÈS « fin »

Pour être plus complet, outre le fait que sujet d'état et sujet opérateur peuvent correspondre ou ne pas correspondre au même acteur, il paraît indispensable de dire que le procès transformationnel (qui réussit ou échoue) comporte trois moments (m) liés aux moments constitutifs de l'aspect. Les deux extrêmes permettent de redéfinir le premier critère en l'intégrant dans l'unité actionnelle du procès : m1 = AVANT LE PROCÈS (action imminente ou, plus largement, thème narratif « en puissance » <t>), m5 = APRÈS LE PROCÈS (accomplissement récent ou thème narratif « en effet » <t + n>). Ceci correspond surtout aux deux premières macro-propositions narratives (<1> et <5>) constitutives des bornes de la séquence de base. Le procès lui-même peut être décomposé en moments que les textes détaillent plus ou moins (ainsi la publicité *Kanterbräu* ne donne que la fin du procès transformationnel : « Maître Kanter *arriva* en bateau ») :

m2 = Début du procès (commencer à, se mettre à).
m3 = Pendant le procès (continuer à).
m4 = Fin du procès (finir de).

d. Pour passer d'une simple suite linéaire et temporelle de moments (m1, m2, m3, m4, m5) à un récit, il faut opérer une reconstruction temporelle par une **mise en intrigue** (quatrième critère). Il faut passer d'une succession chronologique de moments à la « logique » temporelle singulière du récit qui introduit une problématisation par la sélection d'événements correspondant à deux autres macro-propositions narratives — Complication<2> (nœud) et Résolution<4> (dénouement) — extrêmement importantes et respectivement insérées, la première, entre la situation initiale (<1>) et le début du procès, la seconde, entre le procès et la situation finale (<5>). Dans la publicité *American Express* (125) qui présente l'originalité d'une ellipse de la situation initiale, le récit porte, dès les premiers mots, sur le nouement de l'intrigue (Complication<2> : refus de A3 de donner des billets à A1 et A2). Le dénouement (Résolution<4>) est fourni par la réplique finale de la détentrice de la carte de paiement. On voit bien comment une intrigue est ici montée. En dépit de sa structure de surface dialogale et des ellipses, ce petit texte est organisé comme un récit élémentaire.

On peut dire que les macro-propositions <2> et <4> assurent la mise en intrigue à la base de toute séquence. Elles correspondent à l'articulation logique envisagée par Tomachevski : Thèse (nœud) <2> + Antithèse (dénouement) <4> + Synthèse <5>, articulation nettement plus précise que la distinction aristotélicienne Commencement + Milieu + Fin. Cette articulation logique forme l'ossature ou le noyau de ce qui constitue la mise en intrigue. Cette mise en intrigue est précisée par le cinquième critère qui permet de distinguer une simple succession-consécution d'une **relation narrative de conséquence** (<3> est la conséquence de <2> et <5> la conséquence de <4>). Nous pouvons, à présent, synthétiser la structure globale du récit (ou séquence narrative) prototypique :

Situation initiale (Orientation)	Complication Déclencheur 1 (nœud)	Actions ou Évaluation	Résolution Déclencheur 2 (dénouement)	Situation finale
<1>	<2>	<3>	<4>	<5>
(m1)		(m2) + (m3) + (m4)		(m5)

On comprend mieux ainsi la notion de « scansion d'événements » dont parle Umberto Eco dans son *Apostille au Nom de la rose* : « En narrativité, le souffle n'est pas confié à des phrases, mais à des macro-propositions plus amples, à des scansions d'événements » (1985b : 50). On comprend aussi que la compilation de faits rangés par ordre de dates des chroniques, annales, etc., puisse être déclarée non narrative par Aristote : dans ce cas, on n'assiste pas à une mise en intrigue dominée par l'introduction des deux déclencheurs constitués par la Complication<2> et la Résolution<4>. Pour distinguer description d'actions (cas des publicités 121 à 124) et récit strict (cas des publicités 125 à 128), disons que la description d'actions n'est pas soumise au critère essentiel de mise en intrigue.

e. Une dernière composante ne permet certainement pas à elle seule de cerner la spécificité du récit, mais elle nous fait passer de sa structure à sa fonction argumentative. Dite « configurante » par P. Ricœur, cette dernière composante est également mise en relief par toute la tradition rhétorique, généralement sous le nom de « **maxime de morale** » :

> Il est bien peu de gens qui soient en état, par eux-mêmes, de tirer les véritables conclusions des faits qu'ils lisent. Il faut donc que l'écrivain supplée à cette incapacité, pour donner à son ouvrage l'utilité qui lui convient. (Bérardier de Bataud 1776 : 321-322)

Au-delà du seul travail des écrivains, on peut considérer le slogan « Kanterbräu est si bonne / Qu'on ne peut s'en passer » (126), ainsi que le dernier paragraphe du texte de la publicité *American Express* (125) ou encore « Le pain est le sel de la vie » (127) comme constitutifs de cette **évaluation finale** ou « morale » propre aux récits.

Il faut insister sur le fait que cette composante argumentative, certes indispensable à tout récit et qui prend des formes textuelles propres à la narration, n'est pas présente uniquement dans ce type particulier de mise en texte. L'**épiphonème**, classiquement défini par la rhétorique comme une exclamation sentencieuse ou une réflexion ramassée, permet de résumer un discours, le mouvement d'un exposé aussi bien que celui d'un récit. La place de l'épiphonème n'est pas fixe entre le début — prolepse de la publicité *Kanterbräu* (126) —, la fin — place classique de la maxime de morale —, voire l'interruption du texte par une proposition exclamative incidente. Fontanier (1977 : 386) donne une définition élargie de l'épiphonème comme énoncé court et relativement autonome qui exprime une opinion générale et qui est destiné à illustrer ou à conclure un texte ou une séquence textuelle plus vaste.

Tout ceci débouche sur un principe de composition qui ne vaut pas que pour la fable :

> Selon le dictionnaire, la première acception du mot « fable » est la suivante : « Petit récit d'où l'on tire une moralité. » Une objection vient aussitôt à l'esprit : c'est qu'en fait le véritable processus de fabrication de la fable se déroule exactement à l'inverse de ce schéma et qu'au contraire c'est le récit qui est tiré de la moralité. Pour le fabuliste, il y a d'abord une moralité [...] et ensuite seulement l'histoire qu'il imagine à titre de démonstration imagée, pour illustrer la maxime, le précepte ou la thèse que l'auteur cherche par ce moyen à rendre plus frappants. (Claude Simon 1986 : 16)

Si la narrativité la plus complète, du type de celle des exemples (126), (127) et (128), est rarement atteinte, si l'on n'a généralement affaire qu'à des fragments de récits, c'est parce que le cadre narratif n'a pour but que de placer l'objet dans une situation qui en éclaire la valeur. En dernier ressort, le récit est toujours subordonné à la visée info-persuasive du discours publicitaire qui trouve ses mises en textes les plus naturelles dans les séquences argumentatives et dans les descriptions orientées que nous avons vues.

4. Formes floues de mise en texte

Jusqu'à présent, les mises en texte publicitaires analysées consistaient en des réalisations relativement canoniques, à travers leur autonomie et leur intégration dans des structures soit argumentatives, soit descriptives, soit narratives relativement prévisibles (sans que cela empêche les adaptations nécessaires à chaque cas). En outre, la majorité de ces mises en texte respectaient plus ou moins les deux grandes lois de la textualité : la cohésion et la progression. Mais à côté de ces textualisations conventionnelles et finalement rassurantes, on rencontre de nombreuses annonces où la mise en texte se dérègle, s'hypertrophie ou au contraire s'atrophie pour devenir floue. Ce dérèglement de la mise en texte publicitaire se fait principalement selon deux directions.

4.1. La tentation de la copie intertextuelle

La publicité se remarque par une prédilection pour les formes textuelles empruntées aux domaines discursifs les plus divers. Se remplissant ainsi de genres autres qui paraissent n'avoir que peu de rapports directs avec ses fonctions fondamentales — persuader le public, décrire et raconter le produit —, elle semble bien se nier comme genre autonome.

Cette fuite vers l'intertextualité a pu être constatée déjà dans plusieurs occurrences examinées dans l'introduction et au chapitre 1 : la parodie de petite annonce matrimoniale coquine caractéristique du journal *Libération*, la publicité-graffiti avec *Manpower* (15), la publicité-test avec *CSS Assurances* (33), la publicité-interview avec *Mary Cohr* (49) ou encore la publicité-recette avec *Maggi* (55). Il est facile d'énumérer quelques exemples de dilution intertextuelle qui ne donnent qu'une faible idée d'un phénomène ludique aujourd'hui assez massif et, il faut bien le reconnaître, extrêmement inventif :

- Publicité-horoscope :

(129) Madame Étoile révèle l'avenir des propriétaires de Renault Clio Be-Bop.

> Les astres vous seront favorables en 1995. Le moteur 1171 cm^3 et les 60 ch de la Renault Clio Be-Bop (à moins que vous ne préfériez le moteur 1389 cm^3 et ses 80 ch) vous mèneront exactement où vous voudrez. Les influences néfastes seront bloquées par les vitres teintées et l'équipement de la Be-Bop veillera à votre bien-être et à votre confort. Ainsi, vous ne perdrez pas la notion du temps grâce à la montre à quartz et saurez retrouver vos bagages et vos affaires grâce à l'éclairage du coffre. Elle est belle comme une gazelle et vous ferez bien des envieux. Vous rencontrerez bien des passagers qui vous féliciteront pour sa sécurité, à l'avant comme à l'arrière. Enfin, elle ne vous ruinera pas puisqu'elle ne coûte que FS 14 950. Les finances seront donc au beau fixe. En résumé, la sécurité pour votre santé, le prix pour vos finances et le pouvoir de séduction pour vos amours font que la Be-Bop sera une compagne idéale en 1995.
>
> Renault
> Les voitures à vivre

- Publicité-devinette dont on a déjà vu un exemple avec *American Express* (32) :

(130) Renault Clio.
La voiture de l'année 1991.
Elle en met plein la vie.

> Mon premier brille par un look dynamique qui habille un châssis d'une conception inédite et une motorisation ultra-moderne de 1171 cm^3 (60 ch) ou 1390 cm^3 (80 ch). Mon deuxième sublime le plaisir de conduire par le recours à la haute technologie. Mon troisième établit un record du monde dans sa catégorie : un coffre de 1055 litres... Mon quatrième respire à tel point le bien-être que ce David de la route devient le Goliath du confort. Quant à mon tout, il fait des merveilles tant par la modestie de sa consommation que par l'attrait de son prix : à partir de 13 990 FS.
> Vous avez trouvé ? Bien sûr, c'est la Clio. D'ailleurs, le jury de journalistes spécialisés, chargé d'élire la « voiture de l'année » ne s'y est pas trompé en plébiscitant la reine de la classe compacte, celle qui surclasse ses concurrentes.
> Ah, une dernière chose ! La Clio vous attend avec impatience. Elle a beau être « voiture de l'année », il lui faut un conducteur pour laisser parler son talent.
>
> Renault
> Les voitures à vivre

- Publicité-journal intime :

(131) « Un jour de ma vie »

    10 : 00   Les voilà de retour ! Mais comment peut-on bien sortir par un temps pareil ? Et surtout rentrer chez soi avec toute la terre des champs collée à ses bottes de caoutchouc. Sous prétexte que je suis un sol facile à entretenir, on me traite comme le dernier des derniers.
    14 : 00   L'heure du bricolage. La semaine dernière, j'ai eu droit à de l'huile, de la peinture acrylique et de la dispersion. Et aujourd'hui ? Ah, de la peinture antirouille... platsch !... Et pas la moindre panique chez ces barbouilleurs, parce qu'ils savent très bien que je résiste aux produits chimiques. Horripilant !
    19 : 00   L'oncle Fritz. Il ne manquait plus que ce vieux tremblotant avec ses cigares. Voilà, je vous l'avais dit ! La cendre de son Rössli est déjà tombée. Et personne ne fait mine de la ramasser, parce qu'ils savent tous que j'ai la peau dure et que la braise de tabac ne me fait pas peur.
    24 : 00   Je vais maintenant me coucher. Quelle journée ! Ah, je ne me suis même pas encore présenté : mon nom est Pergo Original, et je suis le sol fabuleux qui vient de Suède, et supporte tout. Enfin presque tout. À cette heure, je suis tout de même trop raplapla pour vous exposer en détail mes avantages. Pour les découvrir, il vous faut tourner la page. Mais tout doucement, s'il vous plaît !

- Publicité-dialogue théâtral :

(132) Don Diègue : Ô rage, ô désespoir, ô vieillesse ennemie !
                    N'ai-je donc tant vécu que pour cette infamie ?
                    Avoir, devant mes yeux, une baignoire décatie.
                    Faut-il vraiment, Rodrigue, qu'ainsi on me châtie ?

      Rodrigue :   Je reconnais, mon père, que ce grand récipient
                    Ne peut, dans cet état, rester bien plus longtemps.
                    C'est pourquoi il nous faut agir sans plus tarder,
                    Je sais même vers quel lieu je dois me diriger.

      Don Diègue : S'il est en ton pouvoir de modifier cela
                    Va, cours, vole et nous change ce vieux baquet hideux
                    En une belle baignoire digne des plus grands dieux
                    Afin que tout bientôt cesse pour moi le supplice
                    Et que je goûte enfin aux joies d'une baignoire lisse.

                                            Le Bain Superstar

À travers ces exemples, la publicité apparaît comme un méta-genre, capable d'absorber la pluralité des genres discursifs existants. En fait, tout en continuant à s'intégrer dans le genre info-persuasif, avec sa matrice de base : *[Annoncer/*

Décrire/Recommander tel produit au public], elle répugne dans ces cas à textualiser les formes énonciatives liées à celui-ci, préférant se dissimuler derrière d'autres catégories discursives. En cela, une partie des mises en texte publicitaires consiste en des « activités vampiriques » (Jost 1985 : 2), opérant selon le registre de l'hypertextualité avec ses deux réalisations privilégiées : la parodie d'un texte particulier (en 132) et surtout le pastiche, fondé sur l'imitation stylistique d'un genre en (129), (130) et (131) [11]. S'il engendre des textualisations floues et peu motivées au premier abord, ce hiatus entre la matrice profonde du discours publicitaire et ses manifestations discursives de surface revêt par lui-même une portée argumentative qui confirme certaines de nos observations antérieures :
• La publicité se cache comme genre commercial pour recouvrir des formes hypotextuelles plus « gratuites » (par exemple littéraires avec le théâtre et ludiques avec la devinette).
• Par leur prestige (tragédie classique en 132), leur validation socio-culturelle (horoscope en 129) ou le principe de plaisir qui leur est attaché (recette en 55), ces formes hypotextuelles bonifient la sécheresse et la banalité inhérentes à la matrice de base de l'hypertexte publicitaire.
• Ce faisant, elles favorisent la réussite illocutoire et perlocutoire de l'argumentation publicitaire, désamorçant notamment son agressivité constitutive perçue comme menace territoriale : le consommateur virtuel qu'on ennuie, qu'on sollicite ou qu'on agace se convertit, selon les cas, en un lecteur de conte (127), en un partenaire de jeu (32) ou en un spectateur de théâtre (132), bref en un interactant bienveillant.

À travers les activités de copiage que nous venons de voir, nous retrouvons le grand principe qui sous-tend la pratique publicitaire : celui de l'indirection argumentative. Quand cette indirection est peu marquée avec l'enthymème (formellement persuasif) et avec la description (peu ou prou informative), quand cette indirection s'accroît avec le récit, elle se radicalise avec les formes intertextuelles précédentes dont l'hybridation n'est là que pour masquer leur statut publicitaire.

4.2. Vers l'atrophie du texte

Le texte publicitaire peut encore se dérégler par un processus inverse d'atrophie ou de régression interne. On observe alors un affaissement structural de la mise en texte, dû à une défaillance dans l'un de ses deux traits définitoires vus en 1.3 : la progression. Ce cas se présente lorsque l'élément étayant l'argumentation — ou le topos, en général sous-entendu dans le langage ordinaire —, remonte à la surface de l'annonce. Une telle explicitation du garant conceptuel de l'argumentation qu'est le topos est révélatrice quand ce dernier revêt la forme particulière d'une matrice binaire et scalaire, à la fois stéréotypée et doxale, qu'on peut formaliser

---

11. Le pastiche, plus accessible à un large public, est préféré, dans le discours publicitaire, à la parodie, trop circonstancielle, sauf si l'hypotexte est très connu (ce qui est le cas avec un chef-d'œuvre comme *Le Cid* de Corneille).

— sur le modèle d'Anscombe (1995) — en [+/– X], [+/– Y]. La publicité a en effet une forte prédilection pour ces matrices argumentatives étayantes qui prennent l'aspect de formules topiques tantôt globales (ou portant sur deux propositions) : *(133)* « *Plus on s'élève, plus le monde est petit* » (LAND ROVER), tantôt locales (ou limitées à deux constituants : adjectifs, noms...) : *(134)* « *Le meilleur emplacement pour le meilleur placement* » (LE MÉDITERRANÉE).

À travers leur diversité thématique, ces formules topiques fonctionnent comme du prêt-à-persuader, comme des programmes de valeur tout faits qui sont censés être partagés par le plus grand nombre et qui condensent l'idéologie publicitaire ambiante. Ainsi quand elles canalisent l'argumentation en cours sur la doxa de la « bonne affaire » [+ QUANTITÉ, – CHER] : *(135)* « *Davantage pour moins d'argent* » (BROTHER) ; ou sur celle de la « satisfaction facile » [– QUANTITÉ, + PLAISIR] : *(136)* « *Les plus petites choses peuvent faire le plus grand plaisir* » (NIKON).

Normalement, et comme on l'a constaté avec l'annonce *Mir Rose* (115), les topoï devraient rester à l'arrière-plan du texte et se contenter de réguler le bon déroulement de l'argumentation, laquelle doit progresser, selon un ou plusieurs sauts inférentiels, vers une conclusion à faire admettre, elle-même étant peu assurée au départ. Or souvent, loin de constituer une impulsion première appuyant un développement argumentatif, une partie des topoï publicitaires deviennent la cible de l'argumentation, celle-ci s'organisant autour d'eux dans une dynamique centripète. Au lieu que les topoï soutiennent un dépli du texte, comme ils le font habituellement, le texte se replie sur les topoï. On peut dès lors parler d'une captation du mécanisme argumentatif et textuel par les topoï. Cette subordination du texte à son étayage topique est nette dans l'annonce *Bosch* suivante :

(137) [X] **Le plus silencieux des lave-vaisselle.**

> Bosch réussit aujourd'hui la performance [a] **d'améliorer encore le silence de ses lave-vaisselle.** [b] **Grâce à une technologie de plus en plus poussée, le niveau de 49 dB est vraiment atteint.** [c] Ceci mérite d'être clamé haut et fort, [d] **au risque de « réduire au silence » toute concurrence.** Bosch s'offre ainsi le luxe de vous proposer, [e] **en plus de ses brillantes qualités de lavage, les lave-vaisselle les plus silencieux.** [Y] **Il est plus que jamais de votre intérêt d'investir dans du Bosch.**

Ce texte paraît présenter un déroulement évolutif fondé sur un sémantisme graduel et contrastif qui en imprègne les énoncés à plusieurs niveaux. Du point de vue de la marque, les progrès de celle-ci par rapport à ses résultats antérieurs y sont assertés au moyen de gradations, générique [a], puis particulière [b]. Par la suite, l'évaluation à la hausse de la production Bosch déteint sur l'énonciation même du publiciste [c]. D'un point de vue comparatif plus large, une telle sémantisation hyperbolique crée pour la marque un positionnement hégémonique vis-à-vis de la concurrence [d]. On relève enfin, dans un mouvement en crescendo, une surenchère sur les deux propriétés les plus saillantes des produits Bosch [e]. Ce texte se déploie ainsi selon le double registre de l'intensité et de la différence, ce qui se traduit par la positivation de son contenu. Cependant, par-delà son autosufsuffisance et sa progression apparentes, un tel texte est totalement sous la dépendance d'une formule topique qui l'encadre et qui l'enferme dans un stéréotype publicitaire paraphrasable en *Plus un appareil est silencieux* [X], *plus il est intéressant à acquérir* [Y]. Ce texte n'est qu'une excroissance de la première partie [X] de la formule topique et qu'un pré-texte pour l'illustrer dans une structure bouclée. Trouvant son principe organisateur dans un topos périphérique et conventionnel, ce texte repose sur une cohérence factice qui s'effondrerait sans cet appui extérieur.

En de nombreux cas, la textualisation publicitaire se fait carrément régressive, l'annonce n'étant qu'une expansion d'un topos initial qui occupe tout le champ de l'énoncé : le topos n'est plus là pour garantir le développement de l'argumentation, mais celle-ci existe seulement pour étayer rétrospectivement le topos. La mise en texte se réduit alors à une simple paraphrase d'un topos antérieur, le rédactionnel se contentant de le délayer et d'en décliner les paradigmes dans une reprise en écho. Par exemple, une annonce « Cuisine Légère » de *Findus* débute par ce slogan : *(138)* **« *Cuisine Légère* déclare le droit à la gourmandise. »** Derrière sa forme lexicalisée, un tel slogan révèle la matrice topique *Plus on cuisine léger* [X], *plus on peut être gourmand* [Y]. La suite du texte n'est qu'une reformulation/matraquage de ce topos, effectuée sans de réels enchaînements argumentatifs, mais régulée uniquement par une redondance superficielle qui en assure la mémorisation :

> **Gourmandes et gourmands, vous pouvez enfin manger tout ce que vous aimez** [Y] **en restant légers et en forme** [X]. **Cuisine Légère** [X] **prépare pour vous des plats copieux et finement cuisinés** [Y] **à moins de 300 calories** [X]. **Avec Cuisine Légère** [X] **tout est permis** [Y]. **Cuisine Légère, avec 18 plats à moins de 300 calories** [X]**, c'est plus de liberté pour tous les gourmands** [Y].

Cette résorption du texte dans un topos prédominant affecte également les configurations canoniques analysées dans ce chapitre, comme le récit et l'enthymème publicitaires. Soit le slogan *Ariel* : *(139)* **« *Le minipaquet d'ultrapropreté* »**, dans lequel on reconnaît l'un des canevas topiques favoris de la publicité *Moins de produit* [X] *pour plus d'effet* [Y]. Le texte consécutif consiste en un microrécit dont le seul rôle est de mettre en diégèse et de dynamiser ce canevas topique. Plus précisément, on y découvre un scénario euphorique du type « Repas de Noël », perturbé par une complication « Taches sur la nappe ». Cette complication permet d'appliquer le canevas topique à un problème concret, dans une pseudo-argumentation par l'illustration (Perelman et Olbrechts-Tyteca 1988 : 481), mais sans que l'on sorte du topos initial qui noue et qui détourne à son profit l'ensemble du dispositif textuel :

> **26 décembre 1989. Ce Noël fut merveilleux. Il y en avait du monde à table ! Et la nappe ! Oh là là, elle a bu et mangé autant que les invités... Heureusement, quelqu'un avait pensé à vous offrir Ariel Ultra** [Y]**. Déjà hier, vous avez été étonné d'apprendre qu'Ariel Ultra** [Y] **est sans phosphates et que son léger petit paquet** [X] **dure si longtemps** [Y]**. Aujourd'hui en l'ouvrant vous avez trouvé un diffuseur, l'Ultra Arielette** [X]**. Vous y avez mis un peu de poudre** [X]**. Comme c'était**

indiqué, ça suffit [X] pour laver beaucoup de linge [Y] ; et hop ! vous l'avez mis dans le tambour ; l'idée que votre bac à lessive allait rester propre [Y] vous a égayé. Plus tard, vous n'avez pas reconnu votre nappe [Y]. Toute trace de ce festin avait disparu [Y].

Soit encore cette annonce *Rêv'Vacances :*

(140) **Plus on voyage, plus on a envie de voyager**

Comme vous le savez, avec la carte REV, plus on voyage et plus on bénéficie de réductions. Alors, s'il vous prend une irrésistible envie de repartir, c'est le moment d'en profiter et d'aller en parler avec votre agent de voyages. Dès votre second voyage, vous bénéficierez vous aussi de réductions pouvant atteindre 2 200 F. Quelque chose nous dit que vous n'êtes pas prêt de vous arrêter de voyager.

Au premier abord, ce texte s'agence selon un véritable enchaînement enthymématique. Mais la structure ternaire de l'enthymème y est contaminée par des formules topiques qui convertissent la démonstration ébauchée en adhésion à des préconstruits conceptuels assenés plus que raisonnés :

- Prémisse majeure fondée sur la formule topique générale :

    Plus on voyage [X], plus on a envie de voyager [Y]

- Prémisse mineure avec introduction de la marque, actualisée par la formule topique spécifique :

    [Or] avec [...] REV, plus on voyage [X] et plus on bénéficie de réductions [Z]

- Conclusion connectant l'avantage offert par Rêv'Vacances à ses clients sur la règle de comportement posée au début :

    Alors, si [...] envie de repartir [Y] [...], vous bénéficierez vous aussi de réductions [Z].

De plus, même à travers son développement enthymématique, cette annonce n'échappe pas à la circularité, puisque la conclusion s'achève, dans la dernière phrase, par un renvoi à l'assertion générale initiale, détournée entre-temps en faveur du produit à promouvoir. Là encore malgré sa tournure déductive, le texte n'est qu'une expansion de la formule topique placée en accroche.

De la sorte, beaucoup de publicités comportent une textualisation qui régresse à l'arrière-plan de l'annonce : le texte se borne à paraphraser, dynamiser, illustrer un topos ou une formule topique qui se déplace en position centrale (généralement sous forme d'accroche ou de slogan) pour polariser le contenu argumentatif du message. Le résultat en est une atrophie structurale du texte. Atrophie exocentrique, en ce que ce dernier est phagocyté par un principe topique qui le dépasse. Atrophie également endocentrique, par le fait que le texte tend à se replier sur la seule reprise-déclinaison de ce principe topique, ce qui explique en partie le penchant de la publicité pour la tautologie.

L'atrophie de la textualisation publicitaire va souvent jusqu'à l'ellipse, l'annonce se limitant à un slogan construit autour d'un topos qui remplace tout développement argumentatif. Tantôt le slogan topique fournit un concentré du programme d'action du produit [+ MINCIR, + PLAISIR] : *(141)* **« Moins de calories, plus de goût »** *(WEIGHT WATCHERS)* ; tantôt le slogan suffit pour donner une validation générale à l'annonce, notamment lorsque la formule topique qu'il recouvre intègre le nom du produit dans l'une de ses polarités graduelles. Ainsi en est-il dans une publicité automobile pour la Micra de *Nissan* : *(142)* **« MICRA prix, maxi punch. »** En participant à la structure doxale du topos [– CHER, + EFFICACITÉ], le nom du produit cesse d'être contingent pour acquérir une portée indéfinie. D'autre part, il perd son statut de désignateur rigide pour se faire puissanciel, ne trouvant plus de bornes à son applicabilité. Surtout, cette intégration topique du produit conduit à une hyper-catégorisation de ce dernier : au lieu de se confiner dans son créneau spécifique, le produit sature le topos qui se confond avec lui, avec l'effet de totalisation qui en découle. Une telle fusion généralisante permet une persuasion maximale, vu que l'acquisition du produit garantit la possession du topos et de l'ensemble de son système de valeurs.

Qu'ils aboutissent à l'implosion ou à l'ellipse du texte, ces exemples rejoignent les « énoncés auto-argumentés » mis en évidence par Plantin (1990 : 152), à savoir les énoncés autotéliques, fermés à tout véritable enchaînement argumentatif et à toute interaction, qui forment en fait une argumentation à eux seuls. Et les formules topiques que l'on vient de voir fonctionnent bien selon le régime de l'auto-argumentation, puisqu'elles ne sont plus là pour baliser des enchaînements discursifs ouverts, mais pour imposer au lecteur-consommateur des matrices persuasives données d'avance et cautionnées par les valeurs collectives qu'elles véhiculent. En cela, ces formules topiques mettent en œuvre une INFRA-ARGUMENTATION dans laquelle les éléments étayants tiennent lieu de discours. Du reste, la nature auto-argumentée de ces formules topiques ne doit pas nous étonner, dans la mesure où elles renferment ordinairement le « concept » injecté dans l'annonce par le publiciste — et proposé en bloc au public. Et quel plus bel exemple d'auto-argumentation que ce slogan topique en chiasme relevé dans une publicité pour les chaussettes *Timberland* ?

(143) Plus vous les portez, plus vous les aimez,
   Plus vous les aimez, plus vous les portez.

Chapitre 6

Microscopie de l'argumentation publicitaire

Après avoir étudié le fonctionnement global, tant rhétorique (chapitre 4) que textuel (chapitre 5), de l'argumentation publicitaire, il est nécessaire de concentrer notre attention sur ses articulations microlinguistiques. À travers un examen du lexique et de la grammaire des énoncés, nous passerons de l'argumentation *par* la langue à l'argumentation *dans* la langue. Loin d'être un médium inerte, la langue contient, en elle-même, une potentialité argumentative qui ne demande qu'à être activée, opération que les annonces publicitaires exploitent pleinement. Devant la multiplicité des faits de langue touchés par celles-ci et plutôt que de nous disperser dans des analyses fragmentaires, nous avons choisi de privilégier trois zones microlinguistiques exemplaires dans lesquelles la créativité argumentative de la publicité se développe avec une force toute particulière : la conjonction SI, qui conditionne la création de mondes plus ou moins éloignés du nôtre ; le jeu sur le lexique, qui permet d'inventer une langue dans la langue ; la manipulation de la grammaticalité des énoncés, qui caractérise les slogans pour les résidences secondaires.

1. Invention de mondes : l'exemple de SI hypothétique

1.1. Diversité des emplois de SI hypothétique

Y. Blum et J. Brisson, dans un article consacré à l'étude de l'implication dans la publicité, affirment de façon surprenante que « le tour *si... alors*, traduction la plus fidèle de l'implication logique (encore qu'il s'y glisse souvent un rapport causal), est assez rarement employé dans les slogans parce qu'il est trop explicite et transparent, et en même temps trop lourd (il exige deux propositions, donc trop de mots-outils). Un slogan — c'est la règle — doit être concis pour être mieux fixé et pouvoir être répété » (1971 : 85). Une lecture un peu attentive de la publicité prouve, tout au contraire, la fréquence de ce type de construction. Depuis *L'Illustration*, en 1887 :

(144) Si vous toussez
ne prenez que
les pastilles Géraudel

jusqu'au magazine *Elle*, en 1989 :

(145) Si votre bébé aime la douceur,
il va beaucoup m'aimer. *(CAJOLINE)*

et jusqu'aux usages actuels dont nous sélectionnons quelques exemples représentatifs d'un assez large fonctionnement :

(146) Si votre sujet se montre bondissant, notre caméscope vous fera sauter de joie. *(CANOVISION E60)*

(147) Si vous possédez
une Patek Philippe, vous avez
un peu plus que de l'argent.

(148) Si c'est beau naturellement,
c'est beau sur un Grundig.

(149) Si vous pensez que pour mieux grimper, la souplesse, la légèreté, la résistance et l'esthétisme de vos cordes et sangles comptent...
Alors donnez-vous les atouts du plaisir de la grimpe avec Rivory-Joanny.

(150) Si l'air du grand large vous attire et vous fait rêver, alors...
Abonnez-vous à *Îles* et recevez ce magnifique « carnet d'images » en cadeau !

(151) Si l'usure prématurée des chaussures de vos enfants ne vous rend pas furieuse
... Alors inutile de chercher à découvrir la robustesse et la qualité exceptionnelle de la gamme Docksteps junior.

(152) Si la mer n'avait qu'une couleur,
il n'y aurait qu'un bleu Lacoste.

(153) Si toute la page était noire, il n'y aurait plus d'espoir. *(BLACK & WHITE SCOTCH WHISKY)*

(154) « Si cette voiture n'existait pas, je la construirais moi-même. » *(MERCEDES-BENZ)*

(155) Si les poissons pouvaient parler,
ils vous conseilleraient Hykro.

(156) Si d'aventure Apple avait existé un peu plus tôt, Léonard de Vinci aurait vu qu'il ne manquait que trois fois rien à sa machine volante.

(157) Si nous n'avions pas créé la 9000 certains nous l'auraient reproché.
Si nous avions abandonné la 900 certains nous en auraient voulu. *(SAAB)*

(158) **Si Bonnie et Clyde avaient eu une Golf.** *(VOLKSWAGEN)*

(159) **Les chats achèteraient Whiskas.**

(160) **Ah ! Si j'avais un lit Happy.**

Ces quelques exemples nous permettent de repérer une variété de constructions :
- Constructions ne comportant qu'une proposition en (158), (159), (160).
- Constructions avec ALORS en (149) à (151).
- Construction optative en (160).
- Structure verbo-temporelle très variée des propositions :
    — [SI (Imparfait) + (Conditionnel)] : (152), (153), (154), (155).
    — [SI (Plus-que-parfait) + (Conditionnel passé)] : (156), (157).
    — [SI (Présent) + (Impératif)] : (144), (149), (150).
    — [SI (Présent) + (Futur proche ou simple)] : (145), (146).
    — [SI (Présent) + (Présent)] : (147), (148).
    — [SI (Présent) + ALORS ø] : (151).
    — [SI (Imparfait) + ø] : (160).
    — [SI (Plus-que-parfait) + ø] : (158).
    — [ø + (Conditionnel)] : (159).

Rompant avec la belle « concordance des temps », on trouve aussi bien des exemples de type [SI (Présent) + (Conditionnel)] que [SI (Imparfait) + (Futur antérieur)] :

(161) **Si vous êtes près de vos sous comme notre Panthère rose, si vos frais de PC vous donnent des sueurs froides, le « Garden Group Report » devrait certainement vous intéresser.**

(162) **[...] Si vous y ajoutez notre hospitalité traditionnelle et chaleureuse, vous pourriez vous surprendre à penser que nous sommes encore le centre du monde civilisé.** *(TURKISH AIRLINES)*

(163) **[...] Si un jour il y avait une culture des loisirs, la Range Rover en aura été une première annonce.** *(LAND-ROVER. RANGE ROVER)*

La classification des phrases hypothétiques est traditionnellement la suivante : RÉELLES (mode logique réel), POTENTIELLES (mode logique potentiel, parfois dit « irréel du futur »), IRRÉELLES (mode logique irréel avec les irréels du présent et du passé). Si les définitions différent d'une grammaire à une autre, cette tripartition directement inspirée de la grammaire latine est conservée généralement avec une belle unanimité, de même que le classement temporel en hypothèses portant soit sur le présent, soit sur le futur, soit sur le passé [1].

---

[1]. Voir, par exemple, le *Précis de grammaire française* d'A. Hinard (Magnard, 1970), la *Grammaire française* d'A. Mauffrey, I. Cohen et A.-M. Lilti (Hachette, 1983), la *Grammaire française* 4e-3e de F. Descoubes *et al.* (Bordas, 1988).

En fait, comme le suggère le *Code du français courant* d'Henri Bonnard (1981), on peut décrire tous ces exemples d'une façon simplifiée et remettre en cause la tripartition latine des hypothétiques en distinguant protase « de l'ordre du réel » et protase « rejetée du réel » :

Si p (PR) [protase de l'ordre du réel] **+ q (PR, FUT, IMPÉR)**
Si p (IMP, PqP) [protase rejetée du réel] **+ q (COND Prés et Passé)**

En effet, en copiant obstinément la grammaire du latin, il faudrait absolument que le système à deux formes seulement du français moderne se distribue en trois classes marquées morphologiquement : *realis, potentialis, irrealis*. Le latin différencie le potentiel de l'irréel du présent par l'emploi de temps spécifiques : subjonctif présent pour le potentiel et subjonctif imparfait pour l'irréel du présent, ce qui n'est pas le cas du français. Une telle distorsion perturbe les classements de la plupart des grammaires. Le pourtant très classique et normatif Grévisse se distingue par une attention exclusive aux formes verbales :

> S'il s'agit d'une simple condition, on emploie les temps de l'indicatif avec leur valeur ordinaire [...]. S'il s'agit d'une condition présentée comme imaginaire ou irréelle, on emploie après SI, dans la langue ordinaire, l'imparfait ou le plus-que-parfait de l'indicatif, tandis que le verbe principal est au conditionnel présent ou passé (selon que les faits concernent le présent ou le futur ou bien le passé). (*Le Bon usage* § 1097)

La seule façon de comprendre quelque chose au système du français, c'est de prendre appui sur une bipartition de ce type.

Dans la ligne de certaines analyses logiques modernes, Teun A. Van Dijk (1977) propose ce que l'on peut considérer comme un affinement de ce type de division des hypothétiques. Il distingue d'abord des conditionnelles maladroitement dites « potentielles » dont les conséquents sont aussi bien au passé (160) qu'au présent (147) et (148) ou au futur (145) et (146). Il ajoute le cas des renvois à des états de choses intemporels du type lois, principes et règles comme : *« Si l'on plonge un corps dans un liquide, alors il subit une poussée de bas en haut... »* Ces **conditionnelles « simples »** chez Grévisse, **« de l'ordre du réel »** selon Bonnard, possèdent toutes une caractéristique logique commune : les modifications à apporter à l'univers sémantique de référence (R ou monde M0 dans la terminologie classique) sont minimes en (145) ou (148). Comme le traduit bien Claudine Jacquenod : « Quand nous énonçons des conditionnelles potentielles, nous considérons que l'état de choses auquel renvoie leur antécédent peut être similaire à un état de choses réel » (1988 : 221). Convenons, pour la suite de l'exposé, de ranger ces hypothétiques dans le mode ou monde réel (R).

Van Dijk distingue ensuite les **conditionnelles irréelles** — l'usage terminologique est, cette fois, très proche de celui de Bonnard et de Grévisse — dont l'antécédent est généralement considéré par le locuteur comme étant faux dans son monde de référence R. Les propositions insérées dans les conditionnelles irréelles ne renvoient qu'à des états de choses (passés ou présents) vrais dans des mondes contrefactuels (H), c'est-à-dire à la fois différents de R et accessibles depuis R : (154), (157) et (158).

Teun A. Van Dijk, comme Lance J. Rips et Sandra L. Marcus (1977), distingue des degrés de ressemblance entre les mondes contrefactuels (H) et notre monde de référence (R). Il compare les hypothétiques sur la base de la complexité des modifications à effectuer sur R. En dépit des frontières ténues qui les séparent, on peut distinguer avec lui les mondes « accidentellement contrefactuels » — exemples (154), (157) ou (158) — des mondes « essentiellement contrefactuels » du type de ceux auxquels renvoient, par exemple, les énoncés (152), (155), (156) et (159). Dans le cadre des conditionnelles irréelles « accidentelles », les modifications à opérer sur R pour créer H sont peu importantes car les lois de la nature restent les mêmes. En revanche, les conditionnelles irréelles « essentielles » imposent des modifications importantes de R pour créer H. Malgré tout, un tel monde « essentiellement contrefactuel » reste accessible depuis la logique qui régit R. C'est, bien évidemment, une condition d'accessibilité au sens que les énoncés publicitaires exploitent pleinement.

Une dernière catégorie doit encore être ajoutée : celle des **conditionnelles irréelles logiquement « impossibles »**. Cette catégorie correspond aux conditionnelles irréelles que Robert C. Stalnaker (1968) range dans les mondes absurdes et que David K. Lewis désigne comme « videment vraies » (1973). On cite généralement comme exemples de cette dernière catégorie les énoncés de type : « Si un cercle était à la fois rond et carré... », mais on trouve également, chez un poète comme Jean Tardieu, un énoncé de ce type : « Si je marchais toujours tout droit au lieu de faire le tour du globe j'irais jusqu'à Sirius et au-delà [2] ». Cette dernière catégorie est virtuellement exclue des énoncés publicitaires qui, à un moment ou à un autre de leur développement, exigent une connexion, même floue et ténue, avec notre monde de référence R.

Il ressort de cette analyse que les conditionnelles dites « potentielles » ou « réelles » renvoient à un monde construit conforme au monde de référence R. En revanche, les conditionnelles irréelles correspondent à la création d'un univers fictionnel. Les **conditionnelles irréelles accidentelles** correspondent aux fictions du genre réaliste et du genre étrange, les **conditionnelles irréelles essentielles** aux fictions du genre merveilleux et les **conditionnelles irréelles impossibles** aux fictions du genre absurde.

1.2. Un opérateur de construction de mondes

Henri Bonnard (1981) remplace la distinction grammaticale classique Proposition principale / Proposition subordonnée du système hypothétique par une distinction *protase* (« placée devant » = p) / *apodose* (« qui découle » = q). Cette distinction présente l'avantage de mettre en avant le rapport logique et non pas temporel. Ceci explique que l'ordre q + [SI] p soit également possible :

(164) Que dirait votre banque si vous décidiez que votre argent doit être mieux investi ?
(CRÉDIT SUISSE)

---

2. *Obscurité du jour*, Genève, Skira, 1974, p. 89.

Il s'agit bien d'une « antériorité logique sans lien obligatoire avec la place dans l'énoncé » (Bonnard 1981 : 294). Mais s'agit-il vraiment d'un rapport logique d'implication de type [SI] p → [ALORS] q ? Ne pourrait-on pas parler d'un rapport de *condition* [SI p] à *conditionné* [ALORS q] ?

La relation d'implication logique classiquement envisagée pour analyser le SI hypothétique (relation cause → conséquence) est aujourd'hui mise en question par la logique naturelle. Dans la relation [SI p ALORS q], l'« implication » suppose que p et q relèvent d'un « domaine commun », domaine qui ne tient pas à la réalité-vérité des choses, mais qui est construit par le discours.

Conformément à la perspective pragmatique que nous adoptons, la fonction d'un connecteur comme SI ne peut pas être décrite :

> [...] comme étant de signaler certaines relations logico-sémantiques entre des contenus propositionnels, mais elle pourrait bien être conçue comme celle d'*instructions* données à l'auditeur, commandant le *type de traitement* qu'il a à effectuer sur ces contenus pour se conformer aux « intentions du locuteur ». En d'autres termes, cette fonction ne serait pas (ou pas seulement) d'ordre *déclaratif*, mais *procédural*. (Caron 1984 : 151)

Tous les exemples à protase au présent ou à l'imparfait cités plus haut sont susceptibles de recevoir une description unifiée. Ils signifient tous : *Dans le contexte où l'on admet p, il est pertinent d'énoncer q*. La validité de la proposition q (apodose) dépend donc entièrement du co(n)texte établi par la proposition p (protase). Ajoutons que l'effacement presque systématique du connecteur ALORS prouve que SI suffit à marquer le contenu de la proposition p comme un argument et celui de la proposition q comme la conclusion à tirer de la proposition p dans un univers sémantique donné.

Les exemples (144) à (157) présentent tous des énoncés complets où les propositions p et q sont explicitement données. Les exemples (158), (159) et (160), en revanche, ne proposent chacun qu'une seule proposition : SI protase-p pour (158) et (160) et apodose-q pour (159). Afin de vérifier la nature procédurale du traitement de l'information par l'interprétant, examinons brièvement quelques exemples.

L'énoncé (160) permet de comprendre la fonction d'opérateur de construction d'une certaine représentation (mise en place d'un espace sémantique ou d'un « monde ») qui est celle de SI dit hypothétique ou de condition suffisante. Le texte cité apparaît, en fait, dans une bulle (selon le plus pur style de la bande dessinée) ; il est proféré par un personnage (SDF ?) endormi sur un banc. Ce texte est accompagné d'une vignette de la marque : « HAPPY LE BON LIT ». L'image et le texte (160) s'opposent comme le monde de référence R (du clochard sur son banc) et le monde H (non actuel par définition) du rêve. La marque de l'optatif (« Ah ! Si... ») suffit à énoncer le rêve et à donner au produit une connotation positive, renforcée par le jeu de mots sur le nom propre et l'adjectif anglais avec les énoncés relatifs aux souhaits de bonheur en langue anglaise (« Happy New Year ! », « Happy Birthday... », etc.). Cette hypothétique apparaît comme « accidentellement contrefactuelle ». L'écart entre l'univers de la réalité et celui du rêve n'est pas aussi tranché qu'en (155) ou (159). Les lois de H sont, en (160), fort proches de celles qui régissent R.

Si l'on poursuit l'analyse, on voit que le slogan de la marque « HAPPY LE BON LIT » fournit les éléments pour une éventuelle (re)construction de la proposition q absente : « Ah ! Si j'avais un lit Happy, (j'aurais/je serais dans un) bon lit [et pas sur cet inconfortable banc public] ». Il est évident que ce type d'usage de la conjonction SI et de l'imparfait en proposition indépendante diffère des ellipses des exemples (158) et (159). Il faudra le rapprocher des emplois optatifs dont il va être question un peu plus loin.

Dernière remarque sur la fonction de l'exclamation en (160) : une nécessité phonique et rythmique semble avoir amené le choix de l'enchaînement « Ah ! Si ». La prononciation française de « Happy » donne les deux voyelles /a/ et /i/ que l'on retrouve dans « Ah ! Si » et dans « j'avais un lit ». Ceci à l'intérieur d'une mesure syllabique régulière : 2 + 4 + 2, soient 8 positions métriques, comme dans (159) et dans les protase et apodose de (155).

En (155) et (159), le monde construit (H) apparaît comme « essentiellement contrefactuel », c'est-à-dire certes accessible depuis la logique qui régit R, mais très différent. Dans le monde posé (en [155] de façon explicite) par la proposition p, les animaux (poissons ou chats) possèdent une propriété (parler) qu'ils n'ont pas dans R. Pour lire (155) — comme (159) —, le lecteur-interprétant est donc tenu d'entrer dans la logique d'un monde (H) très différent de son univers de référence, mais compréhensible quand même à la lumière de son expérience quotidienne. Au-delà de tels coups de force rendus possibles par l'opérateur SI, ce qui nous intéresse, c'est le fait que (155) donne tous les éléments et vise à une explicitation maximale, réduisant ainsi le coût interprétatif. Ce qui n'est, bien sûr, pas le cas avec (158), (159) ou même (153) qui fonctionne en rapport intertextuel avec une chanson de Johnny Halliday : « Noir c'est noir, il n'y a plus d'espoir... »

Avec le slogan (159), qui tient l'affiche depuis près de dix ans, nous avons affaire à un texte minimum où l'image (comme le spot TV) n'entre pas, cette fois, dans une relation de complémentarité avec le texte et où l'essentiel réside dans le non-dit. Le travail coopératif du lecteur-interprétant devient extrêmement intéressant : celui-ci doit s'appuyer sur le conditionnel (« achèteraient ») pour suppléer à l'ellipse et construire un contexte [Si p]. La coopération interprétative prend donc appui sur un signal linguistique qui fournit une instruction de traitement.

Le conditionnel, non explicitement associé à SI, commande seul le calcul à effectuer sur le contenu de (159) : essentiellement ici ne pas considérer le slogan comme absurde, mais comme contextuellement déterminé ; définir, à partir de R, un contexte de pertinence-acceptabilité sensiblement différent de la logique de notre monde de référence (R). On peut se demander si le contexte effacé [Si p] peut être rétabli avec certitude. En d'autres termes, l'ellipse est-elle recouvrable et le texte intégralement restituable ? Il semble impossible d'établir le contenu exact de la proposition p : « si les chats étaient à votre/notre place », « si les chats pouvaient faire eux-mêmes les courses », etc. Seul SI est certain ; pour le reste, ce contenu précis importe peu. Ce qui compte, c'est le mouvement procédural de construction obligatoire d'un monde H contrefactuel. En entrant dans la logique de SI et en dépassant l'incohérence sémantique de ce monde fictif, on peut retourner ensuite à R où (159) trouve sa force et sa pertinence pratique : celle de l'achat d'un produit plutôt que d'un autre.

1.3. « Et si on laissait les enfants refaire le monde ? »

Parmi les nombreux emplois possibles de SI (explicatif, oppositif, concessif, etc.) un emploi intéressant à signaler est celui de SI en proposition indépendante et accompagné de l'imparfait. La publicité en présente de nombreuses formes : *(165) « Et si la beauté venait de l'intérieur ? »* (VICHY CÉLESTINS) ; *(166) « Si on faisait plein d'amuse-gueule... »* (FINDUS).

Plus systématique encore, cette surprenante campagne du *Crédit Agricole du Doubs*, dont nous ne reproduisons que les têtes de chapitre :

(167) Formule confort.
    Si on se faisait
    un amour de maison.
    Si on refaisait la salle de bains. [...]
    Si on changeait les papiers peints, la moquette, la peinture... [...]
    Si on installait une cuisine. [...]
    Si on aménageait de nouvelles pièces. [...]
    Si on améliorait le chauffage. [...]
    Si on installait une véranda...
    Si on aménageait les abords...
    Si on s'équipait d'un portail automatique.

    Et si vous avez d'autres projets, la Formule Confort est là pour vous aider à les réaliser. Consultez vite votre agence.

Seule la conclusion (« Et si vous... ») retrouve la structure classique des hypothétiques réelles au présent.

En fait, ces tours doivent être rapprochés, malgré la forme interrogative marquée ou non par un point d'interrogation, de l'optatif (160) analysé précédemment. Dans tous les cas, la combinaison de SI et de l'imparfait est manifeste. Aux emplois optatifs purs :

(168) Xerox Piano,
    Machines à écrire silencieuses.

    Ah, si seulement mon patron
    pouvait faire aussi peu de bruit !

on pourrait être tenté d'opposer un exemple comme (165), qui recourt à la forme interrogative, ainsi que (166) ou (167). Mais ces occurrences sont homogénéisées par l'imparfait qui remplit une fonction de modalisation (accentuée avec la tournure interrogative) du monde positif envisagé, le souhait ou l'aspiration sollicités étant tantôt formulés directement (JE/MON), tantôt dilués sur le plan énonciatif (ON/NOUS/VOUS). Le connecteur SI, dans ces indépendantes, est créateur d'un contexte thématique et, en dépit de l'absence d'enchaînement de type [(alors) q], rien ne justifie le recours à une description différente de celle qui a été préconisée plus haut.

Cette publicité pour une pâte à modeler à la mie de pain (*Play-Doh*), qui thématise ouvertement l'idée même de construction de monde au centre de la fonction du connecteur SI, résume parfaitement le fonctionnement de SI dont il vient d'être question : ***(169) « Et si on laissait les enfants refaire le monde ? »***

Au terme de cette brève étude des usages de SI hypothétique en publicité, on a pu constater l'efficacité de cet outil syntaxique pour créer de véritables microtextes argumentatifs. Parmi des connecteurs comme MAIS, CAR, PUISQUE, QUAND MÊME, etc., pourquoi avoir choisi de ne parler que de SI ? Par-delà la pluralité et la complexité de certains de ses emplois, SI symbolise à sa façon la pratique publicitaire elle-même. Créant des univers sémantiques qui naviguent entre le monde réel et le monde contrefactuel, ce connecteur reflète assez bien les mécanismes argumentatifs d'un discours publicitaire qui oscille entre la matérialité effective des choses et l'imaginaire qui les transcende.

Plus précisément, le connecteur SI contribue à faire de certains énoncés un véritable concentré de ce que nous avons dit sur l'argumentation publicitaire. Ainsi dans ce célèbre slogan du *Club Méditerranée* : ***(170) « Club Med. Le bonheur, si je veux. »*** On trouve ici le mécanisme prédicatif à la base de l'argumentation publicitaire : un nom propre (« Club Med ») auquel une propriété euphorique est adjointe (« le bonheur »). Mais cette proposition descriptive complète est judicieusement placée sous la dépendance (apodose-q) d'une protase-p en SI qui donne au sujet consommateur et à sa volonté une place prépondérante. Nous observons, dans ce slogan, un double mouvement que l'on peut dire d'abord épidictique : l'éloge du Club Méditerranée est hyperboliquement accompli par la description-définition qui le constitue en objet de valeur absolu. Ensuite, la protase-p en SI met en avant un mouvement délibératif qui place l'obtention de l'objet de valeur sous la dépendance d'un choix (vouloir) du sujet. On retrouve bien ici la définition aristotélicienne que nous donnions du discours délibératif au début du chapitre 4 : c'est le bonheur qui oriente toute délibération.

On peut dire que la microstructure argumentative de (170) correspond très exactement au fonctionnement rhétorique et discursif global de l'argumentation publicitaire. Cet exemple montre à quel point la description linguistique doit être attentive non seulement à des processus généraux du type de ceux qui ont été abordés au chapitre 5, mais également aux phénomènes microtextuels. Avec SI, nous avons pu voir fonctionner dans le détail la mécanique inférentielle complexe qui est à la base des mouvements argumentatifs.

2. Créativité lexicale et publicité : une langue dans la langue ?

> *La puissance du préjugé sur le langage ne doit pas nous dissimuler l'ordre inflexible que le langage lui-même impose à notre perception et à notre imaginaire : si l'on*

> *veut accéder à la pluralité des mondes, si l'on veut échapper au découpage immuable qui nous fait croire que le monde est un, il faut aller plus loin que l'abolition des privilèges et la coexistence de tous les vocables sans distinction de race et de sang, il faut mêler les mots, les contaminer, les confondre : il faut métisser le vieux dictionnaire.*
>
> (Alain Finkielkraut, Ralentir : mots-valises !,
> Seuil, 1979)

L'argumentation publicitaire passe autant par les manipulations « logiques » dont nous avons parlé dans les chapitres précédents que par un travail ludique opéré sur toutes les dimensions de la langue.

C'est un lieu commun chez beaucoup d'observateurs que la publicité abîme la langue. Grandjouan regrette par exemple « la surenchère verbale des réclamiers [qui] fausse le français en l'abrégeant de force » (1971 : 253). Selon Étiemble, « tous les principes de la syntaxe française sont violés, exprès, par les publicitaires » (1973 : 251). Thévenot quant à lui condamne « les agressions caractérisées [...] des étrangetés néologiques propres au commerce et à la publicité » (1976 : 118). Pour De Broglie, un énoncé comme « Je réside secondaire » « procède d'une volonté de réduire la langue en pâtée » (1986 : 223)... De telles critiques posent un double problème : d'une part, elles révèlent une vision étroite qui, niant la créativité du discours, l'emprisonne dans les moules normatifs de la langue. D'autre part, elles négligent d'examiner de près les spécificités stylistiques et communicatives d'une sorte de langue dans la langue et sont, de ce fait, très en retrait par rapport au projet de description que nous nous sommes fixé.

Afin de procéder d'une façon concrète, la suite de ce chapitre sera centrée sur un corpus caractéristique des déviations imposées au lexique et à la syntaxe par les publicistes. En examinant le cas des slogans pour résidences secondaires qui contrarient tant De Broglie [3] (« Je réside secondaire », « Vacancez-vous la vie », « Inveskissez en Andorre »), nous verrons que, grâce à divers processus de refonctionnalisation discursive, l'agrammaticalité peut venir renforcer le rendement syntaxico-sémantique des énoncés. Nous constaterons que, loin d'être des aberrations répréhensibles, ces slogans trouvent leur portée argumentative dans les déviations qu'ils imposent à la langue standard, dans le jeu qu'ils introduisent au cœur même de la grammaire. Mais, avant d'entrer dans les subtilités de ces décalages qui concernent surtout la syntaxe, portons rapidement notre attention sur les déformations que la langue publicitaire impose au lexique et qui touchent en premier lieu les mots isolés.

---

3. Une partie de cette section est une version remaniée de M. Bonhomme, « De l'énoncé publicitaire : les slogans pour résidences secondaires » (*Le Texte et l'image*, CALS-Université de Toulouse-le-Mirail, 1988 : 319-341).

2.1. Une grande créativité lexicale

La créativité de la langue publicitaire est d'abord lexicale. Du caractère hyperboliquement épidictique de son argumentation découlent tout naturellement des exemples de ce type : *(171) « L'élégantissime légèreté »* (Cigarettes VOGUE) ; *(172) « Féminissime beauté de Mathilda May en Lejaby »* (sous-vêtements LEJABY).

L'impératif publicitaire, symptomatique des débuts de la réclame, peut être rénové par une créativité fixée sur le verbe : *(173) « Phytovitaminez-vous les cheveux ! »* (PHYTOVITAMINES) ; *(174) « Minéralise-toi ! ! ! »* (eau minérale SAN BERNARDINO).

Plus subtile, cette modification orthographique joue, à la fois, en une sorte de mot-valise, sur l'impératif du verbe « lire » et sur une présentation des modalités de « leasing » pour l'achat d'une voiture : *(175) « L'Uno Mambo ? 12 490 FS net seulement. Ou alors, leasez attentivement ci-dessous »* (FIAT).

De telles modifications orthographiques, qui permettent littéralement d'inscrire un mot dans un autre, ont été largement exploitées dans les années 90 par la marque *Perrier* avec ses : « JOYEAU », « PREAUPAGANDE », « NIVEAU MEAUNDIAL », « EXPLEAUSIF ». Ces manipulations graphico-lexicales constituaient le pivot d'une campagne visant à réaffirmer la naturalité de *Perrier*, suite à des problèmes de pollution de bouteilles, aux États-Unis. Mais le nom de la marque peut aussi venir s'inscrire dans le slogan : *(176) « Vacances à la Fra m çaise »* (FRAM).

Une campagne récente de la société *Zurich assurances* joint au slogan « Nous sommes là » un simple mot-valise : « TREMPÊTE », « FRIGHORRIFIÉ », « TRAGICLE », « FLAQUASTROPHE », « SENTINULLE », « PRIORATÉ ». Ces mots-valises portent respectivement, comme une photo d'accompagnement le confirme, sur des intempéries (tempête et froid extrême), des dégats des eaux, un vol et un accident de la circulation. Du fait de leur forme insolite, de tels néologismes renforcent la mémorisation des prestations diversifiées fournies par cette société d'assurance.

2.2. Du mot-valise au texte : une campagne Perrier

L'extension de la procédure du mot-valise à un texte entier apparaît dans une autre campagne *Perrier*, plus ancienne, qui ressemble fort au début du poème « Jabberwocky » qu'Humpty Dumpty explique à Alice, dans *De l'autre côté du miroir* :

> *Twas brillig, and the slithy toves*
> *Did gyre and gimble in the wabe :*
> *All mimsy were the borogoves,*
> *And the mome raths outgrabe.*

Robert Parisot a proposé cette traduction du petit texte de Lewis Carroll :

> Il était reveneure ; les slictueux toves
> Sur l'allouinde gyraient et vriblaient ;

Tout flivoreux vaguaient les borogoves ;
Les verchons fourgus bourniflaient.

Une même destructuration du lexique de la langue standard, sans atteinte majeure de la base morphologique et syntaxique, donne ce texte publicitaire malheureusement peu connu :

(177) Perrier
sourcière de nature
dégrastille le soprano
et faraillode les douzeuils

À ce texte principal, en gros caractères, est adjoint, en très petit corps, à peine lisible, la traduction suivante :

(177') *Perrier
minérale gazeuse naturelle
rend la bouche légère
et les yeux brillants

Le lexique étrange de (177) ne figure dans aucun dictionnaire d'argot ou de français populaire. Nous sommes en présence de ce que Rheims (1969) a appelé des « mots sauvages ». Ces « mots sauvages » sont avant tout des mots-valises qui, par un appui sur le code syntaxique du français, peuvent être identifiés comme des noms avec leur article (« les douzeuils » répond à « le soprano », syntagme nominal appartenant, lui, au français courant) ou comme des verbes conjugués (« Perrier… dégrastille… et faraillode… »). Enfin, la préposition « de » unit un groupe syntaxique en incise dont la fonction est de déterminer le nom propre *Perrier*.

Les perturbations de la base lexicale peuvent être ainsi analysées :
• « Dégrastille » est composé d'un préfixe privatif « dé- » qui semble suivi du nom/adjectif « gras » et d'une finale « tille » qui rappelle celle du verbe « pétiller ». Certes, « (dégr)astille » peut également rappeler le nom « (p)astille » ou même le verbe « gratter » (dans ce cas, l'eau Perrier remédierait aux « grattements » de la gorge), mais le verbe « pétiller » et la suppression de la négativité du gras sont plus nettement en rapport avec les bulles et les vertus de l'eau gazeuse. Comme pourrait l'expliquer Humpty Dumpty, si cette eau Perrier dégraisse et pétille à la fois, on a un mot-valise très comparable au « slithy » - « slictueux » du poème de Lewis Carroll : « Eh bien, *slictueux* signifie souple, actif, onctueux. C'est là une valise, voyez-vous bien : il y a trois significations contenues dans un seul mot. »
• Le choix de « douzeuils » et de « faraillode » n'est pas sans rappeler le Raymond Queneau des *Ziaux* (plus que le Henri Michaux du *Grand Combat*). Le jeu avec la faute d'accord orthographique en nombre (un œil/des yeux) engendre des « zeuils » après liaison avec la forme oralisée de l'adjectif « doux ». Cette métamorphose des yeux doux accompagne la photographie qui reproduit un jeune couple, les yeux dans les yeux, partageant, dans le foin, une bouteille de Perrier.

Les phares à iode sont quant à eux agglutinés et un verbe est dérivé de ce nom forgé : « farailloder ». Nous sommes ainsi fort loin de la traduction : « rend […] les yeux brillants ». La métaphore s'est glissée sous les mots, la douceur est venue s'ajouter à des yeux qui ne sont plus tout à fait ceux des êtres de notre monde.
• Si « soprano » appartient bien à notre langue, l'emploi repose ici sur un transfert métonymique du « soprano » chanteur à son organe vocal. C'est sur sa gorge que le liquide opère son action si singulière.
• Enfin, avec « sourcière » l'eau naturelle est, à la fois, désignée par le féminin de sourcier (personne qui cherche les sources selon les dictionnaires) et déformée par l'intégration de *sorcière* dans le signifiant conforme au code. Par le simple ajout de la lettre « u », un mot-valise est créé et cette hybridation donne au produit sa valeur troublante et merveilleuse. Nous sommes encore loin de la traduction : « minérale, gazeuse, naturelle ».

Comparée à cette force de la polysémie des mots-valises, la traduction en langue standard est bien pâle. Elle fait ressortir la puissance de l'hybridation de la langue par le mot-valise dont parle si bien Alain Finkielkraut (1979 : 8) :

> En mélangeant les significations des mots qui sont dans votre valise, vous ferez advenir un sentiment compliqué, une réticence impalpable, un animal chimérique, ou un concept fou. Là réside le vrai plaisir. […] Abâtardir, au lieu de juxtaposer des entités closes sur elles-mêmes. Traiter en atomes justiciables de toutes les combinaisons possibles, ces petites unités — les mots — qu'on nous enseigne à considérer comme des individus. Le mot-valise prend au sérieux cette hypothèse déraisonnable : les termes du dictionnaire n'ont que l'apparence de l'autonomie ; ce sont, en fait, des particules vagabondes, les morceaux errants d'autres vocables, les petites poussières éparses d'un lexique inconnu.

À la différence de sa traduction, (177) possède une structure métrique régulière de trois fois huit syllabes en prononciation poétique : (2 + 6) + 8 + 8. À ceci s'ajoute un jeu avec une variation des caractères typographiques et même une subversion de la linéarité horizontale sage des énoncés écrits : Perrier est graphié en arc de cercle et les deux dernières lignes (de 8 syllabes) sont désaxées : descendante pour la première et montante pour la seconde. On a l'impression que tout est mis en mouvement, que toutes les dimensions de la textualité sont bousculées.

Un tel jeu sur la langue renoue avec une force proche de celle des origines rythmiques du langage de la petite enfance, avec les jeux de langage de type comptines ou bouts rimés, avec les formules sacrées aussi. La langue du slogan, faite de rythme et de phonie, est ici portée à son comble et cette émancipation langagière cultivée par Perrier — à travers le thème de la folie : « Perrier, c'est fou » — permet d'argumenter en faveur du positionnement socioculturel de la marque : le public-cible visé est non conformiste, la connivence dans un langage libéré (MOYEN) engage à une adhésion étroite sur le circuit économique de la consommation (FIN).

2.3. Omo Micro : l'invention d'une langue animale

Se radicalisant, l'énoncé publicitaire en vient à mimer la genèse d'une nouvelle langue, à l'instar d'une plus récente campagne *Omo Micro*, axée sur la mise en scène de chimpanzés et sur la production d'un langage-singe, dont voici trois variantes :

(178) **Kiceti lo glouglou rikiki qui fait lo polo neuf-neuf bo ?**
(179) **Kiceti lo glouglou rikiki qui fait lo caraco so flashi ?**
(180) **Kiceti lo glouglou rikiki qui fait lo marino touticline ?**

Ces énoncés inversent le fonctionnement normal du langage. La première articulation (niveau de l'élaboration du sens dans les lexèmes et morphèmes grammaticaux) y est débordée par la seconde articulation, d'ordre phonétique. Une même matrice : « Kiceti lo glouglou rikiki qui fait lo... » permet d'identifier l'interrogatif oral populaire « qui c'est-y », un morphème grammatical altéré : « lo » = le (suivi de « so » = si et de « touti » = tout), un nom « glouglou » qui, par onomatopée, rappelle un liquide (Omo liquide), enfin une graphie propre de l'adjectif familier « riquiqui » dont les dictionnaires disent bien qu'il désigne ce qui est « petit » (Omo Micro). La traduction est ici linéaire et simple. Le produit est présenté comme agissant sur trois objets du monde. Deux de ces objets appartiennent au lexique de la langue française : « polo » (chemise de sport à col ouvert) et « caraco » (terme vieilli désignant un corsage de femme, une blouse droite et assez ample). En revanche, « marino », qui semble désigner des vêtements de marin, est inventé. C'est le principe de la rime qui génère un lien entre les mots de ces énoncés et qui produit un effet de langue animale inconnue. La matrice phonique /ki/ domine : « **KI**ceti lo glouglou ri**KIKI QUI** (= KI)... marino touti**K**line ». La voyelle /o/ et la consonne /l/ dominent également : « Kiceti **LO** g**L**ou**L**ou... **LO** p**OLO** neuf neuf b**O** / carac**O** s**O** f**L**ashi / marin**O** toutic**L**ine ». Sur le plan interlangagier, on observe la présence de termes appartenant au français, à l'italien et à l'anglais : formes reprises de la langue d'origine (« so » pour l'anglais, « caraco » et « polo » pour le français) ; formes italianisées à partir du français (« marino », « lo ») ou de l'anglais (« flashi » = flash + la finale i) ; forme francisée composée d'italien et d'anglais (« touticline » : « tutti » + « clean »).

Une telle mise en exergue de la substance signifiante engendre un infralangage pulsionnel qui peut évoquer la phonation animale (le son /(i)ki/ imitant le cri du chimpanzé). Cette caricature de langage présymbolique résulte en fait de la défiguration des formes codées qu'on entrevoit en creux. Cette excroissance de la matérialité du langage conditionne étroitement la portée argumentative de ces énoncés. Le lecteur attentif peut accessoirement reconnaître en eux la formulation locutoire de questions ouvertes portant sur l'identité d'un produit à trouver et une invitation perlocutoire à donner le nom de ce dernier. Ces questions sont au demeurant banales, orientées sur le thème — éculé en publicité — de la performance d'un produit litotique aux effets hyperboliques, mais fortement implicatives, en ce que leur matrice phonétique globale (K/R — i/o) induit la réponse sollicitée (**O**mo

Micro) et en ce qu'elles transforment le lecteur en co-proclamateur de la marque. En réalité, par leur focalisation sur le signifiant brut, ces énoncés visent à court-circuiter l'étape rationnelle du processus argumentatif : leur dislocation langagière se double d'une dislocation cognitive qui leur donne une apparence gratuite. Renforcée par le contexte simien et par l'aspect récréatif de ces énoncés (on peut voir en eux des devinettes ou des variétés de virelangue [4]), cette dislocation cognitive neutralise le jugement du lecteur au profit d'une adhésion ludique immédiate. Autrement dit, ces énoncés estompent leur phase locutoire et illocutoire pour provoquer, par-delà le discours, la communion amusée du lecteur avec l'univers d'Omo. La création d'un pseudo-langage animal permet ainsi de masquer une démarche argumentative peu pertinente (que dire sur un produit aussi insignifiant et aussi faiblement motivant qu'une marque de lessive ?) et de donner la primauté à l'étape finale et essentielle du processus persuasif : celle de l'empathie entre le produit et le public. Bel exemple où la violation du système linguistique n'est là que pour accélérer le rendement affectif de la communication publicitaire.

3. Créativité sémantico-syntaxique des slogans pour résidences secondaires

Examinons à présent des transformations moins spectaculaires qu'une langue inventée, mais très intéressantes dans la mesure où elles s'attaquent à la partie la plus réglée de la langue : l'articulation du lexique et de la syntaxe.

3.1. Structure profonde du script « acquisition d'une résidence secondaire »

Nombre de slogans pour résidences secondaires constituent des énoncés refonctionnalisés à travers leur agrammaticalité. Pour mettre ce fait en évidence, il est nécessaire au préalable de décrire la logique qui les sous-tend.

a. Sur le plan macrosyntaxique, ces slogans se glissent dans un **schème actionnel** (script) articulé en quatre phases temporelles ou moments :
• Une *phase préliminaire* (m1) : construction de la résidence secondaire par le promoteur.
• Une *phase centrale* (m2), pivot de l'énoncé publicitaire : l'acquisition de la résidence, le but du slogan étant de faire acheter ou louer celle-ci par un client.
• Enfin, deux *phases terminales* : une phase générique : *l'occupation* — en période de vacances — de la résidence secondaire par son acquéreur (m3) et une phase plus spécifique : *la pratique d'un loisir par le client*, dans le cadre de la résidence secondaire (m4).

---

4. La virelangue consiste à produire une phrase piégée par la proximité de ses phonèmes en vue de susciter des lapsus chez son locuteur (cf. « les chaussettes de l'archiduchesse »).

b. Sur le plan microsyntaxique, les quatre phases du script se développent selon un **canevas actantiel** implicite qui met en jeu plusieurs rôles. Pour expliquer ce canevas actantiel, il nous paraît intéressant d'utiliser une description syntactico-sémantique casuelle inspirée de Fillmore (1965, 1968). Ce modèle s'adapte bien à notre corpus, malgré les imperfections qu'il comporte par ailleurs [5]. Le mérite du modèle casuel est de permettre une analyse assez souple des rôles syntaxico-sémantiques — ou « cas » — sous-jacents à tout énoncé. Ainsi, au niveau du noyau actantiel propre à chacune des quatre phases événementielles que nous avons dégagées, on peut repérer deux grands cas :
• Le *cas agentif* [AG] qui définit la source animée, en même temps que l'impulsion actantielle des quatre phases, et qui s'actualise en deux rôles thématiques de surface : le promoteur-publiciste en m1 ; le client en m2, m3 et m4.
• Le *cas objectif* [OB], actualisé à la superficie du texte dans le rôle thématique « Résidence secondaire ». Ce cas objectif constitue la cible directe des moments m1 et m2 (construction et achat de la résidence). Il s'atténue en m3 sous une forme simplement **locative** : vie **dans** la résidence.

Composant les supports personnel et architectural de nos slogans, ces cas agentif (AG) et objectif (OB) sont dynamisés par un prédicat verbal médian qui forme le procès de chaque phase et qui les caractérise : « Construire » (m1) ; « Acheter, louer… » (m2) ; « Vivre dans » (m3) ; « Skier, bronzer… » (m4).

c. Outre un noyau actantiel, les slogans pour résidences secondaires présupposent une **périphérie circonstancielle**, commune à plusieurs phases et qui se structure également en divers cas sous-jacents :
• Le *cas locatif* [LOC], géographique (si on le spécifie sémantiquement), présent dans les quatre phases. Agençant l'espace coréférentiel au produit-cible qu'est la résidence secondaire, ce cas locatif se manifeste à la surface de l'énoncé par des pôles thématiques tantôt généraux (avec des noms communs comme « soleil », « mer », « montagne »…), tantôt toponymiques (grâce à des noms propres de région ou de localité).
• Le *cas instrumental* [I], diversifié selon deux pôles thématiques en m2 et m4, puisqu'il indique le prix (ou le moyen d'acquisition de la résidence secondaire) en m2 et l'outil de la pratique du loisir en m4 (par exemple, les skis à la montagne).
• Le *cas final* [BUT] qui, en m2, définit le but de l'acquisition de la résidence secondaire (le client achète celle-ci **pour** les vacances, les week-ends…). Ce cas final évolue fréquemment en *cas temporel* [TPS] en m3 et m4 (le client vit dans sa résidence et pratique le ski **pendant** les vacances, les week-ends…).

On peut schématiser ce fonctionnement syntaxico-sémantique sous-jacent aux slogans pour résidences secondaires par le graphe fonctionnel ci-après. Un tel schéma doit nous permettre d'étudier la double transformation, source d'agrammaticalité et/ou d'asémanticité, que ces slogans font subir à cette base syntaxico-sémantique.

---

5. Voir à ce propos les critiques de Rastier 1991 : 153 et 1994 : 135.

Microscopie de l'argumentation publicitaire 165

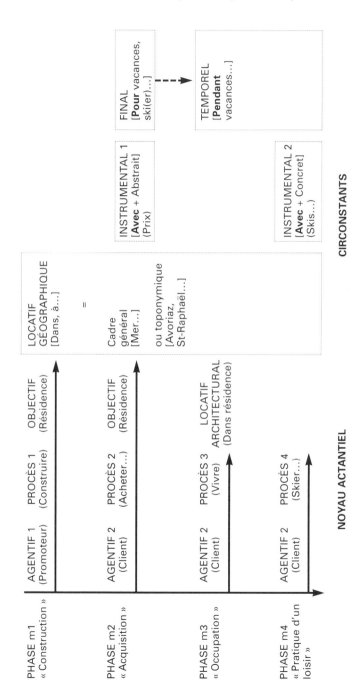

3.2. Refonctionnalisations casuelles des énoncés

Au lieu de respecter le schéma casuel qui leur est sous-jacent, les slogans pour résidences secondaires opèrent un déplacement discursif de leurs cas de base. Ce déplacement se réalise la plupart du temps au profit des cas circonstanciels, notamment à celui du locatif géographique, et aux dépens des cas du noyau actantiel.

Ce recentrage des cas circonstanciels est évident lorsqu'on compare le slogan publicitaire avec le texte qui le suit. Ainsi, dans une publicité relative à l'acquisition d'une résidence sur la Méditerranée, quand le commentaire nous dit : « Avec un étage pour les Balandrins, deux étages pour les Maisons de Pêcheur, de trois à cinq pièces, chaque maison de Port-Grimaud s'ouvre sur la mer, le soleil et le bonheur de vivre », le slogan annonce : *(181) « Port-Grimaud, achetez le soleil et la mer.* » Soit un transfert formalisable ainsi :

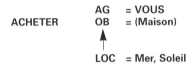

Un tel recentrage actantiel des circonstants se fait surtout au détriment du cas objectif [OB], c'est-à-dire du produit-cible qu'est la résidence. On relève à ce moment des déplacements casuels dans lesquels le locatif [LOC] remonte en position d'objet [OB], comme dans le slogan ci-après : *(182) « Achetez le Mont-Blanc »* (A. FABBRO-LE FAYET). Le déplacement est ici le suivant :

On remarque également des transferts casuels des cas final (BUT : pour le week-end) et temporel (TPS : pendant le week-end) sur l'objectif : *(183) « Louez vos week-ends »* (LOCATION ORION) ; ou de l'instrumental [I1] (argent comme moyen) sur le cas objectif, dans une structure nominale parataxique : *(184) « Un prix époustouflant en Méditerranée. Résidence "Grand Large" »* (ALAIN VANECK).

Le transfert des cas circonstanciels provoque une agrammaticalité plus ou moins forte à la surface de l'énoncé. Ainsi dans ce slogan où le locatif « Au soleil » devient un qualificatif du procès nominalisé : *(185) « Baie de Roses - Espagne - L'investissement soleil »* (SOLISPANO).

De même dans cet autre slogan dont le néologisme provient sémantiquement du transfert des cas final et temporel sur le verbe lui-même. Au lieu de « Achetez une maison pour vivre durant vos vacances », on a :

(186) Vacancez-vous la vie.
   Cap d'Agde. *(SOPRA-VACANCES)*

[Villa 2 pièces avec jardin et parking 219 000 F [6]]

Ce qui peut se schématiser ainsi :

BUT + TPS —> PROCÈS

Il est ici évident que le néologisme est rendu possible par un jeu sur la phonie [**VA**cancez-**V**ous l**A V**ie], producteur d'une symétrie en reflet et d'un chiasme anagrammatique :

/la vi/ (la vie)
X
/vi la/ (villa).

Par ailleurs, le locatif circonstanciel [LOC] peut glisser à la fois sur le procès (en devenant verbe) et sur l'agentif [AG] (en se répercutant sur le pronom sujet). Au lieu de « Achetez une résidence UTO à la neige », on a alors :

(187) Enneigez-vous. Prenez un UTO.
[Studios et appartements tout confort à partir de 770 F la semaine ... Les Orres (tél. (92) 44.01.84)]

On note, dans d'autres slogans, quelques connexions intracirconstancielles limitées. Par exemple, celle du locatif géographique [LOC] avec l'instrumental [I2] :

(188) Le ski, c'est Flaine.
[Hôtels, appartements et studios, location et vente. SEPAD]

Mais les déplacements actantiels des cas circonstanciels prédominent dans notre corpus. Ces déplacements créent généralement des mixages casuels dans le cadre d'une seule phase : *(181) « Port-Grimaud, achetez le soleil et la mer. »* Ici, le transfert du locatif [LOC] sur l'objectif [OB] s'effectue au seul stade de m2-acquisition. On observe parfois des mixages interséquentiels plus complexes :

(189) Skiez d'un prix léger.
[La Plagne. Appartements à partir de 180 000 F]

Ce slogan entremêle l'instrument de l'acquisition de la résidence [I1], spécifique à m2 (prix-achat), avec le procès de m4 orienté, lui, sur la pratique d'un sport (skier).

Ces transferts casuels provoquent une sorte de « trou dénotatif » sur le cas objectif [OB] sous-jacent ou, à la surface du texte, sur la résidence secondaire elle-

---

6. Quand cela s'avère nécessaire pour la bonne compréhension du slogan, nous reproduisons entre crochets les éléments essentiels de l'énoncé consécutif.

même. De cette manière, celle-ci n'est jamais mentionnée, ce qui a d'importantes conséquences sur le rendement argumentatif de nos slogans.

Ces refonctionnalisations casuelles s'accompagnent d'un effet non négligeable sur le plan énonciatif : elles génèrent une forte densification discursive des slogans. Certes, la densification discursive est intrinsèque au slogan, énoncé fondé sur l'économie syntaxique et sur l'ellipse. Mais nos slogans vont beaucoup plus loin que ceux qui laissent apparaître un simple effacement des connecteurs et autres termes grammaticaux. En ne se contentant pas de sous-entendre des mots, ils distordent la syntaxe et le lexique, ils créent un véritable syncrétisme fonctionnel, une masse signifiante qui condense à elle seule les polarités pertinentes du message.

Les slogans pour les résidences dans les stations de sport d'hiver se présentent souvent sous la forme de phrases-blocs qui resserrent en une unité prosodique les deux rôles casuels saillants de l'annonce :

(190) Skiez Huez. *(MERIAL)*
[Oz-en-Oisans Studio Cabine + Loggia 219 000 F]

Soutenu par une assonance interne et le couplage de deux mots de deux syllabes, ce slogan allie l'économie de la forme à la plénitude de l'information (localisation + intérêt sportif du produit immobilier proposé). Mais la densification du slogan peut être plus importante et concentrer sur un seul pivot dénotatif les principales composantes casuelles du message. Cela donne la conglomération, grâce à laquelle le support du loisir et le cadre atmosphérique réfèrent ensemble à la résidence implicite, par ailleurs littéralement diluée dans l'espace qui l'englobe (LOC : région et ville) :

(191) Savoie. Valloire. Ski soleil.
[À Valloire, votre studio équipé dans une résidence chalet de grand standing. Daniel Berthe, 23, rue Vaugelas - 74000, Annecy]

Ici encore, la phonie (**S**avoie, **S**ki, **S**oleil) et les couplages (/**s**avwa/ /**v**alwaR/) viennent renforcer la densité de l'énoncé.

Le mécanisme va jusqu'au mot composé par juxtaposition [7] qui synthétise l'objectif [OB] et l'instrument [I2] associé : *(192) « La première ski-résidence au cœur des Trois Vallées »* *(ALPES RÉSERVATIONS).*

Le processus syncrétique peut aboutir au mot-valise qui combine, dans un même signifiant, le stade de l'acquisition de la résidence (investir) et celui du loisir qu'elle permet (skier) :

(193) Inveskissez en Andorre. *(LOP)*
[Au Pas de la Casa - Studio sur les pistes 120 000 F]

---

7. Entre autres critères de différenciation, le mot composé se distingue de la conglomération par le fait que les morphèmes lexicaux contribuant à l'unité de signification y sont contraints (graphiquement...), tandis qu'ils sont libres dans la conglomération.

3.3. Refonctionnalisations séquentielles du script

La refonctionnalisation casuelle se double fréquemment d'une autre refonctionnalisation, de nature séquentielle. Opérant sur le plan macrosyntaxique et affectant encore la grammaticalité des énoncés, cette seconde transformation s'effectue par rapport à m2 qui constitue la visée centrale de la démarche publicitaire, à savoir : « Déclencher l'achat ou la location d'un appartement, d'un studio... ». Or très souvent, au prix d'une anticipation du circuit séquentiel et au lieu d'être dénotée en tant que telle, cette phase de l'acquisition de la résidence secondaire est déportée sur la phase m3 de son occupation ou sur la phase m4 de l'exercice d'un loisir.

Cette projection séquentielle apparaît bien dans l'annonce suivante :

(194) Vivez village. Skiez les Arcs.
[245 000 F. Studio Cabine 4/5 personnes. Crédit spécial par banque BFIM-SOVAC. Bon à retourner à Chanaclub SA, 66, Champs Élysées, Paris 8e].

Alors que le texte accompagnateur insiste sur la séquence clé de l'achat de studios [OB] aux Arcs [LOC], le premier slogan remplace le moment de l'acquisition (m2) par la séquence ultérieure de l'habitation (m3) et le second par celle, plus précise, de la pratique du ski (m4).

Ce type d'incitation détournée à la prise de possession d'une résidence secondaire abonde dans notre corpus :
• Refonctionnalisations de type m3 / m2 (vivre/acquérir) :

(195) Vivez Avoriaz skis aux pieds.
[Du studio + cabine au 3 pièces-duplex à partir de 250 000 F. Jusqu'à épuisement des stocks. HT mobilier et parking en sus. Livraison Noël 88. La Résidence du Téléphérique d'Avoriaz]
• Refonctionnalisations de type m4 / m2 (skier/acquérir) :

(196) Chaussez plein sud au pied des pistes.
[Le Squaw Valley dans une architecture traditionnelle rénovée : studio, 2 pièces, 3 pièces, duplex. Terrasse plein sud. Emplacement rare et de 1er choix. Pour recevoir gratuitement une documentation et pour tous renseignements, renvoyez ce bon : Agence A Dégouey, BP 54, 73150, Val d'Isère]

À l'issue de ces refonctionnalisations casuelles et séquentielles, on peut dire que la structure syntaxique des slogans pour résidences secondaires est essentiellement une STRUCTURE DÉCALÉE, fondée :
— sur l'occultation de l'objectif [OB] de ces slogans, c'est-à-dire la résidence elle-même ;
— sur le recentrage des modalités périphériques de cette dernière et sur le décentrage de celle-ci vers sa finalité, selon le schéma de la page suivante :

170 Le texte publicitaire

Une telle structure allusive et en porte-à-faux a des implications argumentatives immédiates.

3.4. Valorisation du produit par le cadre

On peut expliquer cette structure syntaxique décalée par une volonté de susciter l'intérêt du lecteur à l'aide d'un énoncé insolite. Mais en réalité le rendement linguistique de ces refonctionnalisations discursives est beaucoup plus puissant. Elles charrient en filigrane tout un raisonnement, dans la mesure où l'agencement syntaxique des slogans de notre corpus offre une sélection des arguments les plus persuasifs pour la vente ou la location des résidences secondaires. Dans l'ensemble, ces slogans mettent en œuvre des « arguments basés sur la structure du réel », fondés sur des « liaisons de coexistence » au sens de Perelman et Olbrechts-Tyteca (1988 : 351 et 394). Plus exactement, leurs refonctionnalisations syntaxiques se doublent d'une argumentation globale de type métonymique : un pôle référentiel chargé axiologiquement contamine un pôle coréférentiel neutre, pour accroître la force illocutoire et la portée perlocutoire de l'énoncé. Cette argumentation métonymique globale s'effectue à deux niveaux : celui de la valorisation du produit et celui de l'euphorisation du client. Comme on l'a déjà suggéré, une telle procédure argumentative s'appuie dans la majorité des occurrences sur le cadre géographique des résidences secondaires. Aussi, à partir de maintenant, nous nous attacherons exclusivement à ce processus exemplaire.

Dans de nombreux slogans, le recentrage du cadre circonstanciel sur les résidences secondaires répond à une pragmatique valorisante. Ce n'est jamais un espace neutre qui se déplace sur le produit-cible, mais invariablement un espace positivé (+). Grâce à une telle osmose du CADRE [+] et de la RÉSIDENCE, le client va recevoir non pas un produit architectural délimité, mais l'ensemble d'une zone axiologique. Se rangeant sous le statut de l'AVOIR [+], ce type de conduite méliorative obéit à une argumentation simple et efficace : « Le produit proposé est idéal ; donc, procurez-vous-le. »

Cette argumentation par idéalisation s'applique avant tout à la phase m2, c'est-à-dire au processus d'acquisition de la résidence. La valorisation de celle-ci par son cadre y obéit alors à des règles assez strictes :

Si le toponyme de ville ou de région est déjà positivé sur le plan socioculturel par des marqueurs de notoriété, de chaleur ou de sportivité, c'est lui qui sera sélectionné et transféré sur la résidence secondaire :

Microscopie de l'argumentation publicitaire 171

(182) Achetez le Mont Blanc.
[Au pied des pistes avec piscine, appartements personnalisés. A. Fabbro Promotion - BP 36, 74190, Le Fayet]

(197) À vous Saint-Raphaël. *(RÉSIDENCES ET LOISIRS)*
[Votre appartement à 50 m de la mer]

Si le cadre toponymique de la résidence est non évalué positivement, du fait qu'il s'agit d'une ville inconnue du grand public, c'est le cadre géographique général qui sera retenu, pour peu qu'il ait une forte charge axiologique. À ce moment, au lieu d'une maison indifférenciée, on se rendra acquéreur d'un espace mythique. Mythique par ses connotateurs d'évasion et de chaleur : *(198) « Skiez plein soleil » (SUNSET IMMOBILIER)*, pour : « Achetez une maison à St-Léger-les-Mélèzes », ce qui serait peut-être moins convaincant. Mythique par ses connotateurs d'élévation et d'amplification, l'axiologie méliorative se prolongeant dans ce cas par une axiologie extensive : *(199) « Achetez la montagne » (SOGESTIMMO)*, pour : « Achetez une résidence aux Saisies », toponyme encore moins propre que le précédent à exciter l'imagination et à susciter l'adhésion.

Avec les toponymes non connotés, on relève néanmoins plusieurs cas où, plutôt que d'être valorisée par son espace axiologique, la résidence secondaire se trouve bonifiée au moyen d'un toponyme contigu. On rencontre cette situation dans le slogan : *(200) « À vous Fréjus Plage » (RÉSIDENCES ET LOISIRS)*, lequel réfère en fait à des studios bâtis dans la commune voisine de Saint-Aygulf, comme l'indique le commentaire consécutif : « À vous, votre appartement avec piscine privée en plein cœur de la jolie petite ville de Saint-Aygulf. » Le même phénomène caractérise le slogan **(190)**, dans lequel le publiciste dénote le village obscur d'Oz-en-Oisans par la station voisine d'Huez, plus connue (certainement grâce au Tour de France cycliste).

Ainsi, à travers cette pragmatique axiologique, les déplacements casuels du slogan s'accompagnent constamment de transferts sémantiques qui estompent la dimension dénotative de la résidence par le halo connotatif de son environnement. Le graphe ci-dessous résume cette première démarche argumentative, foncièrement épidictique avec sa célébration indirecte du produit :

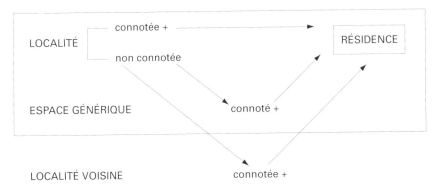

3.5. Valorisation du client par son acquisition

La refonctionnalisation syntaxique des slogans de notre corpus suit également une seconde démarche, plus vigoureuse, qui consiste à valoriser, en plus de la résidence, le client lui-même à travers son acquisition. Dans ce cas, le slogan abandonne le statut de l'AVOIR $^+$ pour celui de l'ÊTRE $^+$, puisqu'il transforme positivement le client selon une argumentation qui combine l'éloge et la persuasion : « Soyez parfait en achetant/louant cette villa. » Ce faisant, le slogan s'intègre dans une axiologie non seulement méliorative, mais aussi euphorique.

Cette métamorphose euphorisante du client opère à deux niveaux. D'abord à celui de son comportement, grâce à des symbioses CADRE $^+$ (Résidence) ↔ CONDUITE DU CLIENT. Ces symbioses peuvent être d'ordre existentiel, portant sur le vécu global de l'acquéreur potentiel de la résidence. Ce processus s'attache principalement à la phase m3, avec la structure VIVRE CADRE $^+$. Au terme d'un transfert qui tire sa force illocutoire de son agrammaticalité, le cadre cesse d'être un circonstant conjoncturel pour devenir un modificateur verbal intrinsèque, à l'instar des adverbes de manière comme : (vivre) bien/mal. Ainsi en est-il dans les slogans :

(195) Vivez Avoriaz. *(L'IMMOBILIÈRE DES HAUTS FORTS)*

(201) Vivez le Midi.
   [14 ans d'expérience et 1 600 villas, c'est notre référence. Une parfaite connaissance du Midi, c'est notre conquête. Villa Diffusion Service, constructeur de maisons individuelles]

Dans ces énoncés, les différents cadres connotés mythiquement (sur le plan du modernisme avec Avoriaz, de la détente et de la chaleur avec le Midi) semblent véritablement conjoints ou intraréférentiels à leurs occupants, devenant une caractéristique durative de ceux-ci. On relève dans d'autres slogans des symbioses euphorisantes du même type, mais d'ordre actantiel, en ce qu'elles concernent des occupations précises. La structure argumentative de l'énoncé se particularise dès lors en AGIR $^+$, la bonification du client par son acquisition s'enrichissant d'une marque supplémentaire : celle du dynamisme. Ce canevas axiologique caractérise la majorité des slogans de la phase m4, surtout ceux relatifs aux résidences dans les stations de sports d'hiver, dans la mesure où les activités y sont plus spécifiques qu'ailleurs et où leur identification y est plus facile. Par exemple, dans les slogans comme :

(196) Chaussez plein sud au pied des pistes.

(202) Skiez poudreuse dans une station-village. *(CLUB 365)*
   [Je voudrais en savoir plus sur Valfréjus. Merci de m'envoyer toute information sur l'hébergement et l'investissement immobilier]

la combinaison d'une activité positive et d'un cadre valorisé donne une portée accrue à l'opération immobilière proposée par le promoteur.

À un deuxième degré, au lieu d'intervenir au niveau du comportement du client, l'euphorisation s'effectue sur la personne même de celui-ci. Cette pragmatique valorisante touche quelques slogans de la phase m4 construits autour d'un verbe pronominal néologique. Soit les slogans :

(187) Enneigez-vous. Prenez un UTO.

(203) Ensoleillez-vous. *(ITALO PIERGANTI)*
[Borme-les-Mimosas, Le Lavandou - Studio à partir de 196 000 F]

Dans ce genre de slogans, on assiste à une fusion totale entre les quatre pôles de l'énoncé : l'environnement positif, la résidence implicite, l'activité qu'elle permet, l'occupant potentiel :

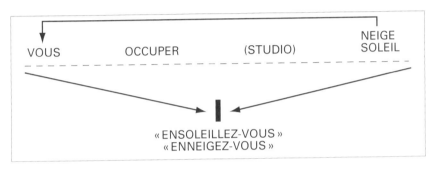

Assimilant le cadre mythique au client, dans un mouvement non seulement intraréférentiel comme précédemment, mais monoréférentiel, le slogan se fait alors des plus persuasifs, en actualisant par anticipation les agréments découlant de la transaction immobilière et en bonifiant d'avance l'acquéreur par ces derniers.

Avec ces réalisations extrêmes, nous arrivons au terme du parcours argumentatif des slogans pour résidences secondaires, lequel épouse exactement leur circuit de refonctionnalisation casuelle, comme le montre le graphe suivant :

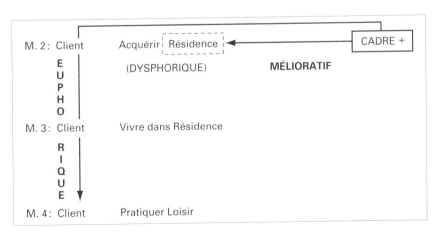

En effet, autant ces slogans reposent sur une syntaxe « trouée » et donc agrammaticale, en ce que leur objectif, la résidence secondaire, y est aboli au profit des pôles périphériques et consécutifs ; autant cette syntaxe « trouée » déclenche une argumentation métonymique d'essence connotative, en ce que le processus d'acquisition de la résidence, dysphorique du fait qu'il coûte de l'argent, est effacé au profit des pôles contigus et valorisants de l'énoncé. Au bout du compte, dans ces slogans, malgré un aspect rudimentaire et une pauvreté de moyens, la syntaxe est proprement performative, elle fonctionne comme une machine à générer du rêve. Ce qui pourrait faire de ces slogans des quasi-mensonges, si le texte consécutif de la publicité n'était pas là pour rétablir la vérité et pour apporter l'information attendue.

Troisième partie

L'image publicitaire

Chapitre 7

Les approches sémiotiques

Au cœur du processus fonctionnel de la publicité, l'image témoigne d'une complexité réelle, derrière l'évidence trompeuse de sa perception. Outre sa polysémie et sa densité, elle pose de nombreux problèmes dont le plus crucial est celui de la genèse, en son sein, des mécanismes de signification et de persuasion : par quels biais une entité aussi opaque au premier abord peut-elle générer des concepts et déclencher des effets illocutoires ou perlocutoires ? La première partie de la question, à savoir le sémantisme de l'image publicitaire, est au centre des préoccupations du courant sémiotique qui, en raison de sa notoriété et de l'importance de ses résultats, mérite une présentation détaillée. Issu de la révolution structuraliste du début du XXe siècle, ce courant a élaboré un certain nombre de modèles dont quatre intéressent notre sujet. Nous nous proposons d'en examiner les principaux acquis, par ordre chronologique et d'après leurs enrichissements mutuels. Nous en ferons ensuite un bilan critique avant d'effectuer une approche argumentative de l'image publicitaire. L'argumentation iconique sur laquelle nous allons insister ne peut, en effet, trouver sa pertinence que dans la confrontation avec une méthodologie qui la néglige trop ostensiblement.

1. Modèle binaire de Roland Barthes

Exposé principalement dans « Rhétorique de l'image » (1964) et ayant connu par la suite un grand succès, ce modèle s'efforce de répondre à deux interrogations complémentaires : comment la « représentation analogique » qu'est l'image publicitaire peut-elle créer de véritables systèmes de signes ? Ou plus précisément : comment le sens naît-il à l'image ? Vérifiant sa théorie par l'analyse d'une publicité pour les pâtes *Panzani*, Barthes s'appuie partiellement sur la linguistique hjelmslévienne [1] pour voir dans l'image — essentiellement photographique — un montage simple qui se dégage d'un substrat iconique en apparence inorganisé.

---

1. En particulier sur le chapitre 22 « Sémiotiques connotatives et métasémiotiques » des *Prolégomènes à une théorie du langage* (1943) réédités en 1968 en version française.

1.1. Les deux niveaux de l'image

Pour Barthes, l'image publicitaire consiste en une imbrication étroite de deux sous-systèmes sémiologiques perçus simultanément, mais qu'on peut hiérarchiser.

a. L'image dénotée

Ce premier niveau est celui de l'« état adamique de l'image », à travers lequel celle-ci, « message sans code », se contente d'enregistrer, dans un rapport quasi tautologique, la référence aux objets qu'elle représente (pp. 45-47). Dans le cas de la publicité *Panzani* examinée, le signifiant de l'image dénotée est constitué par les entités photographiées et son signifié est fourni par ces mêmes entités dans la réalité. De la sorte, il n'existe pas de véritable transformation entre le signifiant et le signifié du niveau dénotatif. Le seul savoir anthropologique lié à la perception de leur récepteur suffit pour les catégoriser : l'expérience pratique d'une tomate et d'une image permet par exemple de reconnaître immédiatement une tomate iconique. Reposant sur l'enregistrement objectif du monde, l'image photographique dénotée forme le degré zéro de l'intelligible, encore inactivé et infra-sémantique. On reconnaît ici la première conception barthésienne de la photo, vue comme un analogon et un miroir de son référent, avec sa fonction testimoniale : « la scène est là »[2]. Ainsi définie par sa dimension sensible et non significative, l'image dénotée soutient un second niveau d'analyse qui intéresse Barthes en priorité.

b. L'image connotée

Avec elle, on assiste à la venue du « code » et à la genèse du sens qui se fait par l'injection de signifiés connotatifs, secondaires et culturels, sur les signifiants du niveau dénoté. Diluant la nature analogique de l'image, du fait qu'elle nécessite la contribution du langage, une telle sémantisation varie selon le « lexique » symbolique de chacun. Cependant, elle est régulée grâce à la stabilité des savoirs partagés par la communauté dans laquelle apparaît l'image. Sans fournir un relevé détaillé des connotations iconiques, Barthes en donne quelques exemples à propos de la publicité *Panzani* qu'il étudie. C'est ainsi que l'association de tomates, de poivrons et d'une teinte tricolore (jaune, verte et rouge) connote l'« italianité » de l'annonce. Ou encore la composition globale de celle-ci connote le signifié /Nature morte/, repérable à partir des connaissances esthétiques de ses lecteurs. Dans une perspective plus large, l'ensemble des signifiants de connotation (ou « connotateurs ») se confond avec la rhétorique pour Barthes, notamment dans son acception figurale (entre autres, « la tomate signifie l'italianité par métonymie » [p. 50]). Et l'ensemble des signifiés de connotation recouvre le vaste champ de l'idéologie.

---

2. La position de Barthes évolue dans *La Chambre claire* (1980) qui, sans renoncer à la conception analogique de la photo, prend en compte son statut d'index ou de trace.

1.2. Une analyse inégalitaire et dialectique

Ainsi dégagés, les deux niveaux de l'image publicitaire entretiennent un double rapport :
• Le message dénoté se trouve en position basse et en relation privative vis-à-vis du message connoté. Outre le fait que la dénotation ne constitue qu'un support préalable à la connotation et un résidu consécutif au dégagement de celle-ci (qui n'épuise jamais la totalité de l'image), la première est à peu près fermée à l'interprétation, tandis que la seconde n'existe que par elle, à travers la richesse de ses manifestations. Pour reprendre les termes de Claude Lévi-Strauss, la dénotation souffre du handicap de la nature, quand la connotation bénéficie du privilège de la culture et de ses élaborations conceptuelles.
• Toutefois, une telle inégalité de statut ne conduit pas Barthes au rejet du niveau dénotatif qui joue un rôle dialectique et positif envers le niveau connotatif. D'abord sur le plan structural, l'image dénotée s'articule autour du syntagme, associant des éléments contigus dans une même « coulée » (p. 51). L'image connotée s'agence en paradigmes symboliques dont les éléments épars sont « actualisés [...] à travers le syntagme de la dénotation » (p. 50). Ensuite sur le plan fonctionnel, le niveau dénotatif naturalise et innocente, par son effet de réel, l'artifice sémantique du niveau connotatif. L'être-là des objets représentés sur l'annonce *Panzani* masque, par exemple, l'idéologie publicitaire derrière de pseudo-signes naturels.

Au total, l'approche de Barthes se distingue par sa simplicité et sa souplesse. Par-delà sa prise en compte de la sémantisation progressive de l'image publicitaire lors de sa réception, son modèle en appréhende le dynamisme instable, fait d'alternances entre les effets de réel et les investissements symboliques. Surtout, Barthes est le premier à avoir proposé une analyse structurale de l'image publicitaire, avec ses concepts de dénotation et de connotation, sans pour autant en exclure les considérations sociologiques, l'image n'étant finalement qu'un condensé de la culture environnante. Néanmoins, pour brillante qu'elle soit, l'approche de Barthes ne manque pas de soulever plusieurs problèmes. Sur le plan terminologique, on peut s'interroger sur le bien-fondé de vocables comme « lexique » ou « signifié » qui emprisonnent le fait iconique dans un métalangage d'inspiration linguistique. Sur le plan méthodologique, on constate l'imprécision de Barthes dans le dégagement des connotations, lequel obéit davantage à l'intuition qu'à la conceptualisation rigoureuse. Enfin, l'étude même de la dénotation iconique est trop rudimentaire : loin de présenter une transparence par similitude avec son référent, n'est-elle pas déjà elle-même de nature idéologique, bref connotée ? Autant de déficiences qui proviennent de la position inaugurale du modèle de Barthes, davantage sémiologue que sémioticien, et que ses successeurs vont tenter de combler.

2. Modèle stratifié d'Umberto Eco

Ce modèle se dégage de la centaine de pages de *La Structure absente* (1968) qui traitent de la « sémiotique des codes visuels ». Comme Barthes, Eco place ses recherches sur l'image dans la mouvance structuraliste, avec des références à Saussure, à Hjelmslev et à Prieto, complétées par une ouverture sur Peirce. L'analyse de Eco se décompose en deux sous-modèles à configuration feuilletée : le sous-modèle englobant des codes visuels et le sous-modèle englobé des codes particuliers qui comprend celui de l'image publicitaire, à laquelle une vingtaine de pages sont consacrées.

2.1. Classification des codes visuels

Umberto Eco commence par développer quelques considérations générales sur les codes visuels, qui le situent à mi-chemin entre les tenants de l'analogie référentielle et ceux de la structuration linguistique des signes iconiques. D'une part, Eco s'en prend à l'analogisme strict qu'on trouve notamment chez Morris (1946). À l'inverse de ce dernier, il estime que les « symboles visuels » sont conventionnels et font partie d'un « langage codifié ». Autrement dit, ils « ne possèdent pas la propriété de la chose représentée, mais ils transcrivent selon un code certaines conditions de l'expérience » (pp. 173 et 191). Ainsi, nullement à la base de l'image, l'analogie n'est qu'un effet de lecture résultant d'une élaboration homologique entre le signe iconique et « les relations perceptives que nous construisons en connaissant et en nous rappelant l'objet » (p. 185). D'autre part, Eco répugne à réduire les images au code linguistique. Certes, en théorie il est possible de les ramener à une structure digitale, « même si en pratique nous ne pouvons pas toujours les analyser comme telles » (p. 193). Mais contrairement à ce que pense Lévi-Strauss (1964), elles résistent au mécanisme de la double articulation, se présentant comme des « codes faibles » et des « tourbillons d'idiolectes » (p. 188).

Tout en reconnaissant les difficultés qu'il y a à dégager les unités constitutives de l'image, Eco en propose une « codification en couches successives », répertoriant dix familles de codes. Les quatre premières catégories qu'il relève (codes perceptifs, tonaux, de reconnaissance, de transmission) concernent les fondements physiques de la communication iconique et ne nous intéressent pas directement. Les six autres catégories détaillent l'organisation proprement dite de la codification visuelle. Parmi elles, on retiendra :
• Les « codes iconiques » qui portent sur le découpage et la délimitation matérielle de l'image. Ils s'agencent autour de trois notions :
— les « figures », vues comme unités élémentaires et peu structurables (rapports géométriques, contrastes lumineux, etc.) ;
— les « signes », difficiles à analyser et qui définissent les unités d'identification isolées de l'image (nez, œil...) ;
— les « énoncés », davantage codifiables, qui caractérisent les unités iconiques couplées associativement ou opposées contextuellement (tête ≠ queue...).
• Les « codes iconographiques » qui désignent les configurations syntagmatiques connotées culturellement (la Nativité, le Jugement dernier...).
• Les « codes stylistiques » qui apparaissent comme des créations originales, liées à la marque d'un auteur ou à la réalisation d'un idéal esthétique particulier.
• Les « codes de l'inconscient » qui déterminent les identifications et les projections psychiques suscitées par les signes visuels.

2.2. Cas particulier de l'image publicitaire

Suite à ce sous-modèle global, Eco propose un second sous-modèle pour l'image publicitaire. Ce dernier se décompose en cinq niveaux classés par complexité croissante, les trois premiers étant axés sur l'image et les deux autres débordant sur le domaine de l'argumentation :

a. Le niveau iconique qui se borne à enregistrer les données concrètes de l'image (telle silhouette représentant par exemple un chat) et qui, pour Eco, ne doit pas être intégré dans une étude sémiologique de la publicité, sauf lorsque ses composantes contiennent une forte charge émotive.

b. Le niveau iconographique qui regroupe les manifestations connotatives de l'image selon deux sortes de codages :
— les codages de type « historique » caractérisent les signifiés connotatifs conventionnels. C'est ainsi que l'auréole symbolise la sainteté, une position des bras et un bicorne Napoléon, etc. ;
— les codages de type « publicitaire » sont spécifiques à ce genre. Entre autres, dans de nombreuses annonces, la profession de mannequin est connotée par une façon de marcher et de se positionner face à l'objectif.

c. Le niveau tropologique qui comprend l'équivalent visuel des figures rhétoriques (hyperbole, litote, antithèse, métaphore, etc.) et les tropes visuels créés par la publicité. Parmi eux, Eco cite la double métonymie (une boîte de produits alimentaires est présentée à travers l'animal auquel elle est destinée) ou l'antonomase (par exemple quand une jeune fille photographiée réfère en fait à l'ensemble des jeunes filles potentiellement intéressées par la publicité).

d. Le niveau topique constitué par les prémisses et les topoï, cadres généraux d'argumentation que l'image utilise autant que le langage.

e. Le niveau de l'enthymème qui développe, selon diverses articulations, les raisonnements déclenchés par l'image publicitaire.

Passant de la théorie à la pratique, Eco effectue une « lecture de cinq messages » publicitaires (pp. 242-257). Il s'agit en fait d'analyses assez rapides qui n'offrent pas une exploitation systématique du modèle, mais qui se contentent d'en montrer quelques applications. Pour une grande part, ces analyses prolongent les réflexions de Barthes sur le pouvoir connotatif (ou « iconographique ») de l'image, notamment lorsque Eco interprète une publicité *Knorr* : la robe de la femme représentée connote « jeunesse, fraîcheur et un mélange de modernité et de pudeur. C'est la jeune femme commune, pas la "vamp", la jolie femme et non la grosse ménagère, la femme pratique et non la cuisinière traditionnelle, etc. » (p. 254) ; la botte de légumes entourée d'un ruban « connote produit de qualité, confection de luxe et donc légumes de première qualité » (pp. 254-255) ; quant à l'écuelle en terre cuite qui remplace l'assiette, elle connote « bon goût, style, modernité et suggère l'idée de couvert de restaurant typique » (p. 255). Par ailleurs, Eco formule plusieurs remarques sur l'argumentation de l'image, repérant divers champs topiques et enthymématiques à l'œuvre dans les publicités *Camay* et *Knorr* qu'il examine. L'étude de l'image se termine par quelques intéressantes suggestions sur le rendement de la publicité. Eco souligne l'extrême banalité de l'argumentation publicitaire, son faible pouvoir informatif et sa fonction surtout phatique, orientée vers la seule célébration du produit :

> En de très nombreux cas la communication publicitaire parle un langage déjà *parlé précédemment* et c'est pour cela qu'elle est compréhensible. En définitive, puisque l'annonce dit d'une manière traditionnelle ce que les usagers attendaient (et ils l'attendent même à propos d'autres produits), la fonction fondamentale de l'annonce est une fonction phatique […]. Dans notre cas, l'annonce du producteur de potage dit tout simplement « je suis là ». Tous les autres types de communications ne tendent qu'à ce message. (p. 256)

Ceci amène le sémioticien à deux observations sur le caractère persuasif de l'argumentation publicitaire et sur les « illusions révolutionnaires » du publicitaire idéaliste :

> Désire-t-on une chose parce qu'on en est persuadé par la communication, ou bien accepte-t-on les persuasions communicatives qui concernent des choses que l'on désirait déjà ? Le fait que l'on est persuadé par des arguments préalablement connus nous oriente vers la seconde branche de l'alternative. (p. 257)

> La communication publicitaire, liée à la nécessité de recourir au déjà acquis, se sert, en général, de solutions déjà codifiées. En ce cas, une rhétorique de la publicité servirait à définir, sans possibilité d'illusion, l'extension à l'intérieur de laquelle le publicitaire, qui croit inventer de nouvelles formules d'expression, est en fait « parlé » par son propre langage. (p. 257)

Ainsi, tout en tirant parti des recherches de Barthes, Eco va beaucoup plus loin et présente un modèle plus précis en approfondissant le problème de la connotation (même si sa genèse n'est pas vraiment expliquée) et en ouvrant la réflexion en direction de la pragmatique. Il s'agit toutefois d'un modèle encore taxinomique, dominé par les concepts de « structure » et de « code », la décomposition de l'image en niveaux constitutifs et la méfiance envers ce qui échappe à la rationalisation. Ceci est sensible lorsque, contrairement à Roland Barthes, Umberto Eco dénie toute pertinence fonctionnelle au niveau dénotatif (ou « iconique »). Sa prise en compte de l'argumentation demeure marginale, celle-ci se greffant en dernier ressort sur les autres niveaux structurels de l'image. Cette conception argumentative faible est illustrée par la séparation artificielle des niveaux tropologique et topique. Les tropes ont, chez lui, un rôle manifestement plus esthétique que persuasif[3]. Le modèle d'Umberto Eco reste, malgré ces réserves, d'actualité par l'ampleur de ses vues et par la

---

3. Sur ce point, Eco diverge de la position du *Traité de l'argumentation* de Perelman (1958), même s'il recommande (p. 236) de s'inspirer de cet ouvrage. En fait, cette étude sur l'image est encore en retrait par rapport aux travaux ultérieurs de l'auteur du *Nom de la rose* sur l'interprétation : *Sémiotique et philosophie du langage* (1988) et *Les Limites de l'interprétation* (1992).

richesse des orientations qu'il propose et l'on ne peut qu'être surpris de le voir si peu pris en compte dans les travaux sémiotiques de ces vingt dernières années.

3. Modèle systématique de Louis Porcher

3.1. Présupposés théoriques

Exposé en 1976 dans *Introduction à une sémiotique des images*, le modèle de Louis Porcher se caractérise par sa perspective structuraliste radicale. Le but de cet essai est moins de repérer les niveaux constitutifs de l'image que de proposer une technique rigoureuse pour le « débroussaillage » de « ce maquis iconologique que constitue l'image de publicité » (p. 252). Tranchant avec la souplesse de l'exploration de la signification visuelle de ses prestigieux prédécesseurs, Porcher se propose de dégager la distribution des éléments iconiques sur des critères formels stricts, largement empruntés à la glossématique de Hjelmslev. Désireux d'« échapper aux catégories de l'empirisme et du pragmatisme » (p. 49), il centre d'emblée sa recherche sur le « langage de l'image » et sur la « lexicalisation iconique » (p. 8). Il exclut de son champ d'études les considérations psychologiques, sociologiques ou communicatives, bref tout ce qui n'entre pas dans le principe d'immanence. Tout en reconnaissant que le domaine sémiologique est moins modélisable que celui de la linguistique, il envisage l'image comme un « système, c'est-à-dire […] comme un ensemble de caractères interdépendants » (p. 47).

Cette rigueur se retrouve dans la constitution d'un corpus étroitement homogénéisé : huit publicités pour cigarettes, réparties en quatre images se rapportant à deux marques (*Winston* et *Marlboro*) et offrant divers points communs (mise en scène d'un couple, représentation d'un véhicule). À cette élaboration d'un corpus normalisé s'ajoute une volonté d'objectivité dans la recherche des significations iconiques. Porcher est l'un des seuls à asseoir son analyse sur un travail d'enquête préliminaire, avec la contribution de dix lecteurs-expérimentateurs ayant fait des études supérieures et ayant été préalablement initiés par lui-même à la sémiotique. Sur un terrain ainsi balisé, l'auteur effectue une analyse graduelle et inductive de l'image publicitaire.

3.2. Une démarche en cinq étapes

Les deux premières étapes s'appuient sur une collaboration avec les dix expérimentateurs choisis, les trois dernières sont le fait de Porcher lui-même.

a. Dégagement des signifiants et des signifiés iconiques

Dans un premier temps, afin de réduire l'arbitraire, l'image publicitaire est collectivement découpée. À cet effet, il est demandé à chacun des expérimentateurs ce que telle image évoque pour lui (*inventaire des signifiés*) et, à propos de chaque signifié dégagé, à partir de quels éléments il a été identifié (*inventaire des signifiants*). À l'issue de cette première étape, Porcher obtient pour les huit images du corpus un inventaire qui met en relief la sémantisation inégale de leurs composantes : tantôt très forte (par exemple quand un signifiant suscite plusieurs signifiés, dans une « polysémie iconique »), tantôt très faible, voire nulle (Porcher parle alors d'éléments « inactivés »). Ce recensement met en évidence la relativité de la genèse du sens selon les lecteurs. Ainsi, les images *Winston* ne produisent que quatre signifiés pour un lecteur, quand elles en engendrent vingt-neuf pour un autre.

b. Contrôle des résultats par le test de la commutation

Afin de cerner les plus petites unités réellement signifiantes dans l'image et d'affiner les inventaires de ses lecteurs-expérimentateurs, Porcher a la bonne et originale idée de les soumettre à l'épreuve de la commutation par ce qu'il appelle des « représentations d'absence » (p. 24). Ces dernières consistent en des variations fictives sur les signifiants iconiques et en l'observation des modifications qu'elles entraînent ou non sur les signifiés. Par exemple, à propos de l'image *Winston* n° 1, un lecteur actualise le signifié /Vacances/ à partir des signifiants « neige », « pente », « montagne », « sapins » et « bâtons de ski ». La commutation permet d'en approfondir les relations dégagées, grâce au test :

- S'il n'y avait pas de **neige**,   l'idée de /Vacances/ **serait supprimée** (-)
- S'il n'y avait pas la **pente**,   l'idée de /Vacances/ **subsisterait**   (+)
- S'il n'y avait pas la **montagne**,   l'idée de /Vacances/ **serait supprimée** (-)
- S'il n'y avait pas les **sapins**,   l'idée de /Vacances/ **subsisterait**   (+)
- S'il n'y avait pas les **bâtons de ski**, l'idée de /Vacances/ **subsisterait** (+)

La genèse du signifié /Vacances/ s'effectue en dernier ressort au niveau des signifiants « neige » et « montagne » qui, en raison des oppositions pertinentes qu'ils créent, constituent les lieux de passage obligés du sens en question, celui-ci naissant par contraste. Inversement, les signifiants « pente », « sapins » et « bâtons de ski » ne contribuent pas directement au sémantisme produit, fonctionnant par leur équivalence dans la négativité comme des « synonymes iconiques » (p. 65).

c. Montage paradigmatique du sens

À partir des oppositions pertinentes révélées par le test de la commutation, Porcher théorise les structures paradigmatiques des images analysées, à l'aide d'homologies qui en connectent les grands axes sémantiques. En particulier, en regroupant les réponses d'un des lecteurs à propos d'une des images *Marlboro*, il aboutit au paradigme suivant de signifiants à propos du signifié /*Sportivité*/ :

Rien	vs	Combinaison				
−		+				
		Combinaison	vs	Pull-over	vs	Costume
		+		−		−
Bleue	vs	Orange	vs	Noire		
+		+		−		

Ces séries contrastives montrent la dimension cumulative du sens qui surgit à différents niveaux. De plus, elles en révèlent la nature protéiforme, vu qu'il suffit de modifier un trait (en remplaçant entre autres le bleu de la combinaison de course par une couleur noire) pour transformer ou même bloquer la signification en gestation.

d. Exploration de l'organisation syntagmatique du sens

Si, pour Porcher, le sens vient à l'image publicitaire par chaînes oppositionnelles, il se déploie à l'intérieur de celle-ci selon des schèmes syntagmatiques qui combinent des traits issus de différents paradigmes. Cette mise en séquence du sens est variable pour un même signifié d'après les lectures opérées : un signifié peut se diffuser le long de plusieurs chaînes signifiantes. Cependant, la codification contextuelle de l'image publicitaire limite les balayages visuels potentiels du récepteur, provoquant des agencements syntagmatiques plus ou moins canalisés, à l'instar de celui que suggère un des lecteurs à propos d'une des images *Marlboro* pour le signifié /*Masculinité*/ et que Porcher symbolise d'après ses conventions (p. 92) :

Ao	:	Présence du corps de l'homme
A'1	:	Air robuste de l'homme
Bo	:	Coiffure de l'homme
B"o	:	Le fait qu'il ait des cheveux (et non un couvre-chef)
B"'o	:	Le fait qu'il soit chevelu (et non chauve)
B"'1	:	Le fait qu'il soit dépeigné
C1	:	Le fait que son visage soit présent
C'1	:	Le fait que ce visage soit rude

Dans ce cas, le signifié /*Masculinité*/ exerce une forte prégnance sur le déploiement de l'image, son parcours se faisant selon le mode de la redondance. Mais comme pour les classes paradigmatiques, « la solidité d'un signifié iconique reste très précaire » : avec 570 syntagmes ne portant pas le signifié /*Masculinité*/, « l'image possède donc des chances bien plus nombreuses de basculer dans un signifié autre » (pp. 92-93).

e. Élargissement du point de vue

À la fin de son étude, Porcher déborde le cadre structural qu'il s'est tracé pour se livrer à des observations plus générales sur l'image publicitaire. Ses réflexions concernent divers aspects stylistiques de cette dernière (comme sa structure synecdochique à travers laquelle une scène fragmentaire désigne l'ensemble de la société) ou certaines de ses particularités fonctionnelles. Porcher relève notamment l'ambiguïté intrinsèque de l'image qui, d'un côté, doit se faire oublier au profit du produit présenté, mais qui, d'un autre côté, doit se montrer pour ce qu'elle est, comme une fabrication codée destinée à orienter le lecteur.

Le modèle très rigoureux de Porcher parvient à des résultats assez fins. Il montre clairement que la sémantisation de l'image publicitaire est variable, au gré des procédures de lectures sollicitées. À partir de principes cohérents, on comprend que la fragilité sémantique de l'image est due à la distribution inégale du sens en son sein. Alors que Barthes et Eco traitent du sémantisme de l'image sans vraiment en démontrer le mécanisme et en l'abordant comme allant de soi à partir de leurs décompositions en niveaux, Porcher place ses efforts dans la justification génétique de ce sens iconique. Toutefois, cette rigueur engendre ses propres carences. Outre le refus initial de toute prise en compte de la dimension communicative, la méthode de Porcher pèche par une analycité un peu excessive et des lacunes dans la synthèse. Il en résulte une dispersion heuristique impropre à saisir le fonctionnement global de chaque image. De plus, la technique adoptée est trop artificielle, reposant pour sa base sur les interprétations de lecteurs préalablement conditionnés à la méthode et pour son déroulement sur une procédure de commutation lourde, dont on peut se demander si elle survient réellement dans la pratique de la réception publicitaire. Une telle démarche forcée illustre assez bien les limites de l'application du structuralisme à l'image.

4. Modèle structuro-génératif de Jean-Marie Floch

4.1. Cadre conceptuel

Par rapport aux modèles précédents, celui de Floch présente une certaine continuité, dans la mesure où il se prévaut lui aussi de la linguistique de Hjelmslev, que ce soit dans *Petites Mythologies de l'œil et de l'esprit* (1985) ou dans *Sémiotique, marketing et communication* (1990) : défense du principe d'immanence qui conduit Floch à récuser la notion d'« iconicité », trop liée à l'analogie référentielle, pour lui préférer celle de « figurativité » (*P.M.*, p. 12) ; attention prioritaire aux formes de l'expression et du contenu, avec cette idée que le sens ne naît que dans l'intelligible ; refus du concept de « signe » en raison de sa nature conjoncturelle... Floch — suivant en cela une formule célèbre de Greimas : « Hors du texte, point de salut » — affiche également son souci d'aborder l'image « comme un texte-occurrence » (*P.M.*, p. 12). Il revendique une approche scientifique de l'image et critique la démarche « littéraire » de Barthes avec son concept jugé trop flou de connotation (*P.M.*, pp. 142-144).

À partir de cette base structurale, l'originalité de Floch consiste à greffer sur l'image une « théorie de la signification générative », dans le fil des présupposés de l'École sémiotique de Paris réunie autour de A.-J. Greimas [4]. Alors que Eco ou Barthes en restent à une idée intuitive du sens et Porcher à une conception un peu rigide, Floch envisage plus nettement le sens comme un « processus de production », un « parcours génératif » (*P.M.*, pp. 12 et 194) susceptible de se propager sur plusieurs niveaux figuratifs selon une complexité croissante.

En d'autres termes, à la différence de ses prédécesseurs, il ne s'en tient pas aux structures sémantiques superficielles, mais il pense que le sens s'enrichit progressivement dans la clôture de l'image, entre le niveau profond de celle-ci et ses manifestations concrètes en surface. De la sorte, le sens figuratif dépend certes des oppositions et des corrélations formelles, mais surtout de la dynamique actualisante qu'engendre sur l'image l'activité de lecture.

---

4. En particulier ceux développés dans *Du sens I* et *II* (1970 et 1983) et dans *Sémiotique et sciences sociales* (1976).

Les approches sémiotiques

4.2. Applications à l'image publicitaire

Dans la pratique, Floch développe une « sémiotique plastique » générale, qui inclut sculpture, architecture, peinture et publicité. Ses deux ouvrages de référence contiennent cinq analyses sur l'image publicitaire.

L'étude intitulée « Le refus de l'euphorie » (*S.M.C.*, pp. 83-118), qui porte sur un corpus de 130 illustrations de publicités pharmaceutiques pour psychotropes, donne une idée générale de la méthode. Suivant une procédure immanente, Jean-Marie Floch opère en deux temps :
• Sa préoccupation principale est d'abstraire la structure sémiotique globale des illustrations, fondée sur des mises en relation contrastives et des homologations entre *forme de l'expression* — articulations chromatiques, « eidétiques » et « topologiques » [5] — et *forme du contenu*. Le résultat en est la mise en évidence de la cohérence plastico-sémantique qui unit ces 130 illustrations et que Floch résume par la grille ci-après :

EXPRESSION	clair	vs	sombre
	nuancé	vs	contrasté
	polychromatique	vs	monochromatique
	fin	vs	épais
	continu	vs	discontinu
	net	vs	flou
	simple	vs	complexe
	symétrique	vs	dissymétrique
	unique	vs	démultiplié
	haut	vs	bas
	conjonction	vs	disjonction
	pictural	vs	graphique
CONTENU	euphorie	vs	dysphorie

• Secondairement, cette grille constitue la matrice théorique qui sous-tend l'ensemble des illustrations concernées. Selon leur position sur le parcours syntagmatique du sens, celles-ci sélectionnent dans les faits tantôt la dimension dysphorique (avant la prise du psychotrope), tantôt la dimension euphorique (après la médicamentation), tantôt les deux.

D'autres analyses de Floch exploitent plus directement la sémiotique de l'École de Paris, en particulier lorsque dans « J'aime, j'aime, j'aime... » (*S.M.C.*, pp. 119-152), il effectue un examen comparatif de plusieurs publicités *Citroën* (surtout filmiques). Floch propose d'abord une matrice profonde des différentes valorisations automobiles, qu'il schématise à l'aide d'un carré sémiotique :

---

[5]. Ces deux adjectifs caractérisant respectivement les configurations morphologiques de l'image et leur agencement spatial.

188 L'image publicitaire

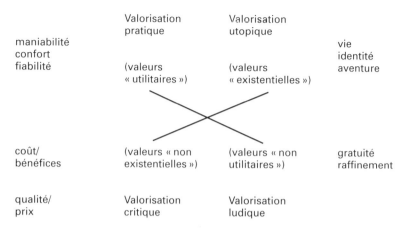

À un niveau plus superficiel, un tel carré peut expliciter le parcours narratif d'un film publicitaire, comme celui du lancement de la *BX Citroën*, dont les séquences en actualisent successivement trois pôles :

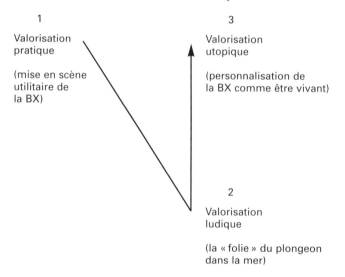

Le même carré sémiotique [6] sous-tend l'évolution des campagnes *Citroën* dans les années 80. Alors qu'en 1981 elles se concentraient sur la valorisation pratique

---

6. Le carré sémiotique présente l'avantage de considérer le sens sous ses dimensions « contraires » : MASCULIN (homme) *VS* FEMININ (femme), mais aussi « contradictoires » : NON-MASCULIN (efféminé) *VS* NON-FEMININ (garçon manqué) qui le structurent en profondeur. Cela introduirait, par exemple, une tension et l'examen d'autres relations potentielles dans l'étude de surface du sème /masculinité/ proposée par Louis Porcher.

(mise en scène du confort et de l'aérodynamisme), en 1984 elles jouaient avant tout sur la valorisation ludique (représentation de la voiture qui décoiffe), tandis qu'en 1985 elles insistaient principalement sur la valorisation utopique (figuration des « chevrons sauvages »). Ainsi, la méthode de Floch associe les techniques de l'induction et de la déduction : à partir d'un corpus d'image(s), il construit une matrice qui en contient les virtualités signifiantes. Cette matrice lui permet à son tour d'expliquer et de rationaliser la diversité des relations plastico-sémantiques dispersées à chacun des niveaux ou à chacun des développements du corpus en question.

De la sorte, à l'inverse de la machinerie de Porcher, limitée à l'examen minutieux des éléments superficiels de l'image, l'approche de Floch combine les avantages de l'analyse et de la synthèse. Synthèse avec sa modélisation de l'image, analyse quand cette modélisation en interprète la variété des réalisations effectives. En plus de son appréhension dynamique du sens, la méthode de Floch offre un compromis souple entre les contraintes de la démarche sémiotique et la liberté du lecteur qui a toute latitude pour déceler dans l'image les parcours qui lui paraissent les plus pertinents. À cela s'ajoute la modestie du point de vue, puisque Floch reconnaît que la sémiotique plastique n'épuise jamais le contenu d'une image publicitaire et qu'elle ne peut donner entière satisfaction que dans une minorité de cas. Les études de Floch sont toutefois loin d'exploiter toute la richesse conceptuelle de la sémiotique de l'École de Paris, notamment au niveau des programmes narratifs et des parcours figuratifs. Il suffit, pour s'en rendre compte, de lire l'une ou l'autre analyse de Nicole Everaert-Desmedt (1984) qui apporte d'utiles compléments [7]. On retrouve chez Floch certaines insuffisances déjà relevées : la fermeture à l'interaction publicitaire (en dépit de l'utilisation du concept greimassien de « manipulation » qui ne déborde guère l'immanence de l'image), le fait que les connexions sémantiques ne sont pas réellement motivées. Toutefois, parmi les modèles mentionnés, celui de Floch fournit sans doute le meilleur rapport coût-efficacité, en raison de la simplicité de son appareillage technique et de la puissance des circuits sémantiques qu'il décèle.

5. De la sémiotique à l'« éloquence des images »

Qu'elles soient ou non légendées,
les images me parlent
(Pierre Fresnault-Deruelle 1993 : 20)

5.1. Évaluation de l'approche sémiotique

Les modèles sémiotiques donnent des résultats dans l'analyse des significations attachées à l'image publicitaire, celles-ci comportant plusieurs variantes :
— le sens comme dérivé connotatif et culturel chez Roland Barthes ;

---

7. Cf. à ce sujet son analyse d'une publicité pour la bière *33 Export*.

— le sens comme stratification de codes interprétatifs chez Umberto Eco ;
— le sens comme phénomène commutatif et combinatoire chez Louis Porcher ;
— le sens comme parcours génératif et progressif chez Jean-Marie Floch.

Par ailleurs, la méthode sémiotique est intéressante en ce qu'elle délimite clairement les articulations de l'image publicitaire, établissant en outre une étroite corrélation entre les formes iconiques et leur contenu sémantique, cela dans le cadre des corpus considérés. Cependant, une telle approche présente au moins trois lacunes.

• Attentive seulement aux éléments structurables de l'image (même si elle est peu codée au départ) et en faisant comme si elle constituait une fin en soi, cette approche ne peut que la réduire et en extraire un sémantisme tronqué, privé de son hétérogénéité, ainsi que de son potentiel persuasif. Autrement dit, bien qu'ils prennent en considération la réception publicitaire, les sémioticiens voient mal que le sens iconique est surtout un espace transitoire entre énonciateurs, lequel contient des éléments modélisables, mais également la « dimension de l'inexprimable », pour paraphraser Leroi-Gourhan (1964 : 275). Sous cet angle, le *non* — et le *peu — structurable* cessent d'être des déchets pour acquérir une pertinence liée au cadre global de la communication publicitaire.

• De plus, le sens structuré dégagé dans l'image par les modèles examinés manque en général de justifications. À part Porcher, les autres analystes bâtissent leurs connotations ou établissent leurs homologations sans expliquer le pourquoi des relations qu'ils construisent, en donnant souvent l'impression que ces opérations sont inscrites dans les faits, alors qu'elles dépendent des aléas de l'interprétation.

• Enfin, en abordant prioritairement l'image avec un dispositif linguistique emprunté pour une grande part à Hjelmslev (et indirectement à Saussure), l'approche sémiotique en dilue la spécificité morphologique, même si Eco ou Floch essaient de la prendre en compte. La seule existence de l'image comme medium publicitaire ne montre-t-elle pourtant pas que son statut est irréductible à l'articulation langagière et qu'il est d'une autre nature ? L'analogie linguistique posée pour l'étude de l'image a également des conséquences sur l'agencement de cette dernière. On a vu que les sémioticiens lui appliquent couramment le couple signifiant/signifié qui entraîne deux implications :

— celle d'une égalité fonctionnelle entre la substance iconique et ses significations ;
— celle d'une relation forte, conventionnelle et représentationnelle, entre ces deux pôles.

Or dans la réalité, la substance visuelle de l'image ne s'impose-t-elle pas au détriment de ses virtualités sémantiques, cela dans un rapport beaucoup plus flou et plus labile que celui postulé par la paire signifiant/signifié ?

5.2. Prendre en compte l'« éloquence des images »

Sans remettre en cause les acquis de la sémiotique, il est nécessaire d'en élargir le champ d'études en abordant l'image dans une perspective argumentative, amorcée seulement chez Umberto Eco. Nous allons en effet moins nous intéresser à la structuration sémantique de l'image qu'à son rendement pratique à travers ses effets illocutoires et perlocutoires. Ce faisant, nous tenterons d'en dégager non plus le sens descriptif *in abstracto*, mais le sens stratégique, dans l'ouverture et dans la totalité de l'interaction publicitaire avec ses trois niveaux constitutifs : **fabrication-production**, **image-texte** et **diffusion-réception**.

Ce type d'approche apparaît déjà dans *L'Éloquence des images* (PUF 1993), ouvrage de Pierre Fresnault-Deruelle, un des spécialistes les plus imaginatifs, dont les propos se situent à la frontière de la sémiotique et de la rhétorique. Cet essai part du fait que « l'image accompagnée ou non de légende, ne se donne véritablement à *entendre* qu'au moment où elle met en demeure le spectateur de se faire le témoin consentant de sa propre prise à partie » (p. 12). Plaçant ainsi l'énonciation au centre de sa réflexion, Fresnault-Deruelle souligne que l'image cherche à faire oublier son statut premier d'intermédiaire : « Couvertures de magazines, affiches électorales ou publicitaires ne cessent de nous *réclamer* dans la relation duelle que mille et un hérauts s'acharnent à instaurer avec tout un chacun » (pp. 12-13). Ceci l'amène à une considération rhétorique : l'image cherche à « feindre la communication directe » (p. 13). Le rendement de cette observation aboutit à un excellent commentaire sur l'entreprise iconoclaste qui consiste à dénoncer l'inanité de toute l'imagerie pseudo-discursive et que les recherches visuelles d'un Andy Warhol réalisent magistralement :

> C'est à la fois la prise en considération de l'inertie du médium et l'intuition selon laquelle les communications de masse ont tout à perdre à multiplier les faux-semblants du discours qui poussèrent sans doute un Warhol à produire certaines de ses séries. Que me signifient, en effet, ces fameuses toiles où des clones exhibent à l'envi les signes mercenaires de l'implication, voire ce que les linguistes appellent le phatique ? Le sourire pulpeux de Marilyn Monroe, le colt braqué d'Elvis Presley, toutes gesticulations en principe chargées de m'en faire accroire, ne me martèlent-elles pas l'idée (outrageusement coloriées et répétées que sont ces figurines) qu'il est temps d'en finir avec le mensonge de ces images-ersatz réduites à singer le procès énonciatif ? […] En proclamant la démonétisation des icônes, en redoublant à l'infini la représentation, Warhol instaure une sorte de pliure (signifiée par l'interstice entre les images) qui permet à ses figurines sérigraphiées de se « ressaisir », ou, si l'on préfère, de se transformer en leurs propres commentaires. Dès lors, le métalinguistique et le poétique (au sens de Jakobson) reprenant le dessus, l'image, soudain, n'est plus oiseuse. (p. 14)

Parmi les principes les plus stimulants de Fresnault-Deruelle, il y a d'abord l'idée que « **l'image […] peut être légitimement considérée comme un texte** au sens fort du terme, […] dans la mesure où ses constituants (et leur distribution dans l'espace de la représentation) vont solliciter de la part du spectateur une série d'ajustements dont on pourrait dire qu'ils se ramènent à ce qu'on appelle précisément la lecture » (p. 14). Dans cette perspective, l'image — comme le texte d'ailleurs — n'est qu'un point de départ pour l'activation des réseaux symboliques, elle « pro-pose », c'est-à-dire qu'elle représente moins, qu'elle signifie moins qu'elle ne **fait produire du sens**. La lecture-réception est définie comme un jeu incessant d'opérations de sélection et de combinaison et les parcours génératifs du sens de Jean-Marie Floch se prolongent en processus sémiogénétiques complexes au travail, à la fois et de façon rarement symétrique, chez le producteur d'images et chez le lecteur-interprétant :

> Toute icône — parce que c'est une *pro-position* — se détermine en regard de tout ce *contre quoi* elle s'impose (ou s'oppose). Relevant si peu que ce soit de la citation (ironique : pastiche, parodie, ou non ironique : emprunt), de la réminiscence ou du détournement, etc., toute représentation donnée fonctionne inévitablement par rapport à d'autres représentations virtuelles dans la lignée desquelles l'image en question instaure, de fait, l'espace d'un système. (p. 15)

Du point de vue de l'image publicitaire, on se fera une idée du travail de Pierre Fresnault-Deruelle en lisant ses commentaires de deux affiches de la campagne *Benetton* 1989 : « Maternité noire » (chapitre 7) et « L'enchaînement du sens » (chapitre 8) ou encore son analyse de publicités littéraires (chapitre 4) et « La communication abîmée » (chapitre 2).

Chapitre 8

L'argumentation iconique

1. Conditions argumentatives de l'image publicitaire

L'image participe pleinement au dispositif stratégique de la publicité, à travers sa mise en scène attractive du produit et l'impact qu'elle exerce consciemment ou non sur ses récepteurs. Mais par son statut d'icône, elle établit un cadre argumentatif différent de celui du texte publicitaire.

En dépit des tentatives de la plupart des sémioticiens ou d'analystes comme Moles (1981 : 74-86) pour étendre le modèle linguistique à l'image, il paraît évident que cette dernière renferme des composantes spécifiques. Quand le langage a une syntaxe, contraignante et linéaire, l'image a une TOPOGRAPHIE, ouverte et spatialisée, qui ne permet guère que quelques opérations génériques comme la juxtaposition et l'inclusion. Quand le langage a une morphologie construite sur la double articulation [1], l'image a une PLASTIQUE, avec ses composantes chromatiques (les couleurs) et géométriques (les formes) [2]. Lorsque le langage est pourvu d'unités lexicales, inventoriables et codées, l'image a des UNITÉS FIGURATIVES, multiformes et difficiles à classer.

Cette hétérogénéité constitutive des deux systèmes conditionne l'argumentation iconique sur deux plans :

- **La déficience lexicale de l'image** la prive de tout sémantisme intrinsèque, alors que le langage présente au moins des significations virtuelles au stade du dictionnaire. Pour utiliser la terminologie de François Rastier (1987 : 44-47), l'image ne contient pas de « sèmes inhérents », ses formes ou ses couleurs ne signifiant rien par elles-mêmes [3]. Par contre, à chacune de ses occurrences, elle se remplit inéga-

---

[1]. On distingue les unités de première articulation, pourvues de sens (base lexicale des mots, flexion des verbes, etc.), et les unités de seconde articulation, les phonèmes, qui ne sont pas signifiantes en elles-mêmes, mais qui permettent de distinguer *Pas* de *Bas*, *liBre* de *liVre*, etc.

[2]. Nous adoptons ici la terminologie du Groupe μ 1992. Pour les conceptions contestant la double articulation de l'image, voir Peninou 1972 : 197 ou Metz 1968 : 68.

[3]. Notre position va ainsi à l'encontre du soi-disant symbolisme propre à chaque couleur dans l'absolu et maintes fois critiqué (cf. Masson 1985 : 41 et Groupe μ 1992 : 241-250).

lement de sens contextuels (ou de « sèmes afférents »), au gré de ses dispositifs combinatoires et des investissements sémantiques de ses producteurs/récepteurs. D'où l'instabilité fondamentale de ses développements argumentatifs, compensée par diverses procédures que nous examinerons.

• **Les lacunes syntaxiques de l'image** (pas de connecteurs, de relateurs, de groupements propositionnels ou de prédication *stricto sensu*) limitent le déploiement en son sein de l'argumentation logique constituée par l'enchaînement de séquences déductives. En fait, l'image publicitaire met en œuvre une argumentation ensembliste qui suscite des réseaux inférentiels aléatoires à partir du continuum et de la simultanéité de ses formes . Ou encore, si l'on fait appel aux distinctions de Grize (1981 : 29), l'image sollicite peu la composante « explicative » de l'argumentation, fondée sur le *DOCERE* (enseigner) de la tradition rhétorique avec sa rigueur démonstrative, sa recherche de l'univocité et sa rationalité. En revanche, elle privilégie la composante « séductrice » de l'argumentation. S'intégrant dans le *MOVERE* (émouvoir) et le *PLACERE* (plaire) de la rhétorique, exploitant par ailleurs des procédures floues axées sur les croyances et les jugements de valeur, l'argumentation par séduction vise à influencer son récepteur au moyen de stratégies affectives, davantage mobilisatrices que convaincantes. Comme nous l'avons dit au chapitre 4, ces stratégies affectives sont plus directement attachées à la visualisation de l'image qu'à la production textuelle. Les images *Benetton* de ces dernières années s'inscrivent tout particulièrement dans une telle manipulation des passions. L'apparente anti-séduction de ces campagnes successives joue pleinement sur l'émotion. Ainsi l'agonie d'un malade du sida *(MOVERE)* est, par le cadrage, la disposition des personnages et la colorisation de la photo, tirée vers l'iconographie religieuse (descente de croix esthétisée : *PLACERE*). De la même manière, tandis que le tabou religieux violé par le baiser d'un jeune curé et d'une nonnette joue sur le scandale *(MOVERE)*, l'esthétisation de la photographie produit, dans le même temps, une séduction certes ambiguë (mouvement des lignes et des couleurs, beauté des personnages).

En outre, l'absence de métalangage et de marqueurs explicitement argumentatifs dans le domaine de l'image fait que l'argumentation y est nécessairement implantée et dissimulée sous ses autres composantes. Ce manque se double d'un estompage du circuit énonciatif par une image publicitaire qui occupe, dans une présence exclusive, la totalité du champ de la perception. Il en résulte une apparence de naturalisation et de déresponsabilisation grâce auxquelles l'image publicitaire peut argumenter sans en avoir l'air, ce qui renforce ses facultés manipulatoires.

En plus de ces conditions de base, l'argumentation iconique offre une double particularité dans sa conduite même. À l'inverse du texte qui peut créer des structures argumentatives autonomes, l'image publicitaire a besoin d'un appui linguistique, si minime soit-il (nom de la marque, slogan), pour déclencher un développement argumentatif. Cela explique pourquoi le cas limite de la publicité entièrement iconique est impossible, sauf si l'icône incorpore des éléments linguistiques, comme la photo du produit avec sa dénomination et son étiquette. Enfin, si l'argumentation iconique a, en soi, de nombreux effets illocutoires (choc émotif) et perlocutoires (invitation à l'achat), elle ne peut être explicitée ou formulée que par le langage lors de sa réception, soit sous la forme d'une réflexion rapide, soit sous celle d'une analyse plus approfondie. Autrement dit, l'icône publicitaire ne peut être interprétée que digitalement, moyennant une conversion intersémiologique allant du PERCEPT au CONCEPT. Mais cette conversion interprétative est toujours partielle, l'image débordant inévitablement sa mise en langage terminale et ne constituant en aucune manière un analogon de celle-ci, contrairement à l'opinion de nombreux sémioticiens. Malgré ces contraintes, l'argumentation iconique crée des procédures incitatives originales, fondées sur la monstration visuelle.

2. Modèle général de l'argumentation iconique

Bien que l'argumentation iconique passe toujours par des cas particuliers, il est possible d'en dégager les dominantes sous la forme d'un modèle. Se différenciant de l'approche sémiotique, notre modèle — dans la perspective pragmatique développée en fin de chapitre 4 — obéit à une matrice non plus représentationnelle (centrée sur le couple signifiant/signifié), mais inférentielle. Dans cette optique, les éléments de l'image publicitaire fonctionnent comme autant d'indices provoquant ou non des effets interprétatifs chez le récepteur-interprétant. Plus nettement encore que le texte, du fait de ses particularités décrites précédemment, l'image publicitaire agit alors à la façon d'une machine ostentatoire générant des pistes de lecture contextuelles, tantôt ébauchées, tantôt fortement marquées. Sur un autre plan, bien que l'image masque, comme on l'a dit, son circuit énonciatif, il est indispensable de le prendre en compte pour en restituer le potentiel argumentatif. En effet, inerte en elle-même, l'image se sature d'instructions seulement lorsqu'elle est l'enjeu d'une interaction entre un concepteur (singulier collectif qui désigne en réalité toute une équipe) et un récepteur-interprétant. Cette interaction complexe, plus cybernétique que structurale, régit l'argumentation iconique selon les articulations que l'on peut ainsi schématiser :

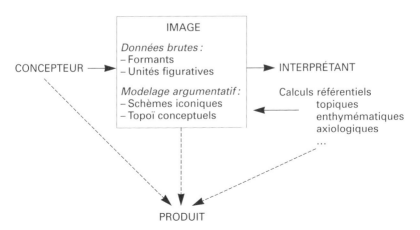

2.1. Production argumentative de l'image publicitaire

a. L'argumentation iconique s'appuie sur les **données matérielles de l'image**, qui sont de deux sortes. À un premier niveau, l'image se compose de formants élémentaires auxquels nous avons déjà fait allusion :
— les uns sont de nature géométrique, constitués par le graphisme des lignes et des surfaces, suivant plusieurs modalités : dimension (long/court) ; profil (droit/courbe) ; compacité (mince/épais) ; aspect (continu/discontinu) ;
— les autres sont d'essence chromatique, liés à la couleur et à ses caractéristiques : structure (couleurs primaires/secondaires/complémentaires) ; tonalité (couleurs chaudes/froides) ; valeur (lumineux/terne) ; contraste (clair/obscur), etc. ;
— à cela s'ajoute la texture qui définit le grain (lisse/moiré/hachuré) de la surface iconique.

À un second niveau, la combinaison topographique de ces formants engendre des unités figuratives qui renvoient ou non à des référents mondains et qui s'agencent entre elles selon diverses scénographies reposant sur des techniques bien connues : cadrage ; localisation ; mise en plan (gros plan ↔ plan général) ; perspective (effets de profondeur) ; angle de vision (plongée/contre-plongée/panoramique). Si on en reste à ces données brutes, l'image apparaît comme une occurrence proliférante et plus ou moins organisée, susceptible de produire de multiples impressions sémantiques.

b. Mais conjointement et subrepticement, le concepteur de l'image publicitaire injecte en creux un canevas argumentatif sur ces données brutes, d'après le public visé et le positionnement décidé du produit. Ce **modelage argumentatif de l'image** en restreint et en oriente doublement la portée.

D'une part, la substance opaque de l'image se trouve canalisée par la mise en place de SCHÈMES ICONIQUES (iconèmes). Ces schèmes iconiques consistent en des structures visuelles calculées en vue de provoquer des effets perceptifs concordants. Concrètement, ils se remarquent soit par leur prégnance (mise en relief de formants ou de figures), soit par la redondance de leurs procédés (démultiplication d'une même couleur ou d'un même graphisme), soit par leur contraste avec leur entourage.

D'autre part, ces schèmes iconiques fonctionnent comme supports visuels de TOPOÏ CONCEPTUELS dont on a vu l'importance au chapitre 5 et qui sont projetés sur l'image de façon à en influencer la réception, comme Eco l'a très tôt mis en évidence. Actualisant la « promesse » du produit et réduisant les virtualités sémantiques de l'image, ces topoï conceptuels constituent des unités argumentatives assez stéréotypées pour être aisément reconnues et fondées sur les croyances communes qui entourent la pratique publicitaire (quitte à en prendre le contre-pied). Indexant sur l'image divers savoirs collectifs et toute une idéologie implicite, ces topoï conceptuels sont principalement de deux ordres :
— **archétypaux**, lorsqu'ils exploitent les structures psychologiques et fantasmatiques fondamentales pour transférer sur l'image les attentes imaginaires de la clientèle ;

— **socioculturels**, quand ils transposent sur l'image des représentations attachées à un courant de civilisation ou à un groupe donné.

Nullement codée comme le couple signifiant/signifié de l'approche sémiotique, l'association *schème iconique–topos conceptuel* est instable et approximative. Un schème iconique ne supporte pas rigidement un topos, mais leur combinaison se modifie selon les objectifs de chaque image. De plus, le concepteur peut amalgamer plusieurs topoï sur un schème iconique, qui devient extrêmement pertinent, ou inversement disséminer un topos sur plusieurs schèmes iconiques, ce qui diminue leur rendement. En effet, s'apparentant davantage au « bricolage » cher à Claude Lévi-Strauss qu'à un système planifié, l'argumentation iconique est foncièrement probabiliste. Même si le concepteur fait tout pour motiver argumentativement son image, elle ne présente qu'une saturation fragmentaire. Elle laisse de nombreuses zones inertes, comme l'avait bien vu Louis Porcher, dans une autre perspective. Malgré tout, au niveau de sa production et par-delà la densité de sa substance visuelle, l'image publicitaire se révèle comme un filtre argumentatif chargé d'instructions que le lecteur peut ou non réactiver.

2.2. Réception argumentative de l'image publicitaire

Comment réagit le lecteur face à une image publicitaire ? Même si l'argumentation y est voilée, le genre discursif publicitaire auquel il est confronté le prédispose à rechercher en deçà de la phénoménalité de l'image des indications relatives à sa finalité persuasive et à ses prolongements commerciaux. À travers ce questionnement qui varie selon son intérêt et les circonstances, le lecteur endosse pleinement le rôle d'interprétant. Suite à son modelage argumentatif par son concepteur, l'image fonctionne comme un système présuppositionnel ou comme un déclencheur d'inférences, au terme desquelles l'interprétant aboutit à un certain nombre de conclusions. Ces inférences se font par le biais de calculs interprétatifs. Quatre de ces calculs semblent plus particulièrement importants.

a. Calculs référentiels
Ceux-ci visent — à travers les sous-questions classiques : *qui ? où ? quand ? quoi ?* — à répondre à la question : quel est le sujet de l'image présentée ? Assez souvent en effet dans les annonces actuelles comme on le verra ultérieurement, loin d'être évidente et donnée, la réalité désignée par l'image publicitaire est occultée par sa mise en scène. Ces calculs référentiels concernent ainsi la reconnaissance de l'objet publicitaire et de son univers. En particulier, ils portent sur le repérage de sa situation spatio-temporelle, sur l'identification de ses propriétés objectives et sur son positionnement commercial.

b. Calculs topiques
Leur fonction est de discerner les topoï ou les matrices thématiques projetés sur l'image, à partir de l'interrogation : quels concepts sous-jacents et conventionnels véhicule-t-elle ? À ce niveau, l'interprétant réactive les topoï archétypaux ou socioculturels injectés par le concepteur, grâce à l'univers encyclopédique qu'ils par-

tagent en commun. Cette réactualisation se fait à deux degrés : par des anamnèses (tel schème iconique *rappelle* tel concept) ou par des indexations (tel schème iconique *marque* tel concept). Dans ces cas, au lieu de parler de « décodage » comme le faisait Porcher (1976 : 107), on doit insister sur le fait qu'il s'agit seulement d'une reconnaissance de stéréotypes. Renforçant la réussite de la communication publicitaire, ces réactualisations sont favorisées par les balises inférentielles disséminées dans l'image : redondances, parcours de lectures dirigés ou convergents, marqueurs saillants... Mais comme le montre l'expérience et comme nous le vérifierons, la co-orientation — ou la symétrie — est des plus problématiques entre la production des topoï conceptuels et leur réception-interprétation. D'une part, l'interprétant ne réactualise en général qu'une partie des topoï transférés sur l'image par le concepteur. D'autre part, du fait de la richesse de celle-ci, l'interprétant calcule fréquemment des topoï non prévus, saturant l'image par des investissements personnels. La réactivation interindividuelle laisse alors la place à une activation subjective qui peut aller jusqu'à court-circuiter ou même inverser l'argumentation iconique pourtant programmée.

c. Calculs axiologiques
Ces calculs sont provoqués par un genre discursif fondé sur l'éloge et sur l'énonciation hyperbolique. Ils consistent à repérer à l'intérieur de l'image les indices de valorisation et de positivation du produit qu'elle promeut. Selon les circonstances, ces calculs se diversifient en plusieurs sous-systèmes évaluatifs : esthétiques, éthiques, diachroniques (par exemple : mélioration de la tradition/péjoration du modernisme industriel...), etc.

d. Calculs enthymématiques
Entrevus par Umberto Eco, ces calculs s'appuient sur l'image pour dégager les conclusions qu'elle suggère, soulevant notamment la question de ses objectifs : dans quels buts a-t-elle été produite ? Complétant ou prolongeant les calculs précédents, les calculs enthymématiques mettent en œuvre des déductions inégalement développées qui conduisent globalement de l'ÊTRE-LÀ de l'image à son ÊTRE-POUR le public. Cependant comme on le verra, à la différence des enthymèmes textuels, circonscrits linguistiquement (cf. chapitre 5), les enthymèmes à base iconique se singularisent par leur nature diffuse et irradiante. Trouvant dans l'image de simples points d'ancrage, ils dépendent quasi entièrement de la démarche interprétative du récepteur. D'où leur structure peu ordonnée, avec des alternances de suppositions et de confirmations à partir des zones les plus frappantes de l'image.

De la sorte, entre sa mise en scène initiale et son appréhension terminale, l'argumentation iconique suit un cheminement incertain, qui déborde les grilles rassurantes de la sémiotique. Cheminement fait de concordances/discordances entre le concepteur et l'interprétant et de saturations sémantiques variables de la part de ce dernier. En fait, plus encore que l'argumentation textuelle, l'argumentation iconique s'intègre dans un cadre hypothético-déductif, avec ses prémisses instables, ses successions de conjectures et de contrôles entre l'image et les inférences qui en résultent. Toutefois, malgré la précarité de son déploiement, l'argumentation iconique présente quelques constantes. Ce que nous allons illustrer avec l'exemple d'une campagne publicitaire.

3. Étude de cas : la campagne Bally 1994

En 1994, l'entreprise *Bally* a lancé une campagne publicitaire internationale (États-Unis, Grande-Bretagne, France, Suisse), dans la presse écrite et par voie d'affiches. Cette campagne, présentée page suivante, a été conceptualisée par l'agence Hoare Wilkins de Londres et son développement créatif a été assuré par le bureau Seiler DDB Needham de Berne. Nous nous proposons d'étudier le fonctionnement argumentatif de quelques-unes des annonces de cette campagne, en raison de leur caractère exceptionnel pour notre propos : la part textuelle en est réduite à sa plus simple expression (le nom de la marque) et ne risque pas, comme dans la plupart des cas, de fausser l'analyse de l'image qui constitue ici pratiquement la totalité du message. Par ailleurs, notre examen de l'argumentation *Bally* reposera sur deux présupposés méthodo-logiques :
• Sauf exceptions, nous effectuerons une analyse comparative de quatre annonces parues dans le même journal de Suisse romande : *L'Hebdo*, et reproduites en annexe. Il est, en effet, réducteur d'isoler une publicité de sa série, puisque l'argumentation publicitaire fonctionne d'abord au niveau intertextuel d'une campagne avant d'opérer dans la fermeture de chaque annonce.
• Comme on l'a vu, du fait de son masquage, l'argumentation iconique dépend énormément de la réception de ses interprétants, nous-mêmes en l'occurrence. L'analyse qui suit sera donc une lecture particulière de cette campagne *Bally*. Par cette orientation descriptive, nous nous distançons des ambitions généralisatrices de la sémiotique. Cependant, pour donner une plus grande validité à nos résultats, nous avons choisi d'élargir et de confronter nos investigations avec le descriptif des concepteurs de la campagne, d'une part, avec les lectures d'autres interprétants, d'autre part, et ceci grâce à un travail d'enquête auprès de 28 personnes (principalement sur l'annonce 1) [4]. Sur de telles bases, nous avons dégagé trois phases argumentatives successives dans les images *Bally*.

3.1. Argumentation énigmatique et calculs référentiels

Ce qui frappe tout de suite dans ces quatre images, c'est la similarité de leur scénographie globale : quatre paysages oscillant entre le plan d'ensemble (en 1 et en 2) et le plan général (en 3 et en 4), avec des perspectives tantôt frontales (en 1), tantôt aériennes et plongeantes (dans les trois autres cas). Ces quatre images se remarquent par l'identité géométrique de leur cible ou de leur unité figurative centrale : deux

---

4. Public testé : élèves du secondaire, étudiant(e)s en Lettres, assistants et personnel administratif à Berne, Lausanne et Spiez. Conditions de l'enquête : test écrit, non dirigé et en temps non limité à partir de reproductions en couleurs. Cette enquête a seulement une valeur indicative.

200 *L'image publicitaire*

Annonce n° 1

Annonce n° 2

Annonce n° 3

Annonce n° 4

formes ovoïdales de dimension croissante et en continuité, prolongées par cinq ronds de plus en plus gros. Cette identité géométrique est elle-même mise en évidence par l'uniformité du site en arrière-plan.

a. De la présentation à l'interprétation par le récepteur

Malgré sa régularité compositionnelle, cette mise en scène adopte d'emblée une présentation énigmatique, posant un problème de construction référentielle pour son interprétant : comment des formes aussi proches sont-elles possibles dans des paysages si dissemblables [5] ? Et surtout, de quel produit est-il question dans ces annonces ? D'après notre enquête, les calculs référentiels conduisant à son identification varient selon les compétences encyclopédiques des interprétants :

- Les connaisseurs de la marque *Bally* (qui fonctionne alors comme déclencheur dénotatif) identifient rapidement un pied dans ces montages, moyennant une inférence complexe, du type :

    [Bally est une marque de chaussures

    Or (1) les chaussures sont pour les pieds
    (inférence métonymique Produit → But)

    Or (2) les formes figurées ressemblent à des pieds
    (inférence analogique)

    Donc les formes figurées représentent des pieds]
    (indexation assertive sur la marque)

- Les non-connaisseurs de la marque *Bally* (très peu nombreux dans notre échantillonnage) parviennent généralement à une solution voisine avec un raisonnement inverse, grâce à la reconnaissance d'un pied prototypique dans la cible iconique des quatre annonces :

    [Les formes figurées ressemblent à des pieds

    Donc (1) Bally concerne les pieds
    (extension à la marque)

    Donc (2) Bally doit être une marque de chaussures]
    (indexation hypothétique de la marque)

- Enfin, exceptionnellement, l'un de nos interprétants n'a pas reconnu la forme d'un pied sur ces images, ce qui bloque pour lui tout leur processus argumentatif [6].

Ces annonces construisent ainsi une catégorisation référentielle indirecte et différée du produit, avec la position d'une distance extrême entre celui-ci (chaussures) et la scénographie de l'image (paysages naturels), puis avec la réduction de

---

5. Formes dans lesquelles on reconnaît sans peine l'intervention de l'informatique.

6. Ce taux élevé de reconnaissance s'explique par la notoriété de la marque *Bally* en Suisse. Plusieurs de nos expérimentateurs admettent cependant avoir mis jusqu'à 30 secondes pour identifier l'objet de cette publicité. Signalons enfin que quelques annonces de cette campagne, notamment lorsqu'il s'agit d'affiches, comportent la représentation d'une chaussure, ce qui en permet une interprétation immédiate.

cette distance par la figuration géométrique déguisée de sa finalité (le pied). Une telle disjonction référentielle s'accompagne d'autres montages paradoxaux au sein de ces images par rapport aux représentations usuelles : l'orientation verticale du pied *Bally*, contraire à sa position horizontale habituelle ; la dimension gigantesque de celui-ci qui envahit le site géographique dans lequel il se trouve ; la composition arcimboldesque [7] de ce même pied, formé par la combinaison de microfigures naturelles (poissons en 1 et arbres dans les autres cas).

b. Visées argumentatives de l'émetteur
Ces ruptures énigmatiques entre la marque et les images, ainsi qu'à l'intérieur de ces dernières, laissent supposer plusieurs visées argumentatives, toutes fondées sur la « dissociation » au sens de Perelman et Olbrechts-Tyteca (1988 : 550). Vis-à-vis de l'entreprise *Bally*, elles témoignent d'une volonté de changement avec les stratégies passées, s'inscrivant, comme le proclame son descriptif, « dans le cadre de la politique de rajeunissement et de revitalisation de la marque ». À l'encontre de la concurrence, ces ruptures affichent la différence et l'assurance de *Bally*, suffisamment confiant en lui-même pour impliciter son objectif commercial, d'autant plus qu'il s'agit ici de publicités de marque plutôt que de produits. Enfin, ces ruptures manifestent un positionnement « ludique » (pour reprendre un terme du descriptif) envers leurs récepteurs, les provoquant par l'étrangeté de leurs montages et les impliquant dans la construction de l'argumentaire *Bally*, avec la possibilité d'une double inférence sous-jacente, déductive et analogique :

> [Les publicités Bally sont insolites
> Donc elles se méritent
> Comme les produits Bally eux-mêmes.]

En plus de l'indirection de leur construction référentielle, ces images révèlent toute une ambiguïté désignative, l'énigme par surprise laissant la place à l'énigme par équivoque. En effet, plusieurs des personnes auxquelles nous les avons soumises y ont vu non seulement un pied, mais encore une empreinte, incrustée en creux (en 3) ou en relief (en 2 et 4). Cette interprétation se trouve confirmée par le descriptif *Bally* : « le pied et son empreinte ». On assiste ainsi à une oscillation référentielle du pivot de ces images entre un membre-source et l'effet qu'il suscite. Plus précisément, le pied-trace apparaît comme une syllepse référentielle [8] ou comme un nœud argumentatif qui contribue au calcul de plusieurs inférences :
— au niveau pratique, celle de l'efficacité fonctionnelle des souliers *Bally*, perceptible à travers ses traces physiques ;
— au niveau communicatif, celle de la prégnance de chaque annonce *Bally*, concentrée sur une trace figurative au contour net et à la forme simple ;

---

7. Du nom du peintre italien Arcimboldo qui s'illustra par ses « têtes composées », faites d'assemblages de végétaux, d'animaux ou d'objets.

8. Voir chap. 1, note 7.

— au niveau mémoriel, celle du retentissement de la campagne *Bally*, attesté par la répétition de la même empreinte qui ne manquera pas de se traduire par des marques psychiques dans le cerveau de ses lecteurs, comme le prédit le descriptif : « Nul doute que les empreintes de pas feront forte impression et qu'elles laisseront bientôt des traces dans l'imaginaire du public des grandes villes. »

Ces inférences corroborent non plus l'altérité de *Bally*, mais la puissance de son témoignage. Puissance de témoignage véritablement performative, puisqu'elle est montrée et prouvée par la vision iconique de ses résultats. De la sorte, si dans un premier temps la structure énigmatique de ces annonces dissimule et retarde leur catégorisation référentielle, à un second degré elle renforce l'ancrage dénotatif de l'effet *Bally*, suite à son élucidation par les calculs de leurs interprétants.

3.2. Argumentation épidictique et calculs topiques/axiologiques

Lorsqu'on passe à la stylisation de ces images, on relève d'autres conduites argumentatives originales pour des publicités concernant des chaussures, tant dans les schèmes iconiques utilisés que dans les inférences recherchées.

Par leurs thèmes et leurs scénographies, ces images développent une argumentation épidictique, fondée sur la célébration de paysages qui s'intègrent dans le stéréotype classique du « locus amoenus »[9] : banc de poissons exotiques en 1, îles paradisiaques en 2, tableau automnal en 3, calme neigeux de l'hiver en 4. Ces représentations idéalisées visent à séduire l'interprétant par la contemplation de paysages exemplaires apparemment dépragmatisés et dénués de préoccupations commerciales. Contemplation favorisée par le statisme des quatre images (même en 1, le banc de poissons est figé dans sa prise de vue) et par la distanciation de leur composition : plans d'ensemble ou généraux déjà relevés ; espaces ouverts ; couleurs froides dominantes (bleu et vert) qui éloignent les formes qu'elles recouvrent... Sollicitant l'interprétant sur le plan du *DELECTARE* de la rhétorique latine ou du *LIKE* du marketing américain, ces effets concourent à l'élaboration d'un contrat de merveilleux qui se traduit en euphorie au niveau psychique.

a. La positivation inférée des motifs suggérés

Ce positionnement épidictique exploite une argumentation à portée mythique qui s'appuie sur l'imaginaire des interprétants pour amorcer des inférences temporelles contribuant à la positivation axiologique de l'univers *Bally*.
• Dans une perspective diachronique, le pied-trace gigantal peut réveiller des souvenirs littéraires (du Gargantua de Rabelais au Micromegas de Voltaire) qui argumentent en faveur de la filiation légendaire de *Bally* et de son accointance avec le monde des géants. Monde dont le caractère monstrueux est annihilé par le cadre euphorique que l'on a vu. Dans une perspective davantage synchronique, divers schèmes iconiques : le bleu de la mer, la végétation luxuriante, les feuilles jaunies

---

9. Surtout littéraire, celui-ci se définit par la représentation de paysages sereins et fortement embellis, comme le Forez dans *L'Astrée* d'Honoré d'Urfé. Voir, à ce sujet, J.-M. Adam, 1993, chap. 3, pp. 40-49.

et la neige laissent présumer que ces quatre images reproduisent le rythme des saisons : l'été pour les deux premières, l'automne pour la troisième, l'hiver pour la quatrième. En fait, non seulement ces images figurent le topos du cycle saisonnier, mais elles y participent concrètement, l'anticipant par leur date de parution : l'annonce 1 est parue en mars, l'annonce 2 début juin, l'annonce 3 en septembre et l'annonce 4 en octobre. Cette thématique saisonnière engendre des calculs d'ordre analogique qui, à la suite du pied-trace, concluent à la **pérennité** de *Bally*. Au bout du compte, de telles extensions duratives valorisent, par inversion axiologique, une marque qui fabrique des produits aussi éphémères que le sont les souliers.

• Cette amplification temporelle se double d'une **amplification spatiale** [10]. Ces quatre images reposent en effet sur les grands archétypes naturels identifiés par les philosophes présocratiques ou plus près de nous par Bachelard : l'eau sous-marine en 1 et marine en 2 ; la terre, partiellement recouverte par la forêt, en 2, 3 et 4. L'archétype de la terre se retrouve dans une annonce absente de notre corpus, figurant un sol semi-désertique avec des rochers-pieds. Une autre affiche de la même campagne a également recours à l'archétype de l'air, avec la représentation du ciel parsemé de nuages-pieds. Ces topoï fondamentaux soutiennent encore des inférences analogiques, allant cette fois dans le sens de la propagation cosmique de *Bally*. De telles visualisations hyperboliques dans le temps et dans l'espace, dans lesquelles on peut reconnaître l'argument du dépassement de Perelman et d'Olbrechts-Tyteca (1988 : 387), confortent l'extension mondiale de la campagne *Bally*, déjà facilitée par l'universalité du code iconique utilisé.

• Outre ces valorisations quantitatives qui donnent une place exclusive à la marque *Bally*, celle-ci se trouve rehaussée sur le plan qualitatif par **une mise en scène à thématique écologique**, dont on connaît l'efficacité dans notre société actuelle. La meilleure illustration en est le pied-trace *Bally*, véritable microcosme animalier en 1 ou végétal en 2, 3 et 4, comme on l'a vu, plongé dans le — et reflet du — macrocosme naturel de son cadre. Les schèmes iconiques de cet univers naturel suscitent chez ses interprétants des micro-inférences diffuses et connotées axiologiquement. Qu'elles soient collectives ou individuelles, ces micro-inférences saturent inégalement les images en question selon des indexations topiques conventionnelles, principalement symboliques (par évocations associatives [11]). La majorité de ces micro-inférences qualifiantes s'achèvent par des transferts analogiques sur la marque *Bally*, lesquels concluent, à l'issue d'une macro-inférence finale, à la glorification de celle-ci : « Non seulement Bally concerne le pied, mais Bally, c'est (métaphoriquement) le pied ! » Avec ces sous-raisonnements arborescents qui se terminent par un raisonnement global, on se rapproche du cheminement déductif de l'épichérème [12], décrit entre autres par Declerq (1992 : 69). Notre enquête

---

10. L'amplification constituant, d'après la *Rhétorique* d'Aristote (I, 1368 a), l'une des principales techniques du discours épidictique. Voir chapitre 4.1.

11. Selon une extension (très libre) à l'image de Rastier 1987 : 273.

12. Forme de raisonnement, utilisée dans l'élaboration et la présentation des preuves, que l'on peut considérer comme une espèce d'enthymème dans laquelle chaque membre est assorti d'un sous-raisonnement le commentant et le justifiant (Molinié 1992 : 138-139).

L'argumentation iconique 205

ENQUÊTE SUR L'IMAGE BALLY 1

SCHÈMES	ICONIQUES	INDEXATIONS TOPIQUES	VALORISATION BALLY INFÉRÉE	
Formants	**Figures** Poissons	—> [Agilité] —> [Joie]	—> [Souplesse B.]	G
				L
	Poissons à l'aise dans l'eau	—> [« Être comme un poisson dans l'eau »] —> [Légèreté]	—> [Confort B.]	O R
Forme ovoïdale des poissons		—> [Bonne santé] —> [Bien-être B.] —> [Pièces] –> [Richesse]–> [Luxe B.] —> [Douceur] —> [Confort B.]		I F
Couleur jaune des poissons		—> [Trésors sous-marins —> [Luxe B.] —> [Or] —> [Précioisité] —> [Luxe B.] —> [Richesse] —> [Soleil] —> [Vie] —> [Énergie] —> [Joie]		I C A T I
	Pied-empreinte dans l'eau	—> [« Comme si sans chaussures »] —> [Confort B.] —> [Imperméabilité B. à la pluie]		O N
Couleur bleue de la mer		—> [Calme] —> [Relaxation B.] —> [Le Grand Bleu (film de Besson)]		
	Mer	—> [Liberté] —> [Évasion B.] —> [Infini] —> [Secret B.] —> [Aventure] —> [Vacances]		B
	Eau	—> [Imperméabilité B.] —> [Repos]		A L
	Plongeur /euse	—> [Sport cher] —> [Luxe B.] —> [Sport d'élite] —> [Sophistication B.] —> [Liberté] —> [Aventure]		L Y
Couleurs bariolées		—> [Gaieté B.] —> [Grand choix B.]		
Couleurs harmonieuses		—> [Beauté B.]		

sur l'image 1 permet de dégager les calculs inférentiels les plus attestés chez ses interprétants. Fragmentaires et désordonnés dans les réponses de chacun de nos expérimentateurs, ces calculs inférentiels peuvent être synthétisés sur le tableau ci-contre.

b. La positivation inférée de l'énonciation iconique

Ces images s'intègrent dans une argumentation épidictique non seulement par leurs motifs, mais aussi par leur énonciation iconique. Elles révèlent, en effet, un **souci esthétique** que la plupart de leurs interprétants ont remarqué. Contribuent notamment à ce traitement artistique :
• Le pastiche arcimboldesque, volontaire ou perçu comme tel, de la figure centrale du pied-empreinte. L'un de nos expérimentateurs a également vu en elle un pastiche des emballages naturels de Christo.
• L'harmonie des couleurs employées : contraste dynamisant en 1 entre les deux teintes primaires que sont le bleu de la mer, couleur la plus froide, et le jaune des poissons, couleur chaude par excellence ; coprésence en 2 de ces mêmes couleurs qui se répartissent sur la mer et sur le contour du rivage, avant de se fondre dans la couleur secondaire du vert pour figurer la forêt ; composition en clair-obscur du paysage hivernal en 4, adoucie par la pastellisation en bleu clair de l'image...
• La dynamisation verticale des images par le jeu sur leurs valeurs chromatiques. Les trois premières images présentent un dynamisme ascensionnel BAS SOMBRE → HAUT CLAIR, que l'on peut interpréter comme une sublimation de l'univers *Bally*. La quatrième image suit un dynamisme descendant HAUT SOMBRE → BAS CLAIR, atténué en partie par le rond blanc de la lune. Ce jeu vertical sur les valeurs chromatiques concorde en outre avec la verticalité du pied-empreinte.
• La complémentarité figurale entre le pied-empreinte et son cadre. Tous deux contiennent des éléments communs (poissons et arbres), respectivement concentrés et dispersés dans une activation mutuelle.

Les paysages naturels qu'on avait l'impression de contempler se transforment ainsi en décors culturels, proches des posters touristiques ou des cartes postales de luxe. L'introduction du descriptif de l'annonceur confirme ce positionnement esthétique.

c. Une publicité valant en elle-même et pour elle-même

Alors que la majorité des interprétants de ces images voient en elles une valorisation indirecte des produits *Bally*, le descriptif commence par un discours vantant la réussite formelle de la publicité *Bally* : « La qualité artistique des créations publicitaires Bally est unique. Aucun autre fabricant de chaussures d'envergure internationale n'atteint ce niveau d'expression. » Le préambule du descriptif continue avec le thème de la collection associée aux annonces *Bally* : « Depuis 1910, les affiches de Bally sont très recherchées par les collectionneurs du monde entier et par plusieurs institutions célèbres, comme le New York Museum of Modern Art. Un tel passé engage à poursuivre dans la même voie. » Ainsi, à la suite de celles qui l'ont précédée, cette campagne serait avant tout une démonstration proprement épidictique du « beau-dire » de la publicité *Bally*, une sorte d'exercice sur la fonction poétique-autotélique au sens large, mise en évidence par Jakobson (1963 : 218). Ce désengagement commercial revendiqué en préliminaire peut s'expliquer par le fait que cette campagne consiste en « une publicité de marque et non de produits », ce qui la dispense de considérations utilitaires trop précises. Il peut encore être interprété comme un plaidoyer implicite en faveur du créneau « haut de gamme » de la marque : *Bally* est si sophistiqué qu'il n'a pas à parler de la matérialité de ses produits. Notons que, tout en adoptant une présentation esthétisante, les publicités concurrentes pour les chaussures de luxe mettent d'emblée en relief leurs qualités pratiques, comme le confort (*Clarks*) ou la finesse (*J.P. Tod's, Salamander*). Au contraire, le début d'argumentaire de la campagne *Bally* suscite un dérèglement paradoxal dans l'exercice publicitaire. Alors que la publicité n'est qu'un moyen en vue d'une fin commerciale, elle devient ici — épidictiquement — sa propre fin. Tandis que la publicité cherche, en général, à effacer son statut de publicité, elle se proclame comme telle dans l'entrée en matière du descriptif *Bally*. Plus largement, celle-ci subvertit le rôle de l'image publicitaire qui constitue normalement un bon exemple d'« argument par l'illustration » (Perelman et Olbrechts-Tyteca 1988 : 481). Alors que l'illustration publicitaire intervient en principe comme preuve sensorielle du produit et de son univers, si l'on extrapole le préambule *Bally*, elle se met à exister pour elle-même, perdant son statut d'illustration pour se transformer en une icône destinée à être appréciée en elle-même et pour elle-même.

3.3. Argumentation délibérative et calculs enthymématiques

Par la distance extrême qu'elles créent entre leur positionnement figuratif, tant énigmatique qu'épidictique, et leur finalité utilitaire (faire vendre des chaussures), ces images posent de gros problèmes de liaison entre leur circuit communicatif et la phase commerciale de leur circuit économique. Comme nous l'avons dit à la fin du premier chapitre, celle-ci met surtout en œuvre une argumentation de type délibératif, avec deux nuances par rapport à la description qu'en fait la *Rhétorique* d'Aristote (I, 1358 b-1363 b) :
— la publicité ne retient guère que l'alternative positive du discours délibératif, à savoir : conseiller l'utile et le meilleur en vue du bonheur. En cela, le *conseil* se particularise en *recommandation* ;
— l'acte même de recommandation est la plupart du temps sous-entendu, a fortiori dans l'image.

En tout cas, si en publicité l'argumentation délibérative prône l'intérêt pratique de l'achat futur du produit, par-delà la séduction immédiate des annonces, cette visée commerciale est fortement escamotée dans les images *Bally*. Elle ne peut être restituée qu'au prix de calculs approximatifs, parmi lesquels l'enthymème, figure par excellence des enchaînements déductifs, devrait occuper une place privilégiée.

a. La comparaison de ces images avec le descriptif *Bally* nous donne un éclairage intéressant à cet égard. Bien que ce descriptif débute par une perspective exclusivement épidictique, comme nous venons de le voir, il n'en néglige pas pour autant ensuite la motivation pratique du public. Celle-ci apparaît au terme de calculs enthymématiques dont on recompose facilement les articulations. **Ces calculs se développent à partir du thème de l'innovation**, qui forme une des variantes du discours délibératif [13]. Ce thème fonctionne comme majeure d'un triple raisonnement amalgamant, dans le cadre des réalisations Bally, le niveau énonciatif de la publicité (a) et le niveau commercial des boutiques (b), ainsi que celui des produits (c) :

> **Le renouveau publicitaire** (a) est en effet lié à **la nouvelle image de marque et au concept d'aménagement des boutiques** créé l'an dernier (b) par Andrée Putman, célèbre architecte d'intérieur parisienne.
> **La nouvelle orientation donnée à l'assortiment** se traduira par quelques photos **de chaussures, d'accessoires et de vêtements** (c). Mais ces illustrations resteront marginales.

Ces majeures explicites se greffent en outre implicitement sur le grand topos conceptuel du genre publicitaire, qui joue le rôle de mineure : « Or, le public aime ce qui est novateur. » Concernant respectivement la marque *Bally* et le public, ces prémisses induisent une connexion marque-public, selon une triple conclusion :
— explicitée ultérieurement dans le descriptif au niveau énonciatif de la publicité :

> (a) [Donc] nul doute que les empreintes de pas feront forte impression [...] dans l'imaginaire du public

— inférée tacitement au niveau commercial des boutiques :

> (b) [Donc le public fréquentera les boutiques Bally]

— et à celui des produits :

> (c) [Donc le public achètera des produits Bally]

Par ailleurs, si le descriptif adopte un ton neutre vis-à-vis des destinataires de la campagne (« les collectionneurs », « le public »), l'acte de lecture personnalisé de chaque récepteur transforme cette objectivité en allocutivité :

> Le public → Vous, lecteur (qui faites partie du public).

On arrive finalement à la matrice enthymématique suivante, impliquant chaque lecteur dans sa vie concrète :

PUBLICITÉ (a)	//	BOUTIQUES (b)	//	PRODUITS (c)
La publicité B. est novatrice		Les boutiques B. sont novatrices		Les produits B. sont novateurs
		[Or vous aimez ce qui est novateur]		
Donc vous serez impressionné par la publicité B.		[Donc vous fréquenterez les boutiques B]		[Donc vous achèterez les produits B]

---

13. Orientée sur l'avenir, l'innovation est source d'amélioration pratique, virtuelle ou effective, et de satisfaction pour son bénéficiaire.

b. Les images *Bally* sont loin de permettre des calculs enthymématiques aussi nets quant à leur portée commerciale. D'une part, le mécanisme inférentiel relatif aux boutiques en est totalement absent. D'autre part, si elles laissent entrevoir une ébauche de dérivation enthymématique à propos de l'intérêt de l'achat des produits *Bally*, le fil inductif en est très ténu. La prémisse majeure y est indirecte, suggérée par la monstration/perception du pied-empreinte insolite qui peut induire l'innovation des chaussures Bally, en vertu de l'argument empirique selon lequel le produit est à la hauteur de son univers conceptuel ou de ses effets. Remarquons entre parenthèses que les images 1 et 2 présentent les contours d'un pied gauche et les images 3 et 4 ceux d'un pied droit, ce qui en naturalise l'aspect prodigieux et ce qui en atténue l'interprétation mythique au profit d'une réception plus utilitariste : *Bally* concerne bien les deux pieds humains. De plus, il est possible d'appliquer à ces images, comme prémisse mineure, le topos général qui sous-tend les enthymèmes précédents :

> [Or le public (dont vous) aime ce qui est novateur].

Mais la phase de personnalisation de cette prémisse mineure s'effectue avant tout par une technique encore détournée et caractéristique de l'image publicitaire : la figuration à l'intérieur de celle-ci de **représentants-types**, qui tient lieu de seconde majeure enchâssée. Trois des images *Bally* contiennent en effet, en arrière-plan ou en retrait, des topoï actionnels (ou des scénarios stéréotypés) incluant des figures humaines : plongée sous-marine en 1 ; vacances à la mer en 2 ; veillée d'hiver en 4, inférée par les maisons éclairées [14]. D'un côté, tout en compensant le statisme des paysages représentés, ces topoï actionnels réduisent la distance de la contemplation épidictique. D'un autre côté, ils montrent des situations de loisir ou de repos suffisamment euphoriques, en symbiose avec le pied-empreinte, et ils mettent en scène des représentants humains suffisamment flous (plongeur ou plongeuse en 1 [?], silhouettes en 2...) pour déclencher un processus d'identification affective et perceptive chez leur interprétant. Directement ostensif — et donc plus engageant que les identifications par le langage décrites au chapitre 1 —, ce processus pourra conduire à l'acte d'achat, susceptible de prolonger au stade commercial l'empathie communicative amorcée avec l'univers *Bally*. Le graphe suivant résume cette structure enthymématique molle et allusive, dont seules les prémisses majeures sont suggérées sur les images :

---

14. Les autres publicités non retenues dans notre corpus ont aussi recours à ce processus d'humanisation : montgolfières au loin dans l'affiche représentant des nuages-pied, couple enlacé et dominé par le paysage dans celle figurant des rochers-pied.

MONSTRATION/PERCEPTION
de représentants euphoriques
dans l'univers B.
(arrière-plan)

MONSTRATION/PERCEPTION
d'un pied-empreinte insolite
(premier plan)
→
[Les chaussures B. sont
novatrices]

[Or le public (dont vous)
aime ce qui est novateur]
↓

[Or vous êtes enclin à vous
identifier visuellement
et euphoriquement à ces
représentants]

⟶ [Donc vous serez tenté d'acheter
des chaussures B.]

Comparée à la netteté des implications pratiques du descriptif, **l'imprécision de ces inférences illustre bien les difficultés de l'argumentation iconique avec les enchaînements déductifs de l'enthymème**, notamment lorsqu'il s'agit de relier la mise en scène énonciative de l'image à la stratégie commerciale qui l'englobe. Ces difficultés sont dues aux déficiences séquentielles de l'image. Ses ébauches enthymématiques s'apparentent à la « réticence » de la rhétorique (Reboul 1984 : 52), selon laquelle le récepteur doit construire la quasi-totalité du raisonnement à partir de polarités inductrices. Ce travail de construction est rendu plus malaisé lorsqu'il doit se faire sur une publicité de marque, générique par définition.

c. Dans le cas des images *Bally*, l'essentiel de leur motivation commerciale est déjà implicité sous les phases énigmatique et surtout épidictique [15] de leur argumentation. **Foncièrement participatives**, ces deux phases connectent la campagne *Bally* sur son soubassement économique **grâce à une double stratégie, basée sur l'exemple et sur l'analogie**, qui peut se dispenser des développements de l'enthymème et dont on a entrevu le principe au premier chapitre :
1) susciter des calculs qui font percevoir l'univers *Bally* comme exemplaire (voir les résultats de notre enquête sur l'image 1),
2) escompter chez son récepteur un désir d'assimilation avec celui-ci. Assimilation qui supposera l'acquisition des produits sous-tendant cet univers.

À l'issue de ce processus, la figuration énonciative des images et leur incitation délibérative (même sous-entendue) se rejoignent. **Le plaisir provoqué par leur contemplation est censé se transformer en bonheur, dû à l'utilisation** des chaussures *Bally*. En cela, les images qu'on a analysées se présentent :
— comme une vaste pétition de principe, puisqu'elles montrent l'excellence de *Bally*, sans jamais la démontrer ;

---

15. Comme nous l'avons dit à plusieurs occasions, le discours épidictique comporte par lui-même une orientation vers l'action.

— comme une construction argumentative indirecte, dans la mesure où elles masquent leur invitation d'aval à la consommation sous leur puissance séductrice d'amont, en apparence désintéressée [16].

Cependant, le flou argumentatif qui résulte des implicitations que l'on a observées n'est pas sans risques pour le contrôle des inférences de ces images. Si celles-ci font tout pour orienter à la hausse la réception de leurs composantes, **elles peuvent engendrer des conclusions négatives** qui se retournent contre elles, en raison de l'instabilité de leurs valences et de l'ambiguïté de leurs aiguillages. C'est ainsi qu'un des interprétants de l'image 1 a vu en elle une imitation des motifs pisciformes du programme After Dark de *Macintosh* (qui lui ressemble effectivement) et en a conclu à un positionnement technologique anéantissant la réception esthétique attendue et les inférences qui en découlent. Un autre expérimentateur de l'image 1 a identifié un monstre sous-marin dans le tourbillon plus clair superposé au pied-empreinte, ce qui détruit l'euphorie de la scène et la symbiose positive espérée avec son récepteur. Ou encore, un troisième interprétant de cette image a développé l'inférence négative suivante à propos du pied-empreinte immergé : *[Les chaussures Bally prennent l'eau].*

d. Une telle lecture contre-argumentative, que le manque d'instructions explicites ne permet pas de corriger, entraîne évidemment un rejet de l'annonce. C'est qu'en dernier ressort, malgré leurs constantes figuratives et leur guidage chromatique ou topographique, **plus les enchaînements déductifs de ces images sont sous-entendus, plus leur réussite argumentative dépend de leurs interprétants**. Près des trois quarts de nos expérimentateurs, à sensibilité « décalée » (cf. chap. 1, 3.1.3.), ont été conquis par l'orientation esthétisante de l'image 1, appréciant sa composition suggestive et humoristique. Le reste de notre échantillonnage, au sociostyle davantage « matérialiste », a été, en revanche, beaucoup plus réservé sur cette hypertrophie épidictique au détriment des représentations pratiques de l'argumentation délibérative. Les reproches portent principalement sur les insuffisances argumentatives de cette image à propos de son circuit économique.

Si on se réfère à la théorie de Grice (1979 : 57-72), on peut dire que cette image viole notamment la maxime de relation (*peu de rapports entre elle et une marque de chaussures*) ou celle de quantité (*beaucoup trop d'ellipses sur les caractéristiques du produit*). Tout ceci nuit au bon réglage de la coopération entre le concepteur et ses interprétants (l'image 1 est difficile à comprendre et on en voit mal les objectifs).

3.4. Synthèse

Mais au fond les appréciations élogieuses ou critiques doivent être relativisées, car l'important est que ces images soient matière à discussion et on en a beaucoup

---

16. La pétition de principe et le recours aux actes indirects sont certes deux des tendances générales du genre publicitaire. Mais leur emploi est favorisé dans l'image, du fait même de sa massivité et de ses lacunes syntagmatiques.

parlé, comme en témoignent les articles de presse qui leur ont été consacrés en Suisse [17]. Par-delà leurs problèmes d'interprétation, c'est bien là l'une des forces persuasives de ces images, fondée sur la RUMEUR, celle-ci touchant plus les publicités iconiques (pensons au cas *Benetton*) que les publicités textuelles. Rumeur qui en démultiplie les possibilités de mémorisation, plus seulement réservées à un public de connaisseurs, et qui finit à long terme par avoir des incidences commerciales, selon l'engrenage : « Plus on parle de la publicité *Bally*, plus on en connaît la marque, et plus on en connaît la marque, plus on aura tendance à acheter ses produits. » Ce chaînon manquant de la rumeur permet de synthétiser ainsi l'argumentation globale des images *Bally* :

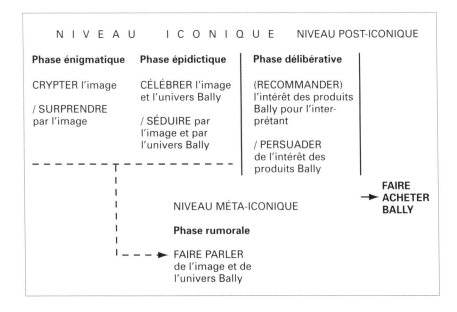

4. En conclusion

En raison de l'originalité de ces images — qui les rapproche de la démarche publicitaire la plus récente que certains appellent la « post-publicité » —, notre analyse ne peut évidemment pas rendre compte de tous les aspects de l'argumentation iconique. La « post-publicité » se caractérise par les traits suivants : annonces-affiches polyvalentes accordant une place prédominante à l'image, esthétisation du message visuel, indirection de la référence au produit, participation active du récepteur, conversion de l'enjeu commercial en acte socioculturel... Autant de traits qui

---

17. En particulier dans *Le Nouveau Quotidien* de Lausanne et dans *Werbe Woche* de Zurich.

seraient susceptibles d'établir des similitudes entre les publicités *Bally* et les publicités *Moschino* ou *Benetton*, avec toutefois des différences dans le cas de ces dernières. Quand les images *Bally* tendent, comme on l'a vu, à la distanciation euphorique et traitent de la nature idéalisée, les images *Benetton* privilégient depuis quelques années la dysphorie (représentation de scènes d'exode, d'attentats, d'inondations, de catastrophes écologiques, d'agonie), la proximité du témoignage et des événements frappants de l'actualité.

Mais si on dépasse ces particularismes, la structure même des annonces *Bally* en tant qu'images reflète les grandes orientations de l'argumentation iconique. D'un côté, celle-ci redouble partiellement l'argumentation textuelle, notamment pour ce qui est de l'articulation épidictique-délibératif. Avec cette différence que la phase épidictique prédomine plus nettement dans l'image aux dépens de la phase délibérative. D'un autre côté, la morphologie de l'image rend l'argumentation iconique beaucoup plus IMPRESSIVE que ne l'est l'argumentation textuelle. Non apparente comme telle, mais bien là, diffuse dans l'image, mais cohérente malgré tout, suggestive dans sa conduite, mais fortement implicative dans ses effets, l'argumentation iconique favorise les procédures associatives (comme l'analogie) et inductives (comme l'exemple) plutôt que les procédures déductives. Ce qu'on a pu vérifier avec les aléas de ses développements enthymématiques. Enfin, fondée sur l'ostentation et la persuasion montrée (et non plus seulement dite), l'argumentation iconique comporte une propriété spécifique qu'on peut qualifier de FÉTICHISANTE au sens strict du terme. Celle-ci consiste à jouer sur le pouvoir de séduction de l'image et à faire croire que sa contemplation (à défaut de vénération) engage la possession et la jouissance du produit dont elle n'est qu'un substitut illusoire.

Conclusion générale

Au terme de ce parcours de la diversité des formes de l'argumentation publicitaire écrite, nous pouvons tenter d'en récapituler les dominantes et d'en évaluer l'éventuelle originalité.

Cette originalité ne réside certainement pas dans son domaine d'expression. Une certaine mise en perspective historique nous a, en effet, montré à quel point l'argumentation publicitaire prolonge la tradition rhétorique, d'Aristote à Perelman, en passant par Blair ou Fontanier. Discours d'influence tourné vers l'action, l'argumentation publicitaire recouvre deux des trois grands genres de la rhétorique : l'épidictique et le délibératif. Elle en reprend majoritairement les grandes articulations (*inventio, dispositio, elocutio*), ainsi que les principaux schèmes argumentatifs. Simplement, elle en adapte les formes et les pratiques à ses objectifs économiques, à ses fins commerciales dans le cadre d'une société de consommation moderne.

L'originalité de l'argumentation publicitaire n'est guère dans sa matrice de base, assez simple comme on l'a vu, avec ses deux grandes étapes interlocutive (A) et pratique (B), chacune présentant, en gros, un pôle actantiel et deux procès orientés sur le même objet :

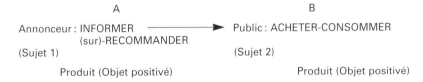

En fait, l'originalité de l'argumentation publicitaire est surtout d'ordre stratégique. Elle réside dans **les discordances qu'elle introduit entre cette matrice**

de base et ses réalisations effectives. Plus ou moins fortes selon les cas, ces discordances sont principalement de trois sortes :

1) Mise en exergue, au stade interlocutif (A), du processus de recommandation au détriment du processus d'information
Opérée par l'annonceur en fonction du « concept » choisi, cette mise en exergue résulte d'une transformation du produit en objet de valeur ou objet positivé [O $\rightarrow$ O+] et d'une prédication valorisante sur la marque. À travers ces transformations méliorativess et par là incitatives, l'argumentation publicitaire est une ARGUMENTATION IDÉALISANTE, jouant sur l'espace [Réel $\rightarrow$ Imaginaire+] qui entoure le produit et son univers sémantique. Typiquement épidictique et revêtant des formes variées, cette argumentation idéalisante affecte la composante textuelle des annonces comme leur composante iconique (ainsi l'esthétisme de la campagne *Bally* de 1994). Cette stratégie idéalisante génère un grand nombre des figures largement exploitées par la publicité, comme les hyperboles ou les métaphores.

2) Occultation, au stade pratique (B), du processus d'achat du produit
Pivot de l'argumentation publicitaire, cette phase de sa matrice de base est en général sous-entendue — ou au mieux simplement suggérée — dans les annonces. Cette occultation contribue à faire de l'argumentation publicitaire une ARGUMENTATION IMPLICITANTE. Le refoulement de tout ce qui concerne la sphère pratique de la transaction commerciale est, bien sûr, au service de l'idéalisation dont nous venons de parler.

3. Anticipation de la consommation pratique (B) du produit dès le stade interlocutif (A)
L'argumentation publicitaire se présente, dans la majorité des cas, comme une ARGUMENTATION PROLEPTIQUE qui valorise, dès son énonciation, un public [S2 $\rightarrow$ S2+] défini par la jouissance qu'il a/aura du produit positivé [O+]. Cette anticipation se remarque dans différents aspects du discours publicitaire :
— au plan communicatif : par le pseudo-dialogisme ou le jeu sur les pronoms personnels dont il a été surtout question au chapitre 1 ;
— au plan du slogan (ainsi avec les slogans pour les résidences secondaires étudiés au chapitre 6) ;
— au plan de l'image : par la monstration de personnages censés représenter le consommateur et comblés dans l'utilisation du produit.

Ces deux dernières discordances altèrent le fonctionnement proprement délibératif du discours publicitaire, dans la mesure où elles en court-circuitent la logique commerciale amorcée et/ou à venir. L'estompage de la logique commerciale est encore favorisé par les multiples manipulations ludiques et poétiques des slogans, du rédactionnel (jeux intertextuels) et/ou de l'image (jeux énigmatiques). Au total, par leur indirection constitutive, la plupart des annonces convertissent l'argumentation transactionnelle attendue, fondée sur la négociation (vente-achat de O), en une argumentation directement persuasive, fondée sur la consommation immédiate et euphorique d'un objet valorisé [O+] par un sujet lui-même valorisé

[S2+]. Par son idéalisation prépondérante et par son escamotage des tractations commerciales qui la sous-tendent, l'argumentation publicitaire privilégie ainsi l'épidictique au détriment du délibératif.

Ces dislocations globales de la matrice argumentative de base s'accompagnent d'un **fréquent brouillage de l'énonciation argumentative elle-même**. Loin d'expliciter clairement ses enchaînements et ses justifications à l'intérieur de — et entre — ses stades interlocutif et pratique, le discours publicitaire oscille ordinairement entre l'*argumentation « molle »* (voir ses pseudo-déductions), l'*argumentation « rusée »* (ainsi quand les annonces *Trubert* ou *Banga* greffent une structure d'ordre poétique sur le déroulement logique d'un enthymème) et l'*argumentation impressive* (la séduction et l'affectivité tiennent alors lieu de raisonnement). Tous ces traits concourent à l'incomplétude de l'argumentation publicitaire, transformant son récepteur en interprétant et nécessitant une approche de type pragmatique, attentive aux inférences et autres calculs du sens.

Cette argumentation brouillée se double d'une **hybridation des deux grands systèmes sémiologiques** qui la supportent. On a vu que la publicité écrite repose sur les deux domaines du verbal et de l'iconique, foncièrement hétérogènes. Or, pris en charge par l'argumentation publicitaire, ces deux systèmes tendent à se contaminer, principalement au profit de l'iconique (cf. les iconisations du slogan, de la marque ou du rédactionnel soulignées au chapitre 2). Ces contaminations s'expliquent par la nature intégrante de l'argumentation publicitaire : celle-ci n'est en rien une composante qui s'ajoute aux autres dimensions de l'annonce, mais elle constitue un creuset qui canalise et harmonise les éléments de chaque publicité autour du « concept » développé par l'annonceur. Symbolisée par le logo, cette action syncrétique de l'argumentation publicitaire est mise en évidence avec les parcours de lecture qui orientent et motivent slogan, texte et image dans une même visée persuasive. Certes, ces trois composantes présentent des dominantes argumentatives liées à leurs particularités morphologiques : le slogan a surtout une fonction de contact et d'inhibition ; le texte permet davantage des effets de rationalisation ; l'image est nettement prédisposée à la persuasion impressive et fétichisante. Mais la spécificité sémiologique de ces constituants s'atténue inévitablement dans le processus argumentatif, laissant la place à une complémentarité fonctionnelle qui peut aller jusqu'à la redondance, comme l'ont montré plusieurs exemples antérieurs [1].

À la fois idéalisante, implicitante, proleptique et hybride, l'argumentation publicitaire trouve une grande part de son intérêt dans ces détours énonciatifs, éminemment rhétoriques. La complexité de l'argumentation publicitaire est encore accrue par sa **polyphonie inhérente** : chaque annonce contient la « voix » de son concepteur, mais aussi d'autres « voix » collectives disséminées dans les topoï, archétypes, flux culturels ou sociostyles qu'elle véhicule et sur lesquels elle s'appuie. Variable selon les produits promus et selon les courants du marketing, le

---

[1]. Nous nous rapprochons, dans un autre cadre, des observations de Barthes (1964 : 43-45) sur les rapports entre le texte et l'image. Rapports tantôt d'« ancrage » (le texte réduit la polysémie de l'image), tantôt de « relais » (texte et image se soutiennent mutuellement dans la genèse de la signification).

dosage de toutes ces données contribue à la vitalité sans cesse renouvelée de la pratique publicitaire.

La publicité constitue une des preuves les plus éclatantes de la perpétuation de la rhétorique. Mais du fait de son opportunisme, de sa recherche de l'efficacité immédiate et de ses manipulations argumentatives qui dissimulent la réalité de sa conduite sous le brio de son discours, **on peut se demander si elle ne rejoint pas la sophistique**, cette discipline voisine de la rhétorique, qui cultive l'omnipuissance du LOGOS indépendamment de tout principe moral [2]. Se pose, à ce niveau, le problème de la régulation de l'argumentation publicitaire : celle-ci s'exerce-t-elle sous le contrôle de règles qui la transcendent ou n'obéit-elle qu'à ses propres lois ?

Les accusations sont nombreuses contre la perversion de l'argumentation publicitaire. Tantôt on lui reproche d'exercer un pouvoir occulte et oppressif sur le public (« La pub te manipule », proclamait un slogan en mai 68). Tantôt on la présente comme « un des grands maux de ce temps, qui insulte nos regards, [...] corrompt toute qualité et toute critique » (Valéry, in Cathelat 1987 : 85). Tantôt on dénonce ses mensonges, le publiciste devenant un « animal mendax » (Almansi 1978 : 418) : « L'essence même de la publicité est de vouloir persuader le destinataire du message, sans se soucier de la vérité » (Porcher 1976 : 222). L'accusation peut prendre un ton plus badin chez Salacrou qui voit dans la publicité un métier qui consiste à « inventer des choses qui en font vendre d'autres inventées par d'autres » (1941 : 41). Toutes ces prises de position, confirmées par de nombreux sondages d'opinion, vont dans le sens d'un glissement de l'argumentation publicitaire vers la sophistique.

Dans le cadre de cette conclusion, nous nous bornerons à quatre constats :
• Les garde-fous ne manquent pas contre les excès de l'argumentation publicitaire : lois contre la publicité mensongère, contre-publicités des revues de consommateurs, sanctions économiques quand la publicité paraît outrepasser les normes éthiques (les provocations des campagnes *Benetton,* celle représentant un sidéen tatoué par exemple, n'ont-elles pas été suivies d'une baisse notable des ventes en Allemagne et plus largement en Europe du Nord ?). Sans parler de la morale la plus élémentaire demandée par les professionnels : « L'honnêteté est une exigence » (Cathelat et Ebguy 1988 : 25).
• Comme l'a montré ailleurs Marc Bonhomme (1993 : 210-211), les annonces comportent souvent des « stratégies de rattrapage » qui corrigent une argumentation initiale tendancieuse. En particulier, les assertions fallacieuses de nombreux slogans se voient rectifiées soit par le rédactionnel, soit par des encadrés mentionnant les propriétés réelles du produit.

---

[2]. Rappelons qu'historiquement, la sophistique (avec Gorgias et Protagoras) a précédé la rhétorique. Au Ve siècle avant notre ère, dans son *Éloge d'Hélène,* le plus ancien et le plus célèbre des éloges conservés, Gorgias montrait à quel point le discours présente moins aux autres les choses qui existent qu'il n'exhibe le discours lui-même : un discours d'éloges est avant tout éloge du discours. Tel est le débat que l'on retrouvera au IIe siècle et, à propos de la prédication, au début du XVIIe siècle : « [...] Faire dire au monde : "Vraiment cet homme débite bien, il est éloquent, il a de belles pensées, il s'exprime agréablement." Voilà où se réduit tout le fruit de leur sermon » (Vincent de Paul, conférence du 20 août 1655).

- Il convient de relativiser toute approche exclusivement moralisante de l'argumentation publicitaire. Si celle-ci implicite ses phases les moins engageantes, si elle idéalise quasi invariablement le produit, si elle anticipe le stade de la consommation, ce n'est pas par on ne sait quelle perversion intrinsèque, mais par une nécessité fonctionnelle pour sa survie même : celle de créer une différence positive par rapport à la concurrence. Ce que dit à sa façon Séguéla, avec le ton provocateur qu'on lui connaît : « De par sa nature même, la publicité ne peut informer sans déformer. Elle est payée pour ne dire que le bien. Aussitôt qu'elle argumente, elle ment par omission, puisqu'elle tait tous les défauts. La publicité informative est la seule publicité mensongère » (1983 : 215).
- Plus généralement, les dislocations et les brouillages argumentatifs qu'on a observés sont consubstantiels au discours publicitaire lui-même qui instaure un pacte de lecture ouvert. Quand nous lisons une publicité, nous ne nous attendons pas à trouver une description objective du produit présenté, avec ses qualités et ses défauts, mais nous admettons les cheminements entre le monde réel et le monde imaginaire qu'elle nous propose. Les problèmes commencent lorsque le monde imaginaire mis en scène contredit ou offense le monde réel. Dans ce cas, la publicité devient mensongère ou amorale et entre pleinement dans les abus de la sophistique.

Rappelons par ailleurs qu'en allemand publicité se dit *Werbung*, mot directement dérivé de *werben* qui signifie « séduire ». Dans un discours où l'on pourrait tout interpréter en termes alternatifs de *vrai* ou de *faux* et de *bienséant* ou de *malséant*, où serait la part du fantasme ? En termes pascaliens, n'oublions pas qu'« il faut [...] travailler tout le jour et se fatiguer pour des biens reconnus pour imaginaires » (Pensée n° 41). De plus : « Il ne faut pas se méconnaître, nous sommes automate autant qu'esprit. Et de là vient que l'instrument par lequel la persuasion se fait n'est pas la seule démonstration. Combien y a-t-il peu de choses démontrées ! [...] La raison agit avec lenteur et avec tant de vues sur tant de principes, lesquels il faut qu'ils soient toujours présents, qu'à toute heure elle s'assoupit ou s'égare manque d'avoir tous les principes présents. Le sentiment n'agit pas ainsi ; il agit en un instant et toujours est prêt à agir » (Pensée n° 671).

Peut-on mieux souligner l'extrême complexité des cheminements argumentatifs que nous avons tenté, sinon d'éclairer, du moins de baliser à notre manière, non exhaustive et résolument descriptive ?

Bibliographie

ADAM J.-M., 1975 : « Enjeux d'une approche du discours publicitaire : notes pour un travail de recherche », *Pratiques*, n° 7/8, Metz.
— 1984 : *Le Récit*, Paris, PUF, coll. « Que sais-je ? », n° 2149.
— 1990 : *Éléments de linguistique textuelle*, Liège, Mardaga.
— 1992 : *Les Textes : types et prototypes*, Paris, Nathan.
— 1993 : *La Description*, Paris, PUF, coll. « Que sais-je ? », n° 2783.
— 1994 : *Le Texte narratif*, Paris, Nathan.
ADAM J.-M. et PETITJEAN A., 1989 : *Le Texte descriptif*, Paris, Nathan.
ALMANSI G., 1978 : « L'affaire mystérieuse de l'abominable "Tongue-in-cheek" », *Poétique*, n° 36, Paris, Seuil.
ANSCOMBRE J.-C. (éd.), 1995 : *Théorie des topoï*, Paris, Kimé.
APOTHELOZ D. et MIEVILLE D., 1989 : « Matériaux pour une étude des relations argumentatives », in *Modèles du discours. Recherches actuelles en Suisse romande*, Ch. Rubattel éd., Berne, Peter Lang.
ARISTOTE, 1967 : *Rhétorique*, livres I et II, Paris, Les Belles Lettres.
— 1977 : *Poétique*, Paris, Les Belles Lettres.
— 1990 : *Les Topiques*, Paris, Vrin.
— 1992 : *Les Premiers Analytiques*, Paris, Vrin.
AUSTIN J.-L., 1970 (1962) : *Quand dire c'est faire*, Paris, Seuil.
BALLY Ch., 1952 (1925) : *Le Langage et la vie*, Genève, Droz.
BALZAC H. de, 1966 (1835) : *César Birotteau*, Paris, Seuil.
BARTHES R., 1964 : « Rhétorique de l'image », *Communications*, n° 4, Paris, Seuil.
— 1970 : « L'ancienne rhétorique », *Communications*, n° 16, Paris, Seuil.
— 1980 : *La Chambre claire*, Paris, Gallimard/Seuil.
BAUDRILLARD J., 1968 : *Le Système des objets*, Paris, Denoël/Gonthier.
— 1972 : *Pour une critique de l'économie politique du signe*, Paris, Gallimard, coll. « Tel ».
BENVENISTE E., 1969 : « Sémiologie de la langue », *Semiotica*, n° 1, La Haye, Mouton.
— 1974 : *Problèmes de linguistique générale*, tome II, Paris, Gallimard.
BERARDIER DE BATAUD, 1776 : *Essai sur le récit*, Paris, Ch.-P. Breton.
BLAIR H., 1808 (1783) : *Cours de rhétorique et de belles lettres*, tome III, trad. fr. Genève, Manget et Cherbuliez.
BLUM Y. et BRISSON J., 1971 : « Implication et publicité », *Langue française*, n° 12, Paris, Larousse.

BONHOMME M., 1988 : « De l'énoncé publicitaire : les slogans pour résidences secondaires », in *Le Texte et l'image*, G. Maurand éd., Presses de l'Université de Toulouse-le-Mirail.
— 1992 : « De la description à la définition métonymique dans un texte publicitaire », *Alfa*, n° 5, Halifax, Dalhousie University.
— 1993 : « Du mensonge publicitaire », in *Le Raisonnement*, G. Maurand éd., Presses de l'Université de Toulouse-le-Mirail.
BONNANGE C. et THOMAS C., 1987 : *Don Juan ou Pavlov*, Paris, Seuil.
BONNARD H., 1981 : *Code du français courant*, Paris, Magnard.
BOREL M.-J., 1991 : « Notes sur le raisonnement et ses types », *Études de lettres* n° 4, Université de Lausanne.
BOURDIEU P., 1984 : « Ce que parler veut dire », in *Questions de sociologie*, Paris, Minuit.
BRASSART D.G., 1990 : « Retour(s) sur "Mir rose" ou comment analyser et représenter le texte argumentatif (écrit) ? », *Argumentation*, n° 4, Kluwer Academic Publishers, Netherlands.
BRUNE F., 1981 : *Le Bonheur conforme*, Paris, Gallimard.
BYA J., 1974 : « La publicité et sa propagande », *La Pensée*, n° 178, Paris.
CARON J., 1984 : « Les opérateurs discursifs comme instructions de traitement », *Verbum*, tome VII, fasc. 2, Université de Nancy.
CATHELAT B., 1987 : *Publicité et société*, Paris, Payot.
CATHELAT B. et EBGUY R., 1988 : *Styles de pub*, Paris, Éd. d'Organisation.
CENDRARS B., 1927 : *Aujourd'hui*, Paris, Grasset.
CORNULIER B. de, 1985 : « Sur un SI d'énonciation prétendument non-conditionnel », *Revue québécoise de linguistique*, vol. XV, n° 1, Université du Québec à Montréal.
DE BROGLIE G., 1986 : *Le Français pour qu'il vive*, Paris, Gallimard.
DECLERCQ G., 1992 : *L'Art d'argumenter*, Paris, Éditions Universitaires.
DE PATER W.A., 1965 : « *Les Topiques* d'Aristote et la dialectique platonicienne. Méthodologie de la définition », *Études thomistes*, vol. X, Fribourg, St Paul.
DICHTER E., 1961 : *La Stratégie du désir*, Paris, Fayard.
DIJK T.A. Van, 1977 : *Text and Context. Explorations in the Semantics and Pragmatics of Discourse*, Londres-New York, Longman.
DUCROT O., 1980 : *Les Échelles argumentatives*, Paris, Minuit.
DUCROT O. et ANSCOMBRE J.-C., 1983 : *L'Argumentation dans la langue*, Liège, Mardaga.
ECO U., 1972 (1968) : *La Structure absente*, Paris, Mercure de France.
— 1985a (1979) : *Lector in fabula*, Paris, Grasset.
— 1985b : *Apostille au Nom de la Rose*, Paris, Grasset, Le Livre de Poche.
— 1988 : *Sémiotique et philosophie du langage*, Paris, PUF.
— 1992 (1990) : *Les Limites de l'interprétation*, Paris, Grasset.
ÉTIEMBLE, 1973 : *Parlez-vous franglais ?*, Paris, Gallimard, coll. « Idées ».
EVERAERT-DESMEDT N., 1984a : *La Communication publicitaire. Étude sémiopragmatique*, Louvain-la-Neuve, Cabay.

— 1984b : « La litanie publicitaire : valeurs fiduciaires et persuasion », in *Argumentation et valeurs*, G. Maurand éd., Presses de l'Université de Toulouse-le-Mirail.
FILLMORE Ch., 1965 : « Toward a modern theory of case », *The Ohio State University projection report*, n° 13.
— 1968 : « The case for case », in *Universals in linguistic theory*, Bach et Harms ed., New York, Holt-Rinehart and Winston.
FINKIELKRAUT A., 1979 : *Ralentir : mots-valises !*, Paris, Seuil.
FLAHAUT F., 1978 : *La Parole intermédiaire*, Paris, Seuil.
FLOCH J.-M., 1985 : *Petites Mythologies de l'œil et de l'esprit*, Paris-Amsterdam, Hadès-Benjamins.
— 1990 : *Sémiotique, marketing et communication*, Paris, PUF.
— 1995 : *Identités visuelles*, Paris, PUF.
FONTANIER P., 1977 (1821) : *Les Figures du discours*, Paris, Flammarion.
FRESNAULT-DERUELLE P., 1993 : *L'Éloquence des images,* Paris, PUF.
GALBRAITH J.K., 1967 : *Le Nouvel État industriel*, Paris, Gallimard.
GRANDJOUAN J.O., 1971 : *Les Linguicides*, Paris, Didier.
GREIMAS A.-J., 1970 : *Du sens I*, Paris, Seuil.
— 1976 : *Sémiotique et sciences sociales*, Paris, Seuil.
— 1983 : *Du sens II*, Paris, Seuil.
GREVEN H.A., 1982 : *La Langue des slogans publicitaires en anglais contemporain*, Paris, PUF.
GRÉVISSE M., 1980 : *Le Bon Usage*, Paris-Gembloux, Duculot.
GRICE H.P., 1979 (1975) : « Logique et conversation », *Communications*, n° 30, Paris, Seuil.
GRIZE J.-B., 1974 : « Argumentation, schématisation et logique naturelle », *Revue européenne des sciences sociales*, XII, n° 32, Genève, Droz.
— 1981 : « L'argumentation : explication ou séduction », in *Linguistique et sémiologie : l'argumentation,* Presses Universitaires de Lyon.
— 1982 : *De la logique à l'argumentation,* Genève, Droz.
GROUPE μ, 1992 : *Traité du signe visuel*, Paris, Seuil.
GRUNIG B.-N., 1990 : *Les Mots de la publicité*, Paris, Presses du CNRS
HJELMSLEV L., 1968 (1943) : *Prolégomènes à une théorie du langage*, Paris, Minuit.
JACQUENOD Cl., 1988 : *Contribution à une étude du concept de fiction*, Berne, Peter Lang.
JACQUES F., 1985 : *L'Espace logique de l'interlocution*, Paris, PUF.
JAKOBSON R., 1963 : *Essais de linguistique générale*, Paris, Minuit.
— 1973 : *Questions de poétique*, Paris, Seuil.
JAKOBSON R. et WAUGH L., 1980 (1979) : *La Charpente phonique du langage*, Paris, Minuit.
JAYEZ J., 1987 : « Le sens est-il linguistique ? », *Préface*, n° 10, novembre-décembre.
JOANNIS H., 1988 : *Le Processus de création publicitaire*, Paris, Dunod.
JOST F., 1985 : « La publicité vampire », *Degrés*, n° 44, Bruxelles.
JOUVE M., 1991 : *La Communication publicitaire*, Paris, Bréal.

KLEIBER G., 1994 : « Contexte, interprétation et mémoire : approche standard *vs.* approche cognitive », *Langue française*, n° 103, Paris, Larousse.
KOCHMANN R., 1975 : « Problématique de l'étude en classe des messages publicitaires », *Bref*, n° 2, Paris, Larousse.
LASSWELL H.D., 1948 : « The structure and function of communication in society » in *The Communication of Ideas*, Bryson ed., New York, Harper.
LAVIDGE R. et STEINER G., 1961 : « A model for predicative measurement of advertising », *Journal of Marketing*, oct., n° 25.
LEMONNIER P., 1985 : *Quand la publicité est aussi un roman*, Paris, Hachette.
LEROI-GOURHAN A., 1964 : *Le Geste et la parole*, Paris, Albin Michel.
LÉVI-STRAUSS C., 1964 : *Le Cru et le cuit*, Paris, Plon.
LEWIS D.K., 1973 : *Couterfactuals*, Oxford, Basil Blackwell.
MCLUHAN M., 1968 (1964) : *Pour comprendre les médias*, Paris, Mame-Seuil.
MARCUSE H., 1968 : *L'Homme unidimensionnel*, Paris, Minuit.
MARTIN R., 1988 : « La négation dans un modèle sémantique multivalué », *Travaux du Centre de recherches sémiologiques*, n° 56, Université de Neuchâtel.
MARTINET A., 1967 : *Éléments de linguistique générale*, Paris, Armand Colin.
MASSON P., 1985 : *Lire la bande dessinée*, Lyon, PUL.
METZ Ch., 1968 : *Essais sur la signification au cinéma*, Paris, Klincksieck.
MIEVILLE D., 1992 : « Esquisse d'une grammaire des organisations raisonnées », *Travaux du Centre de recherches sémiologiques*, n° 60, Université de Neuchâtel.
MOESCHLER J., 1985 : *Argumentation et conversation*, Paris, Hatier.
— 1989 : *Modélisation du dialogue*, Paris, Hermès.
MOLES A., 1981 : *L'Image, communication fonctionnelle*, Paris, Casterman.
MOLINIÉ G., 1992 : *Dictionnaire de rhétorique*, Paris, Le Livre de Poche, n° 8074.
MORRIS Ch., 1946 : *Signs, Language and Behaviour*, New York, Prentice Hall.
NØLKE H., 1993 : *Le Regard du locuteur*, Paris, Kimé.
PASCAL B., 1976 : *Pensées*, Paris, Flammarion.
PENINOU G., 1972 : *Intelligence de la publicité*, Paris, Laffont.
PERELMAN C., 1983 : « Logique formelle et argumentation », in *Logique, argumentation, conversation*, P. Bange éd., Berne, Peter Lang.
PERELMAN C. et OLBRECHTS-TYTECA L., 1988 (5e éd.) : *Traité de l'argumentation*, Bruxelles, éd. de l'Université libre de Bruxelles.
PLANTIN Ch., 1990 : *Essais sur l'argumentation*, Paris, Kimé.
PORCHER L., 1976 : *Introduction à une sémiotique des images*, Paris, Didier-Credif.
PRADIER J.-M., 1989 : « Éléments d'une physiologie de la séduction », in *Le Téléspectateur face à la publicité*, Paris, Nathan.
QUINTILIEN, 1976 : *Institution oratoire*, Paris, Les Belles Lettres.
RASTIER F., 1987 : *Sémantique interprétative*, Paris, PUF.
— 1991 : *Sémantique et recherches cognitives*, Paris, PUF.
RASTIER F., CAVAZZA M. et ABEILLÉ A., 1994 : *Sémantique pour l'analyse*, Paris, Masson.

REBOUL O., 1984 : *La Rhétorique*, Paris, PUF, coll. « Que sais-je ? », n° 2133.
RHEIMS M., 1969 : *Dictionnaire des mots sauvages*, Paris, Larousse.
RIPS L.J. et MARCUS S.L., 1977 : « Suppositions and the analysis of conditional sentences », in *Cognitive Processes in Comprehension*, M.A. Just et P.A. Carpenter eds., Hillsdale, N.J., Erlbaum.
SALACROU A., 1941 : *Histoire de rire*, Paris, Gallimard.
SCHEFLEN A.E., 1981 : « Systèmes de la communication humaine », in *La Nouvelle Communication*, textes présentés par Y. Winkin, Paris, Seuil.
SEARLE J.R., 1969 : *Speech Acts*, Cambridge University Press, trad. fr. *Les Actes de langage*, Paris, Hermann, 1972.
SEGUELA J., 1983 : *Fils de pub*, Paris, Flammarion.
SIMON Cl., 1986 : *Discours de Stockholm*, Paris, Minuit.
SPERBER D. et WILSON D., 1989 (1986) : *La Pertinence*, Paris, Minuit.
SPITZER L., 1970 : *Études de style*, Paris, Gallimard.
— 1978 (1949) : « La publicité américaine comme art populaire », *Poétique*, n° 34, Paris, Seuil.
STALNAKER R.C., 1968 : « A theory of conditionals », in *Studies in Logical Theory*, N. Rescher ed., Oxford, Basil Blackwell.
THÉVENOT J., 1976 : *Hé ! La France, ton français fout le camp !*, Gembloux, Duculot.
TOULMIN S.E., 1958 : *The Uses of Argument*, Cambridge, Cambridge University Press.
VAIREL H., 1982 : « Les phrases conditionnelles/hypothétiques en français : la valeur de SI A, B », *L'Information grammaticale*, n° 14, Paris.
VETTRAINO-SOULARD M.-C., 1993 : *Lire une image*, Paris, Armand Colin.
WATZLAWICK P., 1980 (1978) : *Le Langage du changement*, Paris, Seuil.
WEINRICH H., 1979 : « Les temps et les personnes », *Poétique*, n° 39, Paris, Seuil.

Index des noms propres

ADAM, 122, 124, 129-130, 132, 134, 137, 203
ALMANSI, 218
ANSCOMBRE, 109, 144
APOTHELOZ, 110
ARCIMBOLDO, 202
ARISTOTE, 19, 89, 91, 95, 111, 113, 115, 117-118, 120, 137, 140, 204, 207, 215
AUSTIN, 24, 108

BACHELARD, 204
BAKHTINE, 97
BALLY, 107
BALZAC, 11-13, 17
BARTHES, 117, 177-179, 181-182, 185-186, 189, 217
BATESON, 55
BAUDELAIRE, 106
BAUDRILLARD, 26, 37, 53-54, 93-95
BENVENISTE, 56, 58, 129
BERARDIER DE BATAUD, 140
BESSON, 205
BLAIR, 97, 99-100, 215
BLUM, 149
BONHOMME, 158, 218
BONNANGE, 29
BONNARD, 152-154
BOREL, 110, 120
BOSSUET, 90
BOURDIEU, 97-98, 102, 174
BRASSART, 112
BRISSON, 149
BROGLIE DE, 158
BRUNE, 37
BYA, 24

CARON, 154
CARROLL, 159-160
CATHELAT, 18, 30, 34, 36, 218
CENDRARS, 4
CHRISTO, 206
CICERON, 4, 95, 99
COHEN, 151
COMMERSON, 8

DALE, 56
DECLERCQ, 204
DE PATER, 112
DESCOUBES, 151
DIJK (VAN), 152-153
DUCROT, 109, 121, 131
DUMPTY, 159-160
DUTOEUF, 28

EBGUY, 30, 34, 218
ECO, 56, 117, 125, 140, 179-183, 185-186, 189-190, 196
ETIEMBLE, 158
EVERAERT-DESMEDT, 19, 25-26, 47, 55, 58, 189

FESTINGER, 29
FILLMORE, 164
FINKIELKRAUT, 158, 161
FLAHAUT, 43
FLOCH, 64, 186-187, 189-190, 192
FONTANIER, 37, 51, 140, 215
FRANÇOIS D'ASSISE, 90
FRESNAULT-DERUELLE 189, 191-192

GALBRAITH, 28

GIRARDIN, 8-9, 16
GOFFMAN, 55
GORGIAS, 90, 218
GRANDJOUAN, 158
GREIMAS, 137, 186
GREVEN, 76
GREVISSE, 152
GRICE, 211
GRIZE, 34, 95, 120, 194
GROUPE µ, 193
GRUNIG, 60

HALL, 55
HINARD, 151
HJELMSLEV, 56, 180, 183, 186, 190

ISOCRATE, 90

JACKSON, 55
JACQUENOD, 152
JACQUES, 41
JAKOBSON, 23, 30, 60, 118, 191, 206
JAURES, 90
JAYEZ, 108
JEAN DE LA CROIX, 4
JOANNIS, 71
JOST, 144
JOUHAUX, 90
JOUVE, 30, 35, 62
JULY, 8-9

KANT, 19
KLEIBER, 108
KOCHMANN, 24
KRUGMAN, 29

LANCE, 153
LASSWELL, 27
LAVIDGE, 28
LEMONNIER, 36, 57, 71
LEROI-GOURHAN, 190
LÉVI-STRAUSS, 179-180, 197
LEWIS, 35, 153
LILTI, 151

MAC LUHAN, 27, 31
MAC ORLAN, 5
MARCUS, 153
MARCUSE, 28
MARTINET, 57

MAUFFREY, 151
MAUROIS, 59
METZ, 193
MICHAUX, 160
MIEVILLE, 110, 113
MILLAUD, 8
MOESCHLER, 121
MOLES, 55, 193
MOLINIE, 91, 204
MORAND, 59
MORRIS, 55, 180

NØLKE, 108

OLBRECHTS-TYTECA, 65, 68, 90-91, 95, 102, 146, 170, 202, 204, 207

PARISOT, 159
PAVLOV, 27
PEIRCE, 56, 180
PENINOU, 30, 56, 193
PEREC, 3
PERELMAN, 16, 65, 68, 90-91, 95, 102, 120, 146, 170, 182, 202, 204, 207, 215
PÉRICLES, 90
PERRAULT, 57
PETITJEAN, 130, 137
PLANTIN, 112, 148
PORCHER, 183-186, 188-190, 197-198, 218
PRADIER, 56
PRIETO, 180
PROUVOST, 16

QUENEAU, 160
QUINTILIEN, 31, 95

RABELAIS, 203
RASTIER, 164, 193, 204
REBOUL, 90, 115, 122, 210
RENAUDOT, 8
RHEIMS, 160
RICHARD, 3
RICOEUR, 140
RIPS, 153
ROUX, 18

SALACROU, 218
SANDRA, 153

Index des noms propres 229

SAUSSURE, 56, 179-180, 190
SCHEFLEN, 31
SEARLE, 108
SEGUELA, 18, 219
SHANNON, 27
SIMON, 141
SKINNER, 27
SPERBER, 108
SPITZER, 3-4, 15, 24, 54, 93-94, 118, 174
STALNAKER, 153
STARCH, 29, 71
STEINER, 28
STEINLEN, 15

TARDIEU, 153
THEVENOT, 158
THOMAS, 29
THUCYDIDE, 90

TOMACHEVSKI, 139
TOULMIN, 109, 111-112
TOULOUSE-LAUTREC, 15
TRIOLET, 3, 38

VALÉRY, 218
VETTRAINO-SOULARD, 71
VINCENT DE PAUL, 218
VINCI (DE), 64
VOLTAIRE, 4, 203

WARHOL, 191
WATSON, 27
WATZLAWICK, 55, 60
WAUGH, 60
WEAVER, 27
WEINRICH, 108
WILSON, 108

Index sélectif des notions

ACCROCHE, 59, 61, 64, 66, 72, 74, 76, 78, 81-82, 84-85, 147
ACTANT / ACTANTIEL, 47, 50, 164-165, 166-167, 172, 215
ADJUVANT, 46, 48
AGENTIF (cf. cas), 164-165, 167
ALLOCUTIVITÉ / ALLOCUTIF, 50, 208
ANALOGIE / ANALOGIQUE, 55-56, 64-66, 69, 78, 80, 126, 177-178, 180, 186, 190, 201, 204, 210, 213
ANAPHORE / ANAPHORIQUE, 47, 74, 130-131
ANCRAGE, 49, 56, 84, 126, 130-131, 198
ANTITHÈSE, 39, 80, 139, 181
APODOSE, 153-154, 157
ARBITRAIRE, 56-57, 126, 183
ARGUMENTAIRE, 10, 12, 43, 73, 202, 207
ARTICULATION (première, seconde, double), 56, 162, 180, 193
AXIOLOGIE / AXIOLOGIQUE, 170-172, 195, 198, 203-206

BALAYAGE (oculaire, visuel), 72, 74, 76, 81-82, 85, 185
BALISAGE, 72, 74, 81, 83, 85
BALISE, 72, 74
BROUILLAGE, 64-65, 83, 216, 218

CALEMBOUR, 78
CANAL, 27, 31
CAS, 164, 166-167, 170
CHROMATISME / CHROMATIQUE, 64, 74, 83, 187, 193, 196, 206-207, 211
CODE, 30, 37, 66, 97, 160, 178-180, 182, 189, 204
COMMUTATION, 184, 186

COMPLÉTUDE, 43-44, 102, 113-115, 117
CONDITIONNELLE (réelle, potentielle, irréelle), 152-153
CONNECTEUR, 74, 108, 111-112, 122-123, 127, 131, 154, 156-157, 168, 193
CONNOTATION / CONNOTATIF, 12-13, 32, 36, 64, 69, 80, 119, 129, 154, 171, 174, 178-179, 181-182, 186, 189-190
CONSTATIF (acte, énoncé), 25, 120
CONTACT, 23, 25, 27, 30, 44, 50, 59, 85, 102, 216
CONTREFACTUEL (monde), 152-154, 157
COTEXTE, 32, 38, 47-48, 51, 58

DÉDUCTION / DÉDUCTIF, 107, 115-117, 147, 188, 194, 198, 202, 204, 207, 209, 212, 216-217
DÉICTIQUE, 47, 49, 108, 131
DÉLIBÉRATIF (discours, genre, mouvement, phase), 18, 54, 89-93, 157, 207-208, 211, 213, 216-217
DÉMONSTRATION, 91, 95, 120, 147
DÉNOTATION / DÉNOTATIF, 47, 49-51, 58, 167-168, 171, 178-179, 182, 201, 203
DIALOGISME / DIALOGIQUE, 30, 37-40, 43, 45, 95, 97, 121, 216
DIÉGÈSE / DIÉGÉTIQUE, 125, 132, 136
DIGITAL (codage, communication, composante, domaine, structure), 56, 62, 64-65, 69, 81, 180
DIRECTIF (acte, énoncé), 25, 38, 120, 124
DISPOSITIO(N), 71, 85, 99, 101, 194, 215
DONNÉE, 110, 113, 116, 120, 125
DOXA, 36, 48, 114, 144
DYSPHORIE / DYSPHORIQUE, 26, 137, 174, 187, 213

ELLIPSE, 92, 116, 118, 120, 125, 130-131, 139, 148, 168
ÉLOCUTIO(N), 99, 101, 215
EMPATHIE, 36, 49, 69, 163, 210
ENTHYMÈME / ENTHYMÉMATIQUE, 113-120, 144, 146-147, 181-182, 195, 198, 207-210, 213
ÉPIDICTIQUE (démarche, discours, genre, phase, stratégie), 18-19, 54, 85, 89-93, 157, 159, 171, 203, 207, 210, 215-217
ÉTAYAGE, 110, 111-113, 121, 123, 145
EUPHORIE / EUPHORIQUE, 26, 43, 46-47, 52-53, 58, 92, 128, 131, 138, 146, 157, 172, 187, 202, 209, 211, 213, 216
EXORDE, 99-100

FANTASMATIQUE (ordre, prolongement, structure), 19, 33, 36, 196
FIGURATION / FIGURATIF, 36, 40, 42, 47, 50, 56, 64-66, 81, 186, 188-189, 193, 195-196, 199, 202, 207, 211
FINAL (cf. cas), 164-166
FORMANT, 195-196, 205

GÉOMÉTRIQUE (composition, parcours, perspective, structure), 64, 76-77, 80-81, 85, 180, 193, 196, 199, 201
GRAPHÈME, 63, 69, 73

HYBRIDATION, 144, 161, 217
HYPERBOLE / HYPERBOLIQUE, 7, 54, 90, 92, 106, 145, 162, 181, 198, 204, 216
HYPOTHÉTIQUE (réelle, potentielle, irréelle), 7, 107, 125, 149-158, 201

ICÔNE / ICONIQUE / ICÔNICITÉ, 5, 23-24, 49, 55-56, 62, 64-65, 67, 69, 72, 74, 76, 79, 82, 85, 129, 177-180, 182-184, 186, 189-191, 193-196, 202, 204, 213, 215-216
IDIOLECTE / IDIOLECTAL, 60-62, 180
ILLOCUTOIRE (acte, axe, dimension, effet, force, moment, plan), 24-25, 38, 41, 45, 54, 124, 144, 163, 170, 172, 177 191, 194
IMPLICATION, 29, 50, 149, 154, 170, 190-191, 210
INDEXATION, 198, 201, 204, 206
INDICE, 44, 47, 50-53, 108, 195

INDUCTION / INDUCTIF, 7, 113, 124, 183, 188, 209
INFÉRENCE, 108-109, 111-113, 115, 120-124, 197-198, 201, 206, 211, 217
INSTRUMENTAL (cf. cas), 164-167
INTERACTION / INTERACTIF, 23, 30, 37-38, 40-43, 45-46, 98, 102, 108-109, 132, 148, 189-191, 195
INTERLOCUTION / INTERLOCUTIF, 44, 46-47, 50-51, 97-98, 215-216
INTERPRÉTANT, 60, 93, 117-119, 122, 124, 154, 191, 195, 197-204, 206, 211
INVENTIO(N), 98-99, 101, 103, 215
IRONIE, 40
ISOTOPIE, 49, 51, 66, 106, 113, 116, 128

LOCATIF (cf. cas), 164, 166-167
LOCUTOIRE (acte, dimension, phase, plan, réception, substance), 24-25, 40, 45, 162-163
LOGO, 45, 62, 64-68, 69-71, 74, 76, 81, 84-85, 217
LUDIQUE (annonce, connivence, forme, positionnement, publicité), 19, 30, 39-40, 94, 106, 117, 142, 144, 158, 163, 188, 201, 216

MAJEURE (prémisse), 111, 113-117, 147, 208-209
MARQUE, 30, 57, 59, 61, 63-64, 69, 72, 76, 81, 83-85, 145, 147, 163, 194, 199, 202, 204, 207, 210, 212, 216-217
MÉCANISTE (publicité), 18, 27, 58
MÉMORISATION, 30, 39, 55, 60, 83, 85, 146, 159, 212
MÉTALANGAGE / MÉTALINGUISTIQUE, 56, 106, 179, 191, 194
MÉTAPHORE / MÉTAPHORIQUE, 31, 33, 50, 66, 90, 99-101, 117, 126-129, 161, 181, 216
MÉTONYMIE / MÉTONYMIQUE, 33, 127, 129, 161, 170, 174, 178, 181, 201
MIMÉTIQUE (phase), 26, 43
MINEURE (prémisse), 113-117, 147, 208
MONDE (absurde, contrefactuel, réel), 149-158, 219
MONOLOGISME / MONOLOGIQUE, 37, 46
MORPHÈME, 38, 47-48, 51, 162, 168
MOT-VALISE, 159-162, 168

Index sélectif des notions 233

OBJECTIF (cf. cas), 164-170, 174
OBJET DE VALEUR, 96-97, 137, 157
OPTATIF, 151, 154, 156

PARADIGME / PARADIGMATIQUE, 146, 179, 184-185
PERFORMATIF / PERFORMATIVE, 60, 71, 108, 174, 202
PERLOCUTOIRE (effet, portée, stade), 24-25, 45, 144, 162, 170, 177, 191, 194
PÉRORAISON, 100, 102
PHATIQUE (composante, fonction, incipit, système), 23, 51, 59, 102, 182, 191
PHRASE D'ASSISE, 59, 61, 69, 72, 76, 84
POÉTIQUE (fonction, structure), 60, 66, 94, 107, 118-119, 191, 207, 216
POLYSÉMIE, 56, 116, 177, 184
PRAGMATIQUE, 5, 24-25, 61, 70-71, 108-109, 116, 154, 170-171, 173, 182, 195, 217
PRÉDICAT / PRÉDICATION, 33, 59, 114, 117, 119, 137-138, 164, 193, 216
PRÉMISSES, 95, 97, 110-111, 113-115, 117-118, 120-122, 124, 181, 198, 209
PROCÈS, 138-139, 164-165, 167, 215
PROMESSE, 36, 59, 196
PROTASE, 152-154, 157

RÉDACTIONNEL, 62, 64, 66-67, 70, 72, 74, 76, 78, 81, 84, 146, 216, 218
REDONDANCE, 28, 61, 72, 146, 185, 196, 198, 217
RÉFÉRENCE, 35, 47-48, 52, 118, 125, 153-154, 178, 213
RÉFÉRENT / RÉFÉRENTIEL, 27, 30-32, 36, 47-49, 50, 55-57, 66, 84, 96, 114, 119, 127, 130, 152, 170, 172, 178-180, 186, 195-197, 199-202
REPRÉSENTANT, 47, 50, 52-53, 209
RÉTROACTION / RÉTROACTIF, 37, 39-40, 45-46

SCHÉMATISATION, 34, 53, 125
SCRIPT, 163-165, 169
SCRIPTURAL (codage, code, lecture, matrice, modèle), 16, 72, 74, 76, 81, 85
SÉMANTISATION, 26, 58, 128, 145, 178-179, 183, 185

SÉMIOLOGIQUE (domaine, genèse, schéma, structure, système), 10, 15, 55-56, 58, 181, 183, 217
SÉMIOTIQUE, 24-25, 89, 138, 177-192, 195, 197, 199
SÉQUENCE, 27, 62, 109-124, 127, 130, 132, 138-141, 169, 185, 188, 194
SIGNATURE, 17, 64, 76, 78
SIGNIFIANT, 55-57, 61, 64-66, 163, 168, 178, 183-184, 190, 195, 197
SIGNIFIÉ, 55, 58, 178, 181, 183-185, 190, 195, 197
SLOGAN, 7, 9, 12, 18, 31, 36, 41, 59-61, 64-66, 69, 74, 78, 80, 106, 115-116, 146, 148-149, 157-159, 161, 163-174, 194, 216-218
SOCIOSTYLE, 34, 85, 217
STRUCTURALISME / STRUCTURALISTE, 177, 179, 183, 186
SYLLEPSE, 52, 202
SYLLOGISME, 111, 113-120
SYMBOLE / SYMBOLIQUE / SYMBOLISME, 18, 23-24, 26, 47, 56, 64, 77-78, 80, 102, 178-180, 191, 204
SYNECDOQUE / SYNECDOCHIQUE, 99, 128, 185
SYNTAGME / SYNTAGMATIQUE, 11, 60, 62, 78, 160, 179-180, 185, 187

TEASING, 40-42, 84, 86
TEMPOREL (cf. cas), 164-166
THÉMATISATION, 57, 127
THÈME, 57, 96, 98-99, 103, 106, 109, 128, 131, 139
TOPOS, 111, 115, 120, 122-123, 125, 144-148, 181, 195-198, 203, 209, 217
TROPE / TROPOLOGIQUE, 179, 181-182

VALEUR, 26, 36, 44, 50, 91-92, 95, 97, 99, 107, 116, 119, 122, 123-128, 140, 144, 148, 161, 188, 194-196, 206, 216
VALORISATION, 25-26, 36, 64, 83, 86, 116, 170-172, 187-188, 206-208
VERROUILLAGE, 76, 81
VISUEL, 15, 55-56, 64, 74, 76-78, 80-83

Table des matières

Avant-propos	3
Introduction : De la « réclame » à la « pub » : brève histoire d'une pratique discursive	7
1. Presse et publicité	8
2. Double genèse sémiologique de l'image-texte publicitaire	11
3. Indirection croissante du discours	16

Première partie
Structure globale du discours publicitaire

Chapitre 1 : **Communication et argumentation publicitaires**	23
1. Un cadre communicationnel singulier	23
2. Les modèles communicationnels unilatéraux	27
2.1. Les modèles linéaires	27
2.2. Les modèles modulaires	28
2.2.1. Le modèle triadique [Learn], [Like], [Do]	29
2.2.2. Le modèle diffracté (Jakobson)	30
3. Une structure interactive ?	30
3.1. Influences du canal, du référent et du destinataire sur l'argumentation	31
3.1.1. Action conditionnante du support (canal)	31
3.1.2. L'empreinte du type de produit (référent)	32
3.1.3. Régulation du message sur le destinataire	34
3.2. Un dialogisme feint	37
3.2.1. Mises en scène de l'ouverture d'un échange	38
3.2.2. Mises en scène de la réception-réaction	40
3.3. Le jeu des pôles personnels	47
3.3.1. Une tendance au flou référentiel	47
3.3.2. Les mixages personnels	50
4. Pour conclure	53

Chapitre 2 : **Les constituants du discours publicitaire** 55
1. Une structure sémiologique mixte 55
   1.1. Le signifiant iconique 55
   1.2. Le signifiant linguistique 56
      1.2.1. La marque, constituant minimal 57
      1.2.2. Le slogan, constituant condensé 59
      1.2.3. Le rédactionnel, constituant expansé 62
   1.3. Le logo : un signifiant composite 62
2. Brouillages intersémiologiques des constituants 64
   2.1. Verbalisation de l'iconique 65
   2.2. Iconisation du verbal 65
      2.2.1. Motivation figurative de la marque 65
      2.2.2. Tentation calligrammique du slogan 66
      2.2.3. Iconisation du rédactionnel 67

Chapitre 3 : **Parcours de lectures et argumentation** 71
1. Parcours de lecture scripturaux 72
   1.1. Fonctionnement d'ensemble 72
   1.2. Examen d'un cas-type 74
   1.3. Variations sur la lecture scripturale 76
2. Parcours de lecture géométriques 76
   2.1. Balayages circulaires 77
   2.2. Balayages en miroir 78
   2.3. Balayages quadrillés 79
   2.4. Autres perspectives géométriques 80
3. Subversion des parcours de lecture 80
   3.1. Anti-parcours de lecture 81
   3.2. Absence de parcours de lecture 81
   3.3. Parcours de lecture équivoques 83
   3.4. Vers la lecture implicitée 83

Deuxième partie
Le texte publicitaire

Chapitre 4 : **Rhétorique de l'argumentation publicitaire** 89
1. Les genres rhétoriques du discours 89
2. Un subtil mélange de délibératif et d'épidictique 90
3. La composante intersubjective de l'argumentation publicitaire 95
   3.1. Places socio-discursives des interlocuteurs 97
   3.2. Divisions rhétoriques du discours 99
   3.3. Argumentation et rhétorique 101
4. Un exemple d'*inventio* : une campagne de promotion du sucre 103
5. La composante séductrice de l'argumentation publicitaire 105
6. De la rhétorique à la pragmatique textuelle 107

Chapitre 5 : **Mise en texte de l'argumentation publicitaire** 109
1. De la séquence argumentative au texte 109
   1.1. Argumentation et séquence argumentative de base 109
   1.2. L'étayage argumentatif des propositions 111
   1.3. Syllogisme et enthymème 113
   1.4. De la séquence au texte 120
2. Argumenter en décrivant 124
   2.1. Les procédures descriptives 126
   2.2. Choix des procédures et effets de sens 128
   2.3. Un cas particulier de description masquée 129
3. Argumenter en racontant 132
   3.1. Usages publicitaires de la narration 132
   3.2. Les constituants du récit 136
4. Formes floues de mise en texte 141
   4.1. La tentation de la copie intertextuelle 141
   4.2. Vers l'atrophie du texte 144

Chapitre 6 : **Microscopie de l'argumentation publicitaire** 149
1. Invention de mondes : l'exemple de SI hypothétique 149
   1.1. Diversité des emplois de SI hypothétique 149
   1.2. Un opérateur de construction de mondes 153
   1.3. « Et si on laissait les enfants refaire le monde ? » 156
2. Créativité lexicale et publicité : une langue dans la langue ? 157
   2.1. Une grande créativité lexicale 159
   2.2. Du mot-valise au texte : une campagne Perrier 159
   2.3. Omo Micro : l'invention d'une langue animale 162
3. Créativité sémantico-syntaxique
   des slogans pour résidences secondaires 163
   3.1. Structure profonde du script 163
   3.2. Refonctionnalisations casuelles des énoncés 166
   3.3. Refonctionnalisations séquentielles du script 169
   3.4. Valorisation du produit par le cadre 170
   3.5. Valorisation du client par son acquisition 172

Troisième partie
L'image publicitaire

Chapitre 7 : **Les approches sémiotiques** 177
1. Modèle binaire de Roland Barthes 177
   1.1. Les deux niveaux de l'image 178
   1.2. Une analyse inégalitaire et dialectique 179
2. Modèle stratifié d'Umberto Eco 179
   2.1. Classification des codes visuels 180
   2.2. Cas particulier de l'image publicitaire 181

3. Modèle systématique de Louis Porcher 183
   3.1. Présupposés théoriques 183
   3.2. Une démarche en cinq étapes 183
4. Modèle structuro-génératif de Jean-Marie Floch 186
   4.1. Cadre conceptuel 186
   4.2. Applications à l'image publicitaire 187
5. De la sémiotique à l'« éloquence des images » 189
   5.1. Évaluation de l'approche sémiotique 189
   5.2. Prendre en compte l'« éloquence des images » 190

Chapitre 8 : **L'argumentation iconique** 193
1. Conditions argumentatives de l'image publicitaire 193
2. Modèle général de l'argumentation iconique 195
   2.1. Production argumentative de l'image publicitaire 196
   2.2. Réception argumentative de l'image publicitaire 197
3. Étude de cas : la campagne Bally 1994 199
   3.1. Argumentation énigmatique et calculs référentiels 199
   3.2. Argumentation épidictique et calculs topiques/axiologiques 203
   3.3. Argumentation délibérative et calculs enthymématiques 207
   3.4. Synthèse 211
4. En conclusion 212

Conclusion générale 215

Bibliographie 221

Index des noms propres 227

Index sélectif des notions 231

Mise en page : Axel Micro

Crédits photographiques

Agence ALICE : 10. — COGEMA : 63. — KUONI : 63. — WOLKSWAGEN : 63. — Agence TERRE LUNE : 66. — Automobiles PEUGEOT : 67. — TBWA DE PLAS : 69. — SUZUKI FRANCE : 75. — LEVER : 77. — Agence LINTAS : 79. — Agence CLM/BBDO : 82. — Agence TAXI JAUNE LBA : 63, 75. — Agence SEILER DDB : 200.

Dans la même collection :

C. Baylon et P. Fabre, *Initiation à la linguistique*, 1990.
N. Catach, *L'Orthographe en débat*, 1991.
J. Pincoche, *Précis de morphologie historique du français*, 1991.
J. Picoche, *Précis de lexicologie française*, 2e éd. 1992.
J.-M. Adam, *Les Textes : types et prototypes*, 1992.
J.-M. Adam et A. Petitjean, *Le Texte descriptif*, 2e éd. 1992.
P. Léon, *Précis de phonostylistique*, 1993.
J. Picoche, *Didactique du vocabulaire français*, 1993.
D. Leeman-Bouix, *Grammaire du verbe français*, 1994.
J.-M. Adam, *Le Texte narratif*, 2e éd. 1994.
C. Baylon et X. Mignot, *La Communication*, 2e éd. 1994.
C. Baylon et X. Mignot, *Sémantique du langage*, 1995.
N. Catach, *L'Orthographe française*, 3e éd. 1995.
C. Baylon et P. Fabre, *Grammaire systématique de la langue française*, 3e éd. 1995.
C Baylon, *Sociolinguistique*, 2e éd. 1996.
P. Léon, *Phonétisme et Prononciations du français*, 2e éd. 1996.
C. Marchello-Nizia, *La Langue française aux xive et xve siècles*, 1997.
J. Picoche et C. Marchello-Nizia, *Histoire de la langue française*, 5e éd. 1998.
J.-M. Builles, *Manuel de linguistique descriptive*, 1998.
J. Dubois et F. Dubois-Charlier, *La Dérivation suffixale en français*, 1999.
J.-M. Adam, *Linguistique textuelle. Des genres de discours aux textes*, 1999.
D. Bertrand, *Précis de sémiotique littéraire*, 2000.